《资治通鉴》里的从政智慧

笃行 编

江苏大学出版社
JIANGSU UNIVERSITY PRESS
镇江

图书在版编目（CIP）数据
《资治通鉴》里的从政智慧 / 笃行编. -- 镇江 ：江苏大学出版社，2024. 11. -- ISBN 978-7-5684-2270-3
Ⅰ. K204. 3-49
中国国家版本馆 CIP 数据核字第 2024J94P92 号

《资治通鉴》里的从政智慧
《Zizhi Tongjian》li de Congzheng Zhihui

编　　者/笃　行
责任编辑/常　钰
出版发行/江苏大学出版社
地　　址/江苏省镇江市京口区学府路 301 号（邮编：212013）
电　　话/0511-84446464（传真）
网　　址/http://press.ujs.edu.cn
排　　版/镇江文苑制版印刷有限责任公司
印　　刷/镇江文苑制版印刷有限责任公司
开　　本/710 mm×1 000 mm　1/16
印　　张/14. 75
字　　数/246 千字
版　　次/2024 年 11 月第 1 版
印　　次/2024 年 11 月第 1 次印刷
书　　号/ISBN 978-7-5684-2270-3
定　　价/60. 00 元

如有印装质量问题请与本社营销部联系（电话：0511-84440882）

写在前面的话

中华文明源远流长，历史典籍卷帙浩繁。在汗牛充栋的史学著述中，《资治通鉴》独树一帜，异彩纷呈。这部我国历史上规模最大的编年体通史，有着“体例严谨，脉络清晰，网罗宏大，体大思精，史料充实，考证稽详，叙事详明，繁简得宜”的盛誉，从古至今，这部皇皇巨著一直是中华文化“皇冠上的明珠”。它以三百多万言的篇幅，纵贯战国至五代，包罗16朝1362年的历史，记叙王朝演进的兴衰成败，讲述帝王将相的沉浮起落，展现出历史长河的磅礴气势，为后世提供了宝贵的治世经验。自成书以来，历代帝王将相、文人学者、各界要人争读不止。明、清两朝诸多帝王如朱元璋、康熙、乾隆等皆对《资治通鉴》情有独钟，细加揣摩，从中领悟治国之道；一代名臣曾国藩赞誉“先哲惊世之书，莫善于司马文正公之《资治通鉴》”；史学泰斗陈寅恪称“吾国旧史多属于政治史类，而《资治通鉴》一书，尤为空前杰作”；共和国开国领袖毛泽东多次通读《资治通鉴》，赞扬这部书写得好，叙事有法，本末毕具，可借以熟悉历史事件，从中吸取经验教训。

观今宜鉴古，无古不成今。讲究“稽其成败兴坏之理”的中国史学，一直把“利与弊”“得与失”“变与常”作为分析历史兴衰的重要维度，强调对发展规律的理解洞察。《资治通鉴》之所以备享盛誉、备受推崇，就是因为它“兴邦之远略，善俗之良规，匡君之格言，立朝之大节，叩函发帙，靡不具焉”，真正实现了司马光所说的“鉴前世之兴衰，考当今之得失”，即总结历代执政成败的经验教训，以服务当下治国理政的生动实践。人们常说，思路决定出路，眼界决定境界。开阔的思路、宽广的眼界从何而来？历史是一个重要源头。读懂《资治通鉴》这本史学巨著，便能捕捉中国历史发展的清晰脉络，洞悉历史事件背后的底层逻辑，既可以修身齐家，亦可以平治天下。《资治通鉴》中蕴含着中国古代厚重务实的治理之道，经过历史长河的冲刷洗练，更显得博大精深，闪耀着智慧之光，跨越时空，烛照当下。尤其是对于广大管理者来说，《资治通鉴》是丰富自身素养、提升实践水平的鲜活教材，书中诸多历史案例和人物事迹，深刻隽永、力透纸背，极富启迪，读后犹如《一千零一夜》中阿里巴巴置身宝库，满眼皆是珍宝美玉。

《资治通鉴》这部鸿篇巨制，因其篇幅浩大、头绪纷繁，想要读懂实属不易。读不懂、读不透的困扰，往往让人欲入宝库而不得其径，与先哲失之交臂。有鉴于此，本书精选生动鲜活的历史故事，聚焦 5 个主题，共计 142 篇，以深入浅出、通俗易懂的语言解读历史人物和事件，力求为读者提供一把进入宝库的钥匙。在解读中，笔者并不仅限于历史本身，也不拘于语义阐释，更多的是结合多年的职场思考、感受和体悟，以历史事件为凭借，将史料史实融入现实生活，以史为镜，多维度、多层次、多角度地抽取剖析其中蕴含的谋事之道、治事之方、成事之法，力求既入乎其内，又出乎其外，展露出知古鉴今、面向未来的大历史观。

历史是一个大课堂，本书对《资治通鉴》的解读或只是沧海一粟，但立足当下、阐幽抉微，相信也不无可观。“登高而招，臂非加长也，而见者远。”希冀广大读者，无论是领导干部、企业管理者，还是广大历史爱好者，在一页页翻过此书时，都犹如站在古人的肩上，看到千年历史间的兴衰得失，再审视当下的自己，便会思接千载、视通万里，自觉地在“历史之变”中探寻和把握“历史之常”，用贯通古今的智慧，分析当前碰到的问题，既知其然又知其所以然，使自己提高素养、增长才干，变得更有远见、更具魄力，进而以更大的格局，看清脚下的路，以家国之情怀，坚定前行的路。

由于时间仓促，加之笔者水平有限，书中难免有疏漏之处，敬请广大读者教正。

编　者

2024 年 3 月

目录

尚德修身

宋弘德高　不弃糟糠　003
常俭戒奢陈显达　004
自高必危的刘文静　005
仁德为要不杀降　007
长孙皇后贤妻助夫　008
人必自知而后知人　009
治心治身乃治国家　010
心量大小决定成就高低　012
既往不咎的胸襟　013
谦恭仁厚的姚崇　014
有形颂碑与无形丰碑　016
义薄云天的颜真卿　017
朝夕搬砖的陶侃　018
北魏“令公”的境界　020
石勒听书　021
自知己短便是长　023
宽人严己的长者之风　024
汉和帝克制私欲　025
失德作恶的萧宝卷　027
学“通”明行的王俭　029
德不厚者行不远　030
魏孝文帝手不释卷　032

行事做人

“大树将军”的气度　037
守诚信方能立威信　038
敢于担当的魏徵　039
歇后宰相郑綮　041
“九代同堂”的秘诀　042
“痴姨”不痴　043
功成身退的李泌　044
唾面自干的娄师德　046
魏文侯许诺必践　048
毁誉参半的多面吴起　049
刚正不阿的李朝隐　051
勇于担责的姚崇　052
敢说真话的倪若水　054
巧拒圣旨的宋璟　055
能干事不出事的裴耀卿　056
夜不能寐的李林甫　057
满门忠烈的颜氏一族　059
智仁勇于一身的张巡　060
有容乃大的李泌　062
舍生取义的张兴　064
冯道根的“锋”与“拙”　066
尽忠职守的张翼　067
悬金“画饼”终无果　069
“书痴”房法乘丢官　070
进退失据的韩显宗　072
诚而不伪远胜巧　074
士别三日当刮目相待　075
笑人的心态不可取　076
刘裕的“人味儿”　077
元勰的忧虑　080
尽责做好分内事　082
扪心自省的慕容契　083
徐勉周舍俱贤相　085
智者的自我膨胀　087
犬马不如的降将　089
为父抵命的吉翂　091
移家避儿徐陶仁　092

决策施政

帷幄谋天下的邓禹 097
廉范治蜀有政声 099
孝文帝罢黜庸官 100
隋炀帝作茧自缚 102
萧瑀的系统思维 104
通权达变方能赢得先机 105
激活群雁的“头雁效应” 107
政声贵在人去后 109
治郡当如张镇周 111
止盗无须重罚 112
治邦不能失信于民 114
集众智成就大事业 116
避免庸碌式勤奋 117
齐威王奖功罚罪 118
石敬瑭的韬光养晦 120
赋役制度的“改”与“革” 122
心系苍生的李乂 124
无为而治的唐睿宗 125
为政之道重在改革时弊 126
以德服人的陆象先 127
不慕虚无的姚崇 129
敢出实招的张说 130
忠言之相与顺言之相 131
节用爱民才能江山永固 133
法治与人治的取舍 135
扭曲的政绩观要不得 136
准确把握时与势 138
祖逖砂土巧退敌 140
宋文帝的调查研究 141
雄才伟略与荒淫暴虐 143
有所为有所不为 145
最好的守业是创业 146
君道务简 臣道务勤 148
吕蒙筑坞的未雨绸缪 149
刘矩为令 礼让化民 150
晋室无政在王导 151
打破“洗碗效应” 153

知人善任

甘做“最小的套娃” 157
为政之要莫先于用人 158
明辨是非听真言 160
宦官之祸与身边的人 161
王珪“知人”也“自知” 162
事业成败在于人 164
五十两金子买六十个官 165
“五日京兆”的雷霆手段 166
智瑶矜才侵德酿大祸 168
李克的“五视鉴人法” 170
子思荐才识长辨短 172
“因事择人”还需“因时择人” 173
提拔干部的“着重号” 175
“红脸出汗”的御人之法 176
“救时之相”与“伴食宰相” 177
聚人才者安天下 179
提拔官员要合乎法度 180
国有诤臣 不亡其国 182
“口蜜腹剑”的李林甫 183
有才无德的王铁 185
大奸似忠的安禄山 186
王者不私人以官 188
用非其才必坏事 190
不以出身论英雄 192
唐太宗不要钱财要贤才 193
君子与小人 194
水至清则无鱼 196
进一贤则群贤毕至 197
专用同乡是弊端 198
郭泰识人 观其大节 199
羊祜荐贤 不谢私门 201
士大夫不能册封 202
不以独见为明 204

公正廉洁

执法严明的祭遵 209
公正无私的第五伦 210
用权不可恣意 211
公私分明的源怀 213
唐太宗不私故旧 215
俭以成事　奢以败亡 216
严守法度的宋璟 217
什么才是“护身之宝” 219
聚敛之臣乃国之大贼 220
贪图享乐的历史教训 222
“赐酒一杯”的智慧 223
诸葛亮宽严相济 224
汉章帝轻车简从 226

《资治通鉴》里的从政智慧

尚德修身

宋弘德高　不弃糟糠

【原文】

湖阳公主新寡，帝与共论朝臣，微观其意。主曰：“宋公威容德器，群臣莫及。”帝曰：“方且图之。”后弘被引见，帝令主坐屏风后，因谓弘曰：“谚言‘贵易交，富易妻’，人情乎？”弘曰：“臣闻贫贱之知不可忘，糟糠之妻不下堂。”帝顾谓主曰：“事不谐矣！”

光武帝刘秀的姐姐湖阳公主因丈夫去世而守寡，光武帝和她一起评论朝中大臣，暗中观察她的心意。公主说：“宋弘的威仪容貌、品德器量，朝中大臣没有谁比得上他。”于是，光武帝亲自说媒，找借口召见了宋弘，让公主坐在屏风后面听。光武帝对宋弘说：“俗话说，地位尊贵了，可以更换朋友；钱财多了，可以另娶妻子。这是人之常情吗？”宋弘听完回答说：“我听说的是贫贱之知不可忘，糟糠之妻不下堂。”光武帝回头对公主说：“这事情办不成了。”

古今中外，一个人因个人地位提高、身价飙升而换掉原配另觅新欢的事例不胜枚举。宋弘在权势面前没有忘记自己的结发妻子，抵制住了权势的诱惑，守住了初心。与皇帝攀上关系，成为皇帝的姐夫，这对无数人来说都是求之不得的事，但宋弘作为一名德才兼备的读书人，面临义利抉择时，真正做到了见利而思义，毅然决然选择了义。另外，宋弘又不屈服于权势，君主指婚是多么大的荣幸，贸然拒绝谁也不知道会招来什么灾祸。但宋弘的回答掷地有声也在情在理，一句“糟糠之妻不下堂”流传千古，成为道德典范。个人的幸福美满依靠家庭，夫妻和睦，恩爱无猜，是整个家庭赖以存续的基础。“恩爱”一词“恩”在前而“爱”在后，做人不可忘恩负义。家庭和谐，事业才会有更长远的发展，有情有义的人才能拥有真正幸福完美的人生。

宋弘在面临君主赐予的荣耀时依旧能够严格地自我约束，这源于他极强的自律意识。他素来清廉自洁，朝中上下有目共睹，也正因如此，当他直言劝谏光武帝注意生活作风问题时，光武帝才会欣然接受。史书记载，一次，光武帝设宴招待大臣，御座后换了副新屏风，屏风上画着美女。席间光武帝数度回头去看那屏风，宋弘注意到后表情凝重地向光武帝谏言："未见好德如好色者。"光武帝立即令人撤去了屏风。宋弘曾推举桓谭做朝廷的议郎、给事中，希望他能够以忠正之节引导君主。由于桓谭善于演奏，光武帝经常召见他弹琴。宋弘认为皇帝长期沉溺于歌舞会耽误军国大事，严厉斥责桓谭不能忠正奉国、多进规谏，同时向光武帝谢罪辞职，认为是自己的原因导致君主沉迷享乐。光武帝听罢立即表情严肃地向宋弘道歉，并让他重新戴上官帽。

常俭戒奢陈显达

【原文】

春，正月，以骠骑大将军王敬则为司空，镇军大将军陈显达为江州刺史。显达自以门寒位重，每迁官，常有愧惧之色，戒其子勿以富贵陵人；而诸子多事豪侈，显达闻之，不悦。子休尚为郢府主簿，过九江。显达曰："麈尾蝇拂是王、谢家物，汝不须捉此！"即取于前烧之。

陈显达，南朝宋、齐名将，历任南兖州、益州、雍州、江州刺史，官拜太尉兼侍中，封鄱阳郡公。他为人谦厚低调，自知出身低微而位居高位，每次升迁都有愧惧之色，并时刻告诫儿子们不要依仗富贵尊荣而欺凌他人。然而他的儿子们却常常追求豪华奢侈，陈显达知道后非常生气。儿子陈休尚担任郢府主簿时，途经九江，乘肥衣轻。陈显达见状便训斥道："麈尾、蝇拂，这些都是王家、谢家那样的人家使用的东西，你不需要拿着它！"说罢，就把这些名流雅器拿过来，当着儿子的面烧掉了。富而不骄、戒奢以俭、修身养德，陈显达在那个动荡的乱世能做到如此地步，故得以大半生保全自己。

俭，德之共也；侈，恶之大也。崇俭戒奢是中华民族的传统美德。从孔子的"礼，与其奢也，宁俭"到唐太宗的"俭则人不劳，静则下不扰”，从司马光的“随家所有自可乐，为具更微谁笑贫”到爱国将领续范亭对老一辈革命家朱德的评价“时人未识将军面，朴素浑如田家翁”，中华民族正是因为具有艰苦朴素的精神，才能生生不息、兴旺发达。正所谓“由俭入奢易，由奢入俭难”，历史上穷奢极欲导致身死国灭之事屡见不鲜。商纣王奢靡无度，亡于酒池肉林；秦始皇统一六国后大兴土木，建阿房宫，劳民伤财甚矣，终引楚人一炬；唐玄宗前期崇尚节俭、励精图治，开创空前盛世，后期“一骑红尘妃子笑”，歌舞升平，终致安史之乱。“历览前贤国与家，成由勤俭破由奢。”这是历史留给后世的经验教训，故而社会越是进步，越应坚持勤俭节约；越是富足，越要保持艰苦朴素。

所谓“俭则约，约则百善俱兴；侈则肆，肆则百恶俱纵”，此必然之理也。崇俭戒奢，既关乎成家立业，又涉及道德修养。知节俭，“取之有度，用之有节，则常足”，戒贪欲、守底线，才能于礼法中进退自如。对领导干部而言，更要常怀节俭之心，常戒奢靡之念，保持艰苦奋斗的优良作风，唯此才能消除“舌尖上的浪费”、管住“车轮上的腐败”、遏制“节庆里的歪风”。崇俭戒奢、简约生活，既是为官之道，也是养生之方。俭可养德，俭可养寿，俭可养神，俭可养心。节俭寡欲，能够让人内心充盈安宁、仕途行稳致远。

自高必危的刘文静

【原文】

民部尚书鲁公刘文静，自以才略功勋在裴寂之右而位居其下，意甚不平。每廷议，寂有所是，文静必非之，数侵侮寂，由是有隙。文静与弟通直散骑常侍文起饮，酒酣怨望，拔刀击柱曰：“会当斩裴寂首！”家数有妖，文起召巫于星下被发衔刀为厌胜。文静有妾无宠，使其兄上变告之。上以文静属吏，遣裴寂、萧瑀问状，文静曰：“建义之初，忝为司马，计与长史位望略同。今寂为仆射，据甲第；臣官赏不异众人，东西征讨，老母留京师，风雨无所庇，实有觖望之心，因醉怨言，不能自保。”上谓群臣曰：“观文静此言，反明白矣。”李纲、萧瑀皆明其不反，秦王世民为之固请曰：“昔在晋阳，文静先定非常之策，始告寂知，及克京城，任遇悬隔，令文静觖望则有之，非敢谋反。”裴寂言于上曰：“文静才略实冠时人，性复粗险，今天下未定，留之必贻后患。”上素亲寂，低回久之，卒用寂言。辛未，文静及文起坐死，籍没其家。

隋炀帝时代，李渊是隋炀帝行宫晋阳宫的宫监，裴寂是他的副手，刘文静则是晋阳的县令。李渊起兵之初，除了李世民、李建成之外，裴寂、刘文静二人也是其团队骨干。唐朝甫定，裴寂因久居中枢，被加封为尚书右仆射，成了唐朝首位宰相。刘文静则因在征伐薛举之战中打了败仗，仅获民部尚书（即户部尚书），居裴寂之下。刘文静自认为其才智、谋略与功勋皆不在裴寂之下，职位却比裴寂低，内心愤恨不平。因此，朝堂议政，凡裴寂赞同的，刘文静必反对。私下里，刘文静也曾酒后扬言要砍了裴寂的脑袋。此后，刘文静的一位不受宠的侍妾，上告其要谋反。李渊指派裴寂主持彻查，尽管刘文静坦陈心迹，并无谋逆之心，但李渊还是听信了裴寂的意见，处死了刘文静。

官场上，走得稳、走得远的人，往往都是洞察人性人理、富有政治智慧的人。郭子仪在唐代官场能一直安享尊荣，正是因为他有功不居功、功高不盖主，头脑清醒，能摆正自己的位置。北宋开国宰相赵普曾评价大臣吕端受到嘉奖从不沾沾自喜，遭遇挫折从不萎靡退缩，更不溢于言表。吕端升任宰相后，主动奏请宋太宗让寇准和他轮替掌印、领班奏事。他遇事总和寇准一起讨论，从不专断。一段时间后，吕端甚至主动把宰相之位让给寇准，自己担任参知政事。

正所谓，有得有失是人生，有快有慢是官场。心态不好，官场上肯定“走不远”，甚至会“摔跟头”。古往今来，很多官场能人干将之所以中道而败，并不是能力问题，而是心态问题。为官从政，把职位看得太重，人就变轻了。参不透、拎不清、放不下，往往就会陷入宦海欲望难以自拔。作为开国重臣，刘文静的战功不可谓不卓著，但心态一旦失衡，心中便满是怨恨，最终激怒了上司和同僚，压垮了自己，断送了性命。现实中，有些领导干部平时表现还好，而一旦触碰个人利益，稍不如意就跟组织计较，醉心于“晋升路线”“自我设计”，“干两件事”就要提拔、“三年不动”就有失落感，说到底还是初心不正，无法摆脱名缰利锁。干部成长有快有慢是常态，永远都快是例外。有时快一些，给的是机遇；有时慢一些，收获的是底蕴。人人都能看到竹子仅用六周时间就长到十五米，却不知道它足足用了四年时间扎根。从政之人，务必树立健康的心态，把职务当作服务的标杆，把岗位当作事业的平台，把事业当作人生的舞台，有平台就拼命干，没舞台就静静看。

仁德为要不杀降

【原文】

淮安王神通使慰抚使张道源镇赵州。庚寅，窦建德陷赵州，执总管张志昂及道源。建德以二人及邢州刺史陈君宾不早下，欲杀之，国子祭酒凌敬谏曰："人臣各为其主用，彼坚守不下，乃忠臣也。今大王杀之，何以励群下乎！"建德怒曰："吾至城下，彼犹不降，力屈就擒，何可舍也！"敬曰："今大王使大将高士兴拒罗艺于易水，艺才至，兴即降，大王之意以为何如？"建德乃悟，即命释之。

淮安王李神通（李渊的堂兄）任命张道源镇守赵州。后来，窦建德攻陷赵州，捉住张志昂、张道源二人。窦建德认为这二人及邢州刺史陈君宾没有尽早投降，打算杀了他们。下属凌敬规谏道："人臣各自为主人效力，他们坚城不降是忠臣。大王如果杀了他们，用什么来激励部下呢？"窦建德生气地说："我到了城下，他们还不投降，怎么能放过他们？"凌敬继续说道："现在大王派高士兴抵御罗艺，如果罗艺一到，高士兴就投降，大王认为怎么样？"窦建德方醒悟，立即下令释放了张志昂等人。

两军对垒，互相搏杀，生死有命。但胜负已分，败军缴械投降后，胜方却磨刀霍霍，大行屠戮之事，是为不仁。古语有云，"杀降不祥"。因为杀降者无非满足了自己一时难平的意气，却激起了对方的同仇敌忾，促使对方孤注一掷，置之死地而后生。因此，北宋初年，朝廷定下"禁止杀降"的律条，数代帝王均强调此事，一经发现必然严惩。

就战局对弈而言，一支部队降服敌人，既要靠武力，也要靠仁德，两者互为表里、缺一不可，一旦武力用极，必损伤仁德，影响人心向背和战局走向。为官从政、基层治理，也应遵循法律公器与仁德教化双管发力的原则。对为官从政者而言，仁德既是道德境界，也是行为准则。为官者一言一行要追求仁、践行仁、合乎仁，做人要仁厚、主政施仁政、处世贵仁和、居家谨仁孝、对人讲仁恕。实践中，领导干部身先士卒、率先垂范是仁，勇于担当、知难而进是仁，宽宏大度、上下同心也是仁。当然，身先士卒切忌言行莽撞，勇于任事切忌专权揽事，刚毅果敢切忌刚愎自用，宽容大度切忌纵容过度，教人以道切忌教人以"盗"，授人以渔切忌授人以"欲"，应努力以仁德的力量实现人性的升华。

长孙皇后贤妻助夫

【原文】

丙子，立妃长孙氏为皇后。后少好读书，造次必循礼法，上为秦王，与太子建成、齐王元吉有隙，后奉事高祖，承顺妃嫔，弥缝其阙，甚有内助。及正位中宫，务存节俭，服御取给而已。上深重之，尝与之议赏罚，后辞曰："'牝鸡之晨，唯家之索'，妾妇人，安敢豫闻政事！"固问之，终不对。

长孙氏虽贵为李世民的皇后，但她不干预政务，是难得的贤内助。史载长孙皇后性情节俭朴素，凡车马衣服等物品，够用就行。她喜爱观览书籍，即使梳妆时也不废止。与太宗谈话，如涉及国家大事，长孙皇后就推辞说："母鸡负责早晨打鸣，其家就会穷困衰败。我是妇人，怎么能参与、聆听国政呢？"太宗一再问她的意见，她一直不回答。宫人生病，她将自己的饮食药品转送给他们，宫人都感怀其仁德。她还坚持不让自己家族中人在朝中任职，一为避嫌，二是保护自己的家族。

历史上后妃营私结党、扰乱朝纲、祸国殃民之事，并不鲜见。但也有一些后妃贤惠有德、深明大义，为清明政治、稳定社会起到了积极作用。长孙皇后就是典型，她以贤淑品性和无私行为，赢得了宫墙内外、朝堂上下的敬仰，树立了贤妻良后的典范。

近年来，领导干部的家属、子女腐败类案件的数量呈上升趋势。据不完全调查发现，八成的领导干部腐败案都与配偶子女有密切关系。一些领导干部热衷走“夫人路线”，有的让自己的妻子“攀亲戚”，有的投上级领导夫人所好，有的善于利用同事关系，甚至直接成立“夫人俱乐部”。良好的家风，自然离不开领导干部的“修身”提升境界，但也需要“贤内助”的配合和监督。清康熙年间文华殿大学士张英曾说：“福之兴莫不本乎家室，道之衰莫不始乎阃（即妻室）内。”对为官从政之人而言，一个贤内助既是家庭和睦幸福的发动机，也是事业行稳致远的压舱石。领导干部一定要重视家教家风，以身作则管好配偶子女，用良好的家教筑牢思想堤坝，用清廉家风守住“权力后院”，本分做人、干净做事，方能在从政路上越走越稳。

人必自知而后知人

【原文】

壬申，上谓太子少师萧瑀曰：“朕少好弓矢，得良弓十数，自谓无以加，近以示弓工，乃曰‘皆非良材’。朕问其故，工曰：‘木心不直，则脉理皆邪，弓虽劲而发矢不直。’朕始寤向者辨之未精也。朕以弓矢定四方，识之犹未能尽，况天下之务，其能徧知乎！”乃令京官五品以上更宿中书内省，数延见，问以民间疾苦，政事得失。

李世民对太子少师萧瑀说：“我年轻时喜好弓箭，曾得到十几张好弓，认为没有能超过它们的，但是最近拿给弓匠看，他却说都不是好材料。我问原因，弓匠说：‘木料的中心部分不直，所以脉纹也都是斜的，弓力虽强劲但箭发出去不走直线。’想不到我以弓箭平定天下，竟还没有完全搞清楚弓箭的性能，更何况对于天下万事，仅靠自己又怎么能遍知其理呢！”于是，李世民要求在京五品以上的官员轮流在中书内省值夜班，并多次询问他们民间百姓疾苦和政治得失。

作为古往今来第一等的帝王，李世民仅与弓匠对话即可反思自身之不足，其反躬自省、举一反三之自知之明，令人赞叹。鬼谷子说过，“知之始己，自知而后知人”。一个人要想真正了解别人，首先要了解自己，“自知”是“知人”的前提。如果不能正确认识自己，连自己所处的位置都不清楚，那么他就无法真正认识别人。人非生而知之者，由自知到知人，是一个不断认识自我、反省自我、超越自我的过程。

于当今领导干部而言，这一案例有两层启示：其一，一个人的自我感觉与他人评价，有时可能相差不止一个“量级”。对自己到底几斤几两，自身的长处短处，自己能撑起多大“分量”、担起多少“重量”，该有全面体认、自知之明，定位要准，心态才能稳。所谓知人者智，自知者明，即是此理。其二，领导干部手中的权力是党和人民赋予的，大小决策常关乎百姓生计和一方兴衰。做决定、定方案，不能囿于一己之见、一家之言，必须广泛汲取、多方比较，这样的决策才经得起推敲、耐得住拷问。领导干部只有不囿小我、背靠组织、深入群众，在全局中举棋，在大局下落子，才能在本职岗位上尽好主责、干好主业、当好主角，绽放出别样的光彩。

治心治身乃治国家

【原文】

唐主问道士王栖霞：“何道可致太平？”对曰：“王者治心治身，乃治家国。今陛下尚未能去饥嗔、饱喜，何论太平！”

五代十国期间，南唐开国皇帝李昪问策于道士王栖霞，道士回答说：“治心治身，才能治理国家，如果不能消除‘饿了嗔怪、饱了高兴’的性情，哪里谈得上天下太平呢！”李昪在位七年，起初能够静心制欲，对内戒骄戒奢，对外弭兵休战，后世评价其“仁厚恭俭，务在养民，有古贤主之风”，南唐也一度成为“十国”中的佼佼者。

王栖霞所言“治心”体现了无为而治的道家理念，说的是上位者清心寡欲则民自安；反之，上位者为个人欲望所控，纵情沉溺，则可能误入歧途，走向极端。宋徽宗对奇花异石怀有浓厚兴趣，在笔墨丹青上拥有极高造诣，便任用擅长书法的“奸相”蔡京，大肆在民间采办“花石纲”，最终招致农民起义、外族入侵，引发“靖康之耻”。唐朝的仇士良，仅仅是一个宦官，却能够挟制天子，呵使群臣，作威作福二十余年，退休前他向心腹传授诀窍道：“千万不能让天子闲着，应当经常用奢靡之事娱悦他的耳目，让他沉溺其中，让他天天感到新鲜、日日都有兴致，我们这些人就可以随心所欲了。”这个奸谋可算是孽种流传、贻害无穷了。《道德经》有云，“五色令人目盲，五音令人耳聋，五味令人口爽”。面对无时不有、无处不在的欲望诱惑，上位者当始终保持警惕，以防上行下效。

然而，压制人的欲望谈何容易。纵观人类发展史，“人心向物”一直贯穿其中，凡追名逐利、及时行乐之风盛行之处，必盛极而衰。后来西方社会便引导人心向“神”，以宗教中“出世”与超越的理念使人超脱于欲望。中国文化千百年来则以“入世”的态度“治心”，悬修身齐家治国平天下的理想为鹄，故而涌现出海瑞、杨震等廉吏。事实证明，唯有把心寄托于更大的梦想、更美的愿景、更高的追求上，方能压制本能的欲望冲动。践行为中国人民谋幸福、为中华民族谋复兴的初心使命，一代代共产党人方能不怕牺牲、奋斗到底。

如果说“治心”是内在的修炼，那么“治身”就是外在的约束，两者互为因果、互相转化、不可偏废。诚如王安石所言，“修其心治其身，而后可以为政于天下”。曾国藩的日常生活，除去公务外，皆以“修身十二法”按部就班，终成大事。毛泽东从青年时期在湖南第一师范求学期间开始长期坚持洗冷水浴，磨炼意志、增强体质，锤炼出无畏的性格。党性锻炼是每位党员的修身之本，共产党员理应不断规范自我言行，约之以礼、约之以法，力求“一念之非即遏之，一动之妄即改之”，把外在约束内化为自身素养，转化为思维模式，上升为自觉自为。心中常挂一轮“光明月”，永怀凝神治国平天下的“赤子之心”，在心性完善和行为塑造的统一中提升境界格局，必能从“饿嗔饱喜”之中解脱出来，把身心统一到发展大业上来。

心量大小决定成就高低

◆◆◆

【原文】

时军国多事，百司及使者咨请辐凑，维翰随事裁决，初若不经思虑，人疑其疏略；退而熟议之，亦终不能易也。然为相颇任爱憎，一饭之恩、睚眦之怨必报，人以此少之。

五代后晋的桑维翰在担任宰相期间，起初面对繁重的军务国事，能够随事裁决，深得帝王赏识。但是他的气量过于狭小，习惯凭自己的爱憎办事，一饭之恩、瞪眼之怨，必定报复，终让百官厌恶，招致罢黜。

常言道："宰相肚里能撑船。"古时选拔宰相要求胸怀宽广、能顾全大局，起到制衡皇权、协调各方的"黏合剂"作用，后晋桑维翰身为宰相，却小肚鸡肠、锱铢必较，未免不够称职。现代管理学亦提出了"心量"的概念，强调管理者层级越高，对心量的要求就越高。基层管理者以执行为重，忠诚度与能力值往往摆在首位；而身居高位者，心量大小直接关系事业成败，倘若心量狭小，即使能力再强，也会对事业发展造成毁灭性的危害。明朝末代皇帝朱由检，一生勤政，日理万机，但心胸狭窄、刻薄自私，立功不奖、犯错立斩，冤杀袁崇焕等护国柱石，良将人人自危，明朝出现空前的人才危机。唐朝奸相李林甫嫉贤妒能、诛锄异己，为保住权力地位、满足一己私欲，不愿选拔青年才俊为国效力，任用安禄山等蕃将戍守边关，为安史之乱埋下祸患，直接葬送了盛世王朝。反之，汉高祖刘邦虽然个人才华有限，却胸襟开阔、知人善用，自言"动脑筋、出主意、想点子不如张良，行军打仗、攻城略地不如韩信，治国安邦、后勤保障不如萧何"，为拉拢人心封自立为王的韩信为齐王，采纳张良的建议给素有"故怨"的雍齿封侯，巧妙化解政治危机，最终得以建立大汉的不世基业。

老子云："埏埴以为器，当其无，有器之用。凿户牖以为室，当其无，有室之用。"器皿、房屋中空部分的大小，决定着自身作用的发挥。建功立业之英雄，以襟怀豁达为第一义。领导者创建事业、经纬天下，见识要高远，气量要恢宏。凡事当以大局为重，全局利益高高在上，个人恩怨摆在一边，心中容得下几个小人、耐得住几桩逆事，时时以容养量、以忍养气、以恕养性、以忘养心。唯有容人之所不能容，忍人之所不能忍，恕人之所不能恕，忘人之所不能忘，方能理人之所不能理，为人之所不能为，成人之所不能成，达人之所不能达。内心有光、心量宽宏之人，即使一个人也能干出千军万马的局面。

既往不咎的胸襟

【原文】

中宗之崩也，同中书门下三品李峤密表韦后，请出相王诸子于外。上即位，于禁中得其表，以示侍臣。峤时以特进致仕，或请诛之，张说曰："峤虽不识逆顺，然为当时之谋则忠矣。"上然之。九月，壬戌，以峤子率更令畅为虔州刺史，令峤随畅之官。

唐中宗驾崩后，同中书门下三品李峤秘密向韦皇后上表，要求将相王李旦的儿子们外放出京。唐玄宗即位之后，在宫中发现李峤的奏表，将它拿给大臣看。李峤当时已经以特进的职位退休，有人建议将他处死，宰相张说不同意这一建议，说："李峤那时的确没有看清善恶忠奸，但是他在当时为韦后出谋献策也是忠于职守的表现。"唐玄宗认同张说的观点。九月初二，唐玄宗任命李峤的儿子李畅为虔州刺史，下令李峤随同其子赴任。

翻阅中华史册，但凡开创盛世的君主都具备既往不咎、广揽贤才的博大胸襟和肚量。春秋的齐桓公不因为管仲曾帮助他的弟弟公子纠争夺国君之位，甚至曾想谋杀自己而下令处死他，反而在即位后重用管仲，任其为相国，经过君臣一番励精图治，确立了齐桓公的霸主地位，立下盖世功勋。唐太宗不因魏徵曾经帮助太子李建成谋害自己而记恨他，反而在玄武门事变后重用魏徵，虚心纳谏，励精图治，终开创"贞观之治”。他的曾孙李隆基在前期的确具有先祖的英武之气和博大胸怀，所以能够宽容李峤曾经帮助韦后陷害自己的过错，也开创了“开元盛世”。造就“贞观之治”“开元盛世”这样强盛的时代，既需要“从谏如流、既往不咎”的明君李世民和李隆基，也需要“知无不言、敢进诤言”的肱骨贤臣魏徵和张说。这样的气概在开国领袖毛泽东身上更是体现得淋漓尽致，毛主席同样秉持“各为其主、既往不咎”的理念，重用帮助蒋介石攻克解放区张家口的傅作义和血战四平、击败林彪的陈明仁两位国民党名将，这成为新中国史上的一段佳话。我们要不断吮吸中华文化多元一体、有容乃大的智慧，汲取“各美其美，美美与共”的处世之道，不以一己之好恶而取舍人才，涵养“眼纳千江水、胸起百万兵”的崇高品格，共创新的辉煌。

谦恭仁厚的姚崇

【原文】

崇二子分司东都，恃其父有德于知古，颇招权请托；知古归，悉以闻。他日，上从容问崇：“卿子才性何如？今何官也？”崇揣知上意，对曰：“臣有三子，两在东都，为人多欲而不谨；是必以事干魏知古，臣未及问之耳。”上始以崇必为其子隐，及闻崇奏，喜问：“卿安从知之？”对曰：“知古微时，臣卵而翼之。臣子愚，以为知古必德臣，容其为非，故敢干之耳。”上于是以崇为无私，而薄知古负崇，欲斥之。崇固请曰：“臣子无状，挠陛下法，陛下赦其罪，已幸矣；苟因臣逐知古，天下必以陛下为私于臣，累圣政矣。”上久乃许之。辛亥，知古罢为工部尚书。

名相姚崇提拔了一个叫魏知古的人，后来，唐玄宗派魏知古到洛阳负责官吏考核一事。姚崇的两个儿子当时正在洛阳任职，他们倚仗其父对魏知古有提携之恩，大肆为他人谋官求禄。魏知古回到长安后，悄悄地向唐玄宗做了汇报。过了几天，唐玄宗漫不经心地与姚崇聊起他有几个儿子、在哪里做官的事情。姚崇一听这话，立即明白魏知古将他儿子徇私舞弊的罪状向皇帝做了汇报，唐玄宗是在试探他，看他会如实承认还是百般抵赖。姚崇立刻向唐玄宗做深刻检讨，说："我有三个儿子，两个在洛阳，犬子一定仗着我的关系大肆卖官鬻爵，还以为魏知古不会说出去。我刚知道这件事，还没来得及去询问这两个不成器的东西。"唐玄宗原以为姚崇必定百般掩饰儿子的罪行，没想到他如此坦诚，心中的怒气消了一大半，问他是怎么知道这件事的。姚崇说："魏知古早年地位不高，没有名望，我看到他的才干就多方提携他。我两个儿子实在愚劣，以为动用我的关系为非作歹，魏知古一定会容忍他们，不会向陛下报告。"唐玄宗听完申辩，认为姚崇心地谦恭仁厚，而看不起魏知古忘恩负义的行为，想立刻罢黜他的官职。姚崇对此坚决反对，非常诚恳地说："是我的儿子犯错在先，破坏了朝廷的法纪，如今陛下法外开恩，不再追究他们的罪行，我已经感恩不尽，怎么还能让陛下再为我的事情去处分魏知古，让天下人以为陛下处处偏袒我，从而有损于您公正英明的声誉呢？"唐玄宗沉思了很久才答应姚崇的请求，但过了一段时间还是把魏知古贬为工部尚书。

《资治通鉴》记载的这个故事很耐人寻味。姚崇的两个儿子犯罪，把他推到了轻则被撤职、重则获罪的绝境，为何他能转危为安、得君主信任如旧？魏知古明明铁面无私、忠于职守，为何却弄巧成拙、降职受辱？这里面蕴涵的为人为官之道值得深思。姚崇之所以能够化险为夷，关键在于他能够区分为父与为臣的不同角色。作为父亲，从人性的角度有为儿子隐瞒错误的本性；作为大臣，伴君如伴虎，皇帝最忌讳臣子欺上瞒下。姚崇很好地处理了两者之间的矛盾，当皇帝问起他儿子的基本情况时，他立刻做了诚恳的检讨，博取了唐玄宗的信任；更为老到的是，他能够站在皇帝的角度思考问题，婉拒唐玄宗要罢黜魏知古职务的做法，处处维护皇帝的权威和声誉，从而感动了唐玄宗，让皇帝认为他是一个忠心耿耿、有情有义的大臣。反观魏知古，尽管他如实反映了下属的不法行为，忠诚尽责，理应大力褒奖，结果却被唐玄宗降职，其症结在于他不懂知恩图报的人性。他应该把下属的问题首先告知姚崇，让姚崇向皇帝交代儿子的问题，而不是越级上报唐玄宗。如果姚崇刻意隐瞒甚至压制，魏知古再向皇帝报告也不迟，从而避免把自己置于以怨报德的窘境。每个人都要处理好家事与国事的关系，一方面说老实话、做老实事，不要在领导面前耍小聪明；另一方面，多换位思考，涉及上级领导的问题要按照制度程序如实反映，做到光明磊落、心底无私。加强身心修养，做一个守规矩、知回报、能干事又能共事、有担当又不失温情的有为干部。

有形颂碑与无形丰碑

【原文】

广州吏民为宋璟立遗爱碑。璟上言："臣在州无他异迹，今以臣光宠，成彼谄谀；欲革此风，望自臣始，请敕下禁止。"上从之。于是他州皆不敢立。

一代名相宋璟曾经担任广州刺史，在任期间为百姓做了不少好事，所以听说他任期已满要返回长安时，当地一些官员百姓提出为他树碑立传。宋璟知道这件事后，立即向唐玄宗上书说："我在广州任职期间并没有做出什么大的成绩，有些人听说我将身居宰相，千方百计讨好我。陛下为了大唐社稷稳固，必须革除这种不良风气，请下令从我开始！"唐玄宗接受了他的意见，下令各地不许搞树碑立传的仪式。

在"一人得道鸡犬升天"的封建时代，一些别有用心的人为了谋取私利，往往不择手段讨好上司以积累人脉关系，他们请客送礼，甚至为上司树碑立传歌功颂德。身居高位，面对媚俗风气是像宋璟那样保持清醒头脑、拒绝溜须拍马，还是采取默认甚至纵容的态度，往往决定了一个地区的政治生态。正因为有姚崇、宋璟这样谦虚谨慎、为官清廉的宰相，才会形成"开元盛世"；而唐玄宗晚年宠幸李林甫、杨国忠等溜须拍马的佞臣，才会上演"安史之乱"的历史悲剧。中国共产党始终秉承"谦受益，满招损"的优良作风，毛主席在七届二中全会上做出不请客送礼、不做寿、不以人名作地名等明确规定，周总理写下《我的修养要则》，做出"七不规定"，做到生不留名、死不留灰，他们都在人民心中留下永远怀念的丰碑。党员干部要传承中华文化崇廉向善的美德，继承老一辈革命领袖两袖清风的品格，牢记清廉是福、贪欲是祸的道理，坚持公正用权、为民用权，保持谦虚谨慎、不骄不躁的优良作风，正确处理有形颂碑与无形丰碑的辩证关系，老老实实做事、清清白白为政，才是人间正道。

义薄云天的颜真卿

【原文】

初，平原太守颜真卿知禄山且反，因霖雨，完城浚壕，料丁壮，实仓廪；禄山以其书生，易之。及禄山反，牒真卿以平原、博平兵七千人防河津，真卿遣平原司兵李平间道奏之。上始闻禄山反，河北郡县皆风靡，叹曰："二十四郡，曾无一人义士邪！"及平至，大喜曰："朕不识颜真卿作何状，乃能如是！"真卿遣亲客密怀购贼牒诣诸郡，由是诸郡多应者。

颜真卿是贞观时期名臣颜师古的五代从孙。他少年丧父，母亲严格教育，因此他学习刻苦、品德高尚。开元年间，颜真卿高中进士，担任礼泉县尉，后提拔为监察御史，到平原郡监察案件，敢于为多年冤狱平反昭雪。干旱不下雨的平原终于下了大雨，当地百姓便将这雨称为"御史雨"。他不畏权贵，仗义为一代名相宋璟的后人辩护，被杨国忠贬为平原太守。到了天宝末年，颜真卿观察到安禄山有造反的迹象，一边借口下大雨修城墙，暗中统计能够打仗的男子，筹集各种作战物资安放在仓库；一边假装与下属泛舟喝酒，以此麻痹安禄山，使其放松警惕。安禄山认为颜真卿是一介书生，便没有把他放在心上。等到起兵范阳谋反时，安禄山发公文让颜真卿率领平原和博平两郡七千人守卫黄河渡口。颜真卿立刻派平原司兵李平从小路到长安向唐玄宗报告安禄山造反的消息。玄宗在得知安禄山造反、河北地区的郡县纷纷投降的消息后，不禁悲叹："难道河北地区就没有一个忠义之士吗？"当看到颜真卿送来的消息时，玄宗非常高兴地称赞："我不知颜真卿是个什么样子，他竟然如此忠义啊！”颜真卿不仅为朝廷通报军情，而且派人到那些向安禄山投降的郡县进行游说，晓以大义，因此不少郡县又归附了朝廷。

颜真卿配合李光弼平定安史之乱，屡立战功，被唐肃宗授予工部尚书兼御史大夫之职，后被封为太子太师，得鲁郡公爵位。他爱憎分明、敢于和误国殃民的行为做斗争，得罪了许多权贵，比如宰相卢杞。当时节度使李希烈发动叛乱，卢杞趁机向唐德宗进谗言让颜真卿去劝降李希烈，许多同僚劝颜真卿不要冒险前去，颜真卿不为所动，毅然来到李希烈军营，李希烈软硬兼施，希望颜真卿归顺，为自己起草称帝文书，颜真卿大声呵斥，誓不改变自己的气节，最后被李希烈派人用绳索勒死。颜真卿的两个儿子也忠于国家、坚贞不屈。欧阳修赞叹：“详观二子行事，当时亦不能尽信于君，及临大节，蹈之无贰色……其英烈言言，如严霜烈日，可畏而仰哉！”

颜真卿的书法堪称精品，字如其人，渗透着义薄云天的信仰、未雨绸缪的智慧和宁死不屈的风骨。我们从他身上可以汲取心系“国之大者”的魄力，观大局、谋大事的能力，敢于斗争、善于斗争的定力。

朝夕搬砖的陶侃

【原文】

侃在广州无事，辄朝运百甓于斋外，暮运于斋内。人问其故，答曰：“吾方致力中原，过尔优逸，恐不堪事，故自劳耳。”

陶侃是东晋庐江浔阳人，出身寒门，在门阀士族当道的时代，从基层一步步干起，最后逆袭成为督率八州军事的大将军。他的成功很大程度上靠的是个人的勤奋努力和自强不息。史书记载，陶侃因功遭人陷害，被贬到当时十分偏远落后的广州任刺史，平时闲居无事，每天早上把一百块甓（即砌墙用的方砖）从屋内搬到屋外，晚上再搬回去。旁人见了很奇怪，就向他询问原因，陶侃回答说：“我虽然人在广州，但心里还是想着恢复中原。要是在这里过惯了安闲舒适的生活，以后就无法担当重任了，所以借搬砖来锻炼身体。”

“陶侃搬砖”的故事，让我们看到一代名将进德修业、自强不息的精神特质。陶侃正是通过“搬砖治闲”积蓄本领、厚积薄发，为日后重整旗鼓、报效国家打下了坚实基础。成大事者需要大境界，这种“大境界”，很重要的一点就是耐得住寂寞、守得住孤独。只有这样，才能在纷纷扰扰中坚定目标、磨炼意志，面对名利得失宠辱不惊、去留无意。机遇总是垂青有准备的人，“是金子迟早会发光”。为官者不仅仅要“早立志”，更要“立长志”“常立志”，无论成功或失意，始终不改其心、不移其志，把苦难挫折当作最好的老师，在磋磨砥砺中雕琢品性、修炼心性、破浪前行。从陶侃之后的发展轨迹看，他不负所望，再度被征召后，四处“灭火”，平定内乱，为东晋中兴立下了汗马功劳。执掌荆州期间，他更是勤于政事，整顿吏治，恢复和发展农业生产，治下实现“路不拾遗，夜不闭户”，留下了“陶侃惜谷”“陶侃惜阴”等诸多逸闻轶事。后人也以“飘摇风雨满神州，日下江河乱未休；戡定荆州非易事，论功应独让陶侯”的诗句来称颂他的功绩。

“自古雄才多磨难，从来纨绔少伟男。”吃苦是一种人生历练，更是一种经验和智慧的积累。经历了“化茧成蝶”的蜕变和艰苦岁月的磨砺，以后遇到任何问题都能够处变不惊、从容应对。对干部而言，只有做到敢于吃苦、乐于吃苦，自觉在艰苦实践中增长见识、砥砺品质，锤炼迎难而上、百折不挠的精神气质，才能在千磨万击中历练人生、收获成功。“朝运甓于斋外，暮运于斋内”的陶侃认为，终日耽于安乐，就会消磨意志，不能胜任大事。干部不论地位高低，身处逆境还是顺境，应始终不忘习劳励志，把吃苦当“进补”，学会主动“找苦吃”，切实做到“自讨苦吃”，不断涵养以苦为荣、以苦为乐的思想自觉，方可淬火成金、百炼成钢，才能培养出敢于担当、独当一面的素质。

北魏“令公”的境界

【原文】

魏光禄大夫咸阳文公高允，历事五帝，出入三省，五十余年，未尝有谴；冯太后及魏主甚重之，常命中黄门苏兴寿扶侍。允仁恕简静，虽处贵重，情同寒素；执书吟览，昼夜不去手；诲人以善，恂恂不倦；笃亲念故，无所遗弃。

若论在《资治通鉴》记载的帝王将相中谁最长寿，大概非北魏大臣、咸阳公高允莫属。高允为官历经太武帝、南安王、文成帝、献文帝、孝文帝五朝，先后在尚书省、中书省、秘书省担任过重要职位，是当时政坛的“不倒翁”。高允从政五十余年，几乎未受过责备，反而备受优待，得到了历任统治者的信赖与尊敬。文成帝敬重高允，不忍直呼其名，称其为“令公”，于是“令公”的名号远播四方。太和十一年（487年），高允以九十八岁高龄辞世，孝文帝更是给予其北魏以来最高规格的礼遇，不但追赠其为侍中、司空公、大将军，还赠予丰厚的赏赐，高允可谓“赢得生前身后名”。历史上有数不清的“高处不胜寒”的事例，但是高允能在半个多世纪的宦海沉浮中“高处长胜寒”，且极享恩宠，着实令人赞叹。

古语云，仁者可寿，德可延年。仔细研读有关记述，可知高允一生重任在肩、辛勤操劳，却得以幸福高寿，与他追求仁恕简静是分不开的。在从政谏言上，高允素以仁德为重，顺民意、厚民生、安民心，如反对攻占城池之后杀戮抢掠，主张废除田禁将良田交还百姓，在“《国记》大案”中更是敢于触犯龙颜、冒死直谏，以至太武帝感叹“无斯人，当更有数千口死矣”。在为人处世上，高允始终保持仁义宽厚、简朴恬静，待人循循善诱、诲人不倦，又对亲朋故友情深意厚、谦己敬人。有人上奏文成帝，说高允虽然蒙受恩宠，但家境仍十分清贫，甚至需要儿子砍柴卖以补贴家用。文成帝不信，便亲自到高允家中探访，所见只有草屋几间，屋中只有粗布被、旧麻衣，厨房中只有青菜而已。文成帝叹息道：“古人也没有清贫到这个地步的吧？”原来对于经常得到的赏赐，高允从不独享，都拿去周济下属、邻里同乡，对流离饥寒者更是“倾家赈施”，使其“咸得其所”，自己只维持粗茶淡饭和简朴清静的生活。后来冯太后、孝文帝主政时，高允多次提出告老还乡，均未得到批准，孝文帝不解，太后解释道：“他家里十分清寒，若告老，就没有人照顾他的起居饮食了。”正所谓，修心当以净心为要，为政当以无我为基。高允一生淡泊名利、心境澄明，无所求，也无所惧，内心修为到如此境界，自是民敬君宠、幸福满满，在不甚发达的一千五百多年前享近百岁高寿，真可谓神仙般的存在，但这又何尝不是对他坚守“仁恕简静”的回报呢？

俗话说，幸福不来自索取，而源自付出；不取决于物欲，而有赖于修为。“仁恕简静”是道德境界、行为准则，也是人生最好的“修行”。持续的修行，以“仁”抗拒诱惑，以“简”破除妄念，如登如攀，坚持不懈，日益精进。观诸为官处世的哲学，并没有什么高超的智慧，唯一高深之处，就在于要真正领悟“大道至简”，为官行仁政、对人讲仁恕，心无旁骛，简以存真。领导干部从政生涯的幸福感，既要靠内修于心，端正“官念”、淡化“官欲”，饱含“衙斋卧听萧萧竹，疑是民间疾苦声”的情怀，修炼不为功名利禄所缚、不为粗茶淡饭所扰的境界，又少不得外化于行，一心为民、两袖清风，扑下身子为百姓竭诚服务，以群众的“存在感”“获得感”提升为官的“幸福感”“成就感”。

石勒听书

【原文】

尝使人读《汉书》，闻郦食其劝立六国后，惊曰：“此法当失，何以遂得天下？”及闻留侯谏，乃曰：“赖有此耳。”

后赵高祖石勒虽然没有上过学，却喜欢让人读书给他听，也常以自己的思考理解评议古今得失，听到的人没有不心悦诚服的。他曾经让人读《汉书》，听到郦食其劝汉高祖刘邦册立战国时六国诸侯的后裔，吃惊地说：“这应当是失策做法，但刘邦为什么能最终得到天下？”等听到张良劝谏，于是说：“幸亏有这么一劝。”

与书为伴有益于“思接千载，视通万里”，书能为读者提供一个跳出自身局限看待事物和时局的广阔视野。石勒通过听书而读，一边听一边思考，并发表自己的见解，判断出了分封制的不合时宜。好学莫若读书，古往今来，从“学而时习之”的训诫到“格物致知”的劝勉，从“耕读传家久，诗书继世长”的期望到“万般皆下品，唯有读书高”的赞誉，无不在告诉世人：选择读书，就是选择能力；抓紧读书，就是抓住未来。奴隶出身的石勒，正是得益于重视读书学习、施行开明政治，终成开国帝王，一度推动后赵成为北方地区最强的国家。

《荀子·大略》提出“学者非必为仕，而仕者必如学”，阐述了为政和为学的关系，即读书人不一定都要做官为政，但为政者必须坚持学习以不负国家重托，倘若才学不胜而享厚俸，则无异于行骗盗窃。为政之人如何读好学好，约一千七百年前的石勒身上至少有三点值得参考。一是会读书，好书如同好人、好的食品，读好书如同交良友、吸收高能量的营养。石勒虽然不识字，但能请人读书给他听，甚至建“君子营”为他授课，读的还是《汉书》等史书，可见石勒确实会读书。二是勤思考，思考是一种能力，是一种再创造，石勒没有简单、机械、被动地听书接受知识，而是结合实际深入思考，并形成了自己思考问题的方式，提出解决问题的见解，其创立的考试选拔官员的制度，更是为隋朝开创科举制提供了借鉴，影响不可谓不深远。三是善挤时，处于乱世的石勒无论自身条件还是客观环境都远不如当下，但他无论多忙都没有因时间、精力所限而疏于读书、怠于学习，总能抽出时间听人读书、学习思考。诚然，石勒也有很多残暴行为为人所不齿，当时民间甚至一度称石勒为“胡蝗”，但其学习的态度和方法，依然值得我们借鉴。

自知己短便是长

◆

【原文】

帝以尚书令江夏黄香为东郡太守，香辞以："典郡从政，才非所宜，乞留备冗官，赐以督责小职，任之宫台烦事。"帝乃复留香为尚书令，增秩二千石，甚见亲重。香亦祇勤物务，忧公如家。

汉和帝打算任命尚书令黄香担任东郡太守，不料黄香却推辞道："我不擅长主管地方行政工作，还是让我留下充当散官，承担宫中尚书台的烦琐事务吧。"于是，汉和帝便留任黄香为尚书令，而且将他的俸禄增加到两千石，对他很是亲近器重。黄香本人也谦恭勤奋，忠于职守，对待公事就像家事一样。

为官要有自知之明。自知之明，即了解自己的情况，对自己有正确的认识，清楚知道自身的长项和短处、优点和缺点。有自知之明的人，多深察人性的弱点，善于鉴古知今，借人之长补己之短。汉高祖刘邦不过出身一亭长，正是因为有自知之明且知人善任，依靠张良、萧何、韩信等一批杰出人才，才得以在与项羽的争霸中笑到最后。说到底，人具备了自知之明的胸襟，其人格顶天立地，其行为不卑不亢，其品德上下称道，其事业也才会蒸蒸日上。

好说己长便是短，自知己短便是长。为官"出事"者多没有自知之明，把别人的恭维逢迎当真话，把别人的鼓掌赞美当自己的能力，把组织的信任培养当自己的本事，对自己没有正确的认识，感觉自己神勇无敌、手眼通天，逐渐在自我膨胀中走向深渊。战国赵括把用兵打仗看作儿戏，谈起兵法来，就眼空四海，目中无人，却不知自己实际上是一个只会纸上谈兵的庸才。长平一战，他被秦将白起抓住没有实战经验、只会照搬照抄兵法的弱点，致使四十万赵军全军覆没。自知之明其实就是人要知道自己到底有几斤几两，清楚自己究竟能吃几碗干饭。认清自己，既不能把自己看得太高，也不能把自己看得太低。高估自己容易眼高手低，低估自己又可能裹足不前。要真正了解自我，就必须找准看自己的角度，严格地剖析自我。王阳明坦言：“破山中贼易，破心中贼难。”正是因为时刻保持这种自警自省的自我认识，他才最终成为立功、立德、立言“三不朽”的大圣人。一个人只有认清自己的本心、摆正自己的位置，才能走向成功。也可以说，认清自己，才是顶级的智慧。

宽人严己的长者之风

【原文】

定威校尉吴郡陆逊言于孙权曰：“方今克敌宁乱，非众不济；而山寇旧恶，依阻深地。夫腹心未平，难以图远，可大部伍，取其精锐。”权从之，以为帐下右部督。会丹阳贼帅费栈作乱，扇动山越。权命逊讨栈，破之。遂部伍东三郡，强者为兵，羸者补户，得精卒精万人；宿恶荡除，所过肃清，还屯芜湖。会稽太守淳于式表“逊枉取民人，愁扰所在”。逊后诣都，言次，称式佳吏。权曰：“式白君，而君荐之，何也？”逊对曰：“式意欲养民，是以白逊；若逊复毁式以乱圣听，不可长也。”权曰：“此诚长者之事，顾人不能为耳。”

东吴大将陆逊奉命讨伐叛乱，于是在吴国东部三郡征集军队，强壮者当兵，老弱者为后备，得到精兵数万人。陆逊所过之处，一向作恶的盗贼皆被剿灭干净。可会稽太守淳于式上表告发陆逊，说陆逊随意征发搜刮百姓，百姓不堪其扰。陆逊得知后称赞淳于式是个好官。孙权问陆逊：“淳于式告发你，你却举荐他，这是为什么？”陆逊回答说：“淳于式本意是要百姓休养生息，所以告发我。如果我再诋毁他，这是在扰乱您的视听，这种风气不能长。”孙权赞叹说：“这实在是谨厚长者做的事，一般人可做不到。”

喜与宽容结伴，乐与安详为伍，雅量是一种优良的生命质地。我们要有雅量，既要能够容人之短，又要能够容人之长、容人之功，还要能够容人之异、容人之过。只有这样，才能团结一切可以团结的力量，形成强大的工作合力。由于人的出身经历、文化程度、思想修养各异，看问题的角度各不相同，容人从根本上来说就是要能接受不同意见和观点，接纳不同性格的人，这不仅是一种道德修养，也是一门处世艺术。如果以怨还怨，不但抚平不了心中的创痛，还会陷入无休止的争斗，争强好胜过度，也就失去了做人的乐趣。

古语云："修己以安人。"一个人能以沉静的心境，面对宿敌有"相逢一笑泯恩仇"的气度，遭遇对手有"得饶人处且饶人"的襟怀，这也许还不是雅量的全部内涵，但应是对雅量的高度概括。春秋时期，管仲和鲍叔牙合伙做生意，管仲出资少却要多分利润，鲍叔牙并未怪管仲自私，而是认为管仲家里穷，应该多分。后来，鲍叔牙又将管仲推荐给齐桓公，管仲因此成为著名的政治家。鲍叔牙如果没有容人之短的雅量，管仲就会怀才不遇。历史上凡是有作为的人，多数能容人之过。还有容人之个性、容人之仇等，都是容人的极致，是一种高尚的品德。

做人须有雅量，宽容方能成事。作为领导干部，首先要以诚待人、以情感人，时时处处尊重人、理解人、关心人，多沟通不猜疑，多谦让不争功，多宽容不挑剔，对人对事一把尺子、一个标准，不以个人好恶定是非，不以一己恩怨分亲疏，始终保持一颗平常心，用高尚的人格去感召人、带动人、团结人。

汉和帝克制私欲

【原文】

岭南旧贡生龙眼、荔枝，十里一置，五里一候，昼夜传送。临武长汝南唐羌上书曰："臣闻上不以滋味为德，下不以贡膳为功。伏见交趾七郡献生龙眼等，鸟惊风发；南州土地炎热，恶虫猛兽，不绝于路，至于触犯死亡之害。死者不可复生，来者犹可救也。此二物升殿，未必延年益寿。"帝下诏曰："远国珍羞，本以荐奉宗庙，苟有伤害，岂爱民之本，其敕太官勿复受献！"

汉和帝时，岭南地区进贡鲜龙眼和荔枝，十里设一个驿站，五里设一个岗亭，日夜不停地传送。临武长唐羌上书说：“在上位的人不因享受美味而为有德，在下位的人不因进贡美味而为有功。从僻远的地方进贡这些物品，一路疾驰，劳民伤财，吃了这两种水果也不一定能使人延年益寿。”于是，和帝下诏停止进贡。

伤其身者不在外物，皆由嗜欲以成其祸。如果君主沉迷于美食滋味，放纵于声乐享受，欲望越多，带来的损害也就越大。既妨碍了政事，也侵扰了百姓，最终难免怨言四起，众叛亲离。隋炀帝为逞一己之私欲，三下江都，大张旗鼓地炫耀豪华的气派、显摆威风，龙舟被农民起义军烧毁后，他立刻下令重建，并且规格比之前更高。无休无止的劳役和越来越重的赋税，引发了极大的民愤，农民起义最终蔓延到了大江南北，隋朝二世而亡。

历代的明君能够治理好天下，原因之一在于即使物质很丰富，他们依然能够节制自己的欲望。唐太宗在物质条件非常丰富的情况下，还能够严格要求自己，他常说：“为君之道，必须先存百姓。若损百姓以奉其身，犹割股以啖腹，腹饱而身毙。”治理国家，必须先爱护体恤百姓，如果以损害百姓的利益来奉养自身，那就像割了大腿上的肉来喂饱肚子一样，虽然肚子填饱了，但是终究会身亡。作为封建帝王，唐太宗能够说出这样一番话来时刻警醒自己，确实难能可贵。

对于治世贤臣而言，只有帮助君主克制了私欲的滋生，才有行道的可能。对为官从政者而言，只有克制私欲，才能够打败心魔，心生公道，如若放纵私欲，任其蔓延发展，最后必会坠入“飞蛾扑火、自取灭亡”的悲惨境地。去除私欲，殊非易事，须拿出“刮骨疗毒”的狠劲，忍受“挖疮割痈”之疼痛，在具体事件中净化身心、磨砺意志，坚持以俭修身、以俭兴业，抵制享乐主义、奢靡之风，勇挑重担，苦干实干，如此方能成就一番事业、造福一方百姓。

失德作恶的萧宝卷

【原文】

东昏侯作芳乐苑，山石皆涂以五采。望民家有好树、美竹，则毁墙撤屋而徙之；时方盛暑，随即枯萎，朝暮相继。

…………

东昏尤惜金钱，不肯赏赐；法珍叩头请之，东昏曰："贼来独取我邪！何为就我求物！"

…………

茹法珍、梅虫儿说东昏曰："大臣不留意，使围不解，宜悉诛之。"王珍国、张稷惧祸，珍国密遣所亲献明镜于萧衍，衍断金以报之。

…………

十二月，丙寅夜，强密令人开云龙门，珍国、稷引兵入殿，御刀丰勇之为内应。东昏在含德殿作笙歌，寝未熟，闻兵入，趋出北户，欲还后宫，门已闭。宦者黄泰平刀伤其膝，仆地，张齐斩之。

南朝齐第六任皇帝萧宝卷即位后，生活奢侈荒淫，肆意杀戮大臣，导致人心离散、国势日衰。比如他大兴土木，兴建芳乐苑，将山石全部涂成五颜六色的，望见百姓家里有好看的树和竹子，就直接拆人院墙、毁人房屋，强行掠夺。当时正值盛夏，树和竹子栽上不久就枯萎了，于是拔掉再栽，百姓苦不堪言。雍州刺史萧衍起兵攻讨，宠臣茹法珍建议萧宝卷赏赐将士以激励杀敌，萧宝卷却爱财如命，竟说："贼寇来难道只是为了收拾我一人吗？为什么就向我要赏赐？"身边宠臣们又建议："大臣们不用心，致使城围无法解除，所以应该把他们全部杀掉。"大将王珍国、张稷唯恐大祸临头，于是转而投奔萧衍。十二月丙寅（初六）晚上，王珍国和张稷带兵冲入宫中，萧宝卷刚欣赏完笙歌燕舞，尚未沉睡，闻声夺门而逃。因作恶太多，身边宦官也群起响应，可怜一代帝王先被砍伤膝盖，再被斩杀。

《中庸》有言，“大德者必受命”。大意是具有大德行的人定会受天命成为天子。古希腊哲学家柏拉图主张“哲学王治国”，因为“哲学王”是公认最有智慧和美德的人。由此可见，“德行修养”对君主来说是极为重要的。孔子指出，君王如果行为高尚、以德施政、善待民众，那么他就会像北辰“居其所而众星共之”，受到百姓的拥护。荀子也警告“水能载舟，亦能覆舟”，如果君主失德作恶，江山就会易主，王朝也将倾覆。萧宝卷可谓失德昏君中的典型，史书中记载，其任内不修德行，骄奢淫逸，宠信潘妃，任用奸臣，滥杀大臣，自绝于天下，最终落得众叛亲离、身首异处的下场。他死时年仅十九岁，死后被贬为“东昏侯”，更有史家称其为“千古第一昏君”。

古语有云，官德隆，民德昌，国家兴；官德毁，民德降，国家衰。大意是为政者的道德水平反映着整个社会的道德状况，决定着一个国家的兴衰成败。心中尚德、行中积德，以德立身、以德配位，则内可修“圣贤”之德，外可践“治国平天下”之志，即达到“内圣外王”境界。《礼记》中说：“古之为政，爱人为大。”“爱人”与否成为官德的重要考量标准。为官者的官德水平如何，百姓最有发言权。谁对百姓亲，百姓都明白；谁为百姓好，百姓给谁爱。有时百姓取的绰号，就可以将一个官员的品行、形象、操守刻画无遗，表达出百姓褒贬喜厌的鲜明态度。比如，历史上既有廉洁奉公的东汉“悬鱼太守”羊续、淡泊节俭的清朝“半鸭知县”于成龙，也有“睡王”辽穆宗、前蜀皇帝“贼王八”王建。“民声”这把尺、这杆秤，量得出为政者修养的高度，更称得出从政者德行的分量。作为领导干部，小事靠智，大事靠德，廉政且勤政，有为且善为，时时鞭策、警醒自己，官德才算圆满，初心才能不改，善治才会成真。

学“通”明行的王俭

◆

【原文】

自宋世祖好文章，士大夫悉以文章相尚，无以专经为业者。俭少好《礼》学及《春秋》，言论造次必于儒者，由是衣冠翕然，更尚儒术。俭撰次朝仪、国典，自晋、宋以来故事，无不谙忆，故当朝理事，断决如流。每博议引证，八坐、丞、郎无能异者。令史咨事常数十人，宾客满席，俭应接辨析，傍无留滞，发言下笔，皆有音彩。十日一还学监试诸生，巾卷在庭，剑卫、令史，仪容甚盛。作解散髻，斜插簪；朝野慕之，相与仿效。俭常谓人曰：“江左风流宰相，唯有谢安。”意以自比也。上深委仗之，士流选用，奏无不可。

南北朝时，自从宋孝武帝青睐辞藻华丽之文章，士大夫们跟风推崇后，再没有人专心研究儒家经典，直到王俭出现。王俭自幼喜读《礼》和《春秋》，言谈举止更是严格遵循儒家法则，引得士大夫竞相效仿，儒家学说一时备受推崇。王俭曾受命主持编撰朝廷礼仪、国家典章制度，对晋、宋旧制可谓了然于心，因此在总理朝政时颇为得心应手。朝堂议事时，王俭旁征博引，朝堂上下皆无异议。令史们经常拿着公文向他请示，即便多达数十人，王俭仍能条理清晰，应对从容，对答时更是有声有色、神采飞扬，且从不积压延迟。朝野上下都很仰慕他的风采，以至于王俭特有的“头簪斜插”发型，都引得朝廷内外争相模仿。南齐武帝也对其非常器重，故而王俭经常把自己比作谢安。

《论语》有言：“仕而优则学，学而优则仕。”大意是官做得游刃有余，就应该广泛地去学习提升自我；书读得好，就可以去做官以践行所学。依据古人的标准，做官之人作为施政者，代替众人实践，则更要学习，而且要学通明行。所谓“通”，一指博古通今，即经史子集、礼仪、典章、科技无不通晓；二指融会贯通，即将学问运用到为政处世之中，实现相互通达、明白畅通。王俭的一生，可谓“通则达”“达则兼济天下”的典范，自然引得众人仰慕。王俭学史力行，引领儒学复兴，制定典章制度，议事旁征博引，足见其学识渊博、贯通自如；其以学致仕，十八岁就担任秘书郎，历任秘书丞、义兴太守、太尉右长史等职，极力辅佐萧道成称帝，“多岗位”锻炼实践，使其才能与日俱增，处理政事得心应手，二十八岁便任左仆射，足见其学用结合，知行统一。由此可见，王俭既有宰相之志，亦有宰相之才，这也是他自比谢安的资本，难怪齐高帝萧道成以“维岳降神，生甫及申”称赞他。

正如王阳明所说：“知者行之始，行者知之成。”读书学习只是第一步，只有知识学问博古通今，学问实践相互通达，才能避免空想臆断，才能真正对社会有用，为社会创造出价值。为官从政之人，既要通过学习获得渊博的知识，加以融会贯通，练就敏锐的判断力、深刻的谋断力、练达的决断力，分得清是非曲直、担得起急难险重、抵得住谬论诱惑，又要通过源源不断的知行实践，达到明白畅通，提高自己的器识本领，不做只会空谈的天真文人。优秀的领导干部，应该像王俭一样学通明行，以学增才、以才践行、以行促学，做到“学、思、用贯通，知、信、行统一”，方能无往而不利。

德不厚者行不远

【原文】

初，魏中尉李彪，家世孤微，朝无亲援；初游代都，以清渊文穆公李冲好士，倾心附之。冲亦重其材学，礼遇甚厚，荐于魏主，且为之延誉于朝，公私汲引。及为中尉，弹劾不避贵戚，魏主贤之，以比汲黯。彪自以结知人主，不复藉冲，稍稍疏之，唯公坐敛袂而已，无复宗敬之意，冲浸衔之。

北魏名臣李彪，少时生活穷困、家世寒微，但从小胸怀大志、好学不倦。李彪初到京城，听说孝文帝近臣李冲礼贤下士，便倾心依附于他。李冲也十分欣赏李彪的才学，对他礼遇甚厚，还将他推荐给了孝文帝，又在同僚中广为引荐赞誉，无论公事私事都提携他去操办。李彪逐渐崭露头角、步步高升，特别是担任御史中尉后，弹劾违法乱纪的朝臣时不畏权贵。孝文帝十分赏识李彪，并将他喻为以面折廷争闻名的西汉名臣汲黯。李彪自认为深得皇帝信任，无须再凭借李冲，就对李冲渐渐有所疏远，在公开场合遇见李冲时也只是整理一下衣袖略表礼节，不再有遵从敬服之意。因此，李冲渐渐对李彪产生了怨恨之情。

《菜根谭》有言："我有功于人不可念，而过则不可不念；人有恩于我不可忘，而怨则不可不忘。"由此可见，在为人处世中，选择记住什么、感恩什么，放下什么、宽容什么，既是人生智慧，也是修养美德。李冲、李彪都是北魏名臣，但在这方面的修养有所欠缺。对李彪来说，李冲对他有知遇提携之恩，没有李冲当年的栽培引荐，就没有他的平步青云，但李彪功成名就后没有知恩图报，反而有意疏远撇清关系，可谓得鱼忘筌。对李冲来说，他自认对李彪恩惠有加，李彪就应该一辈子对自己尊崇敬重，时刻铭记于心，所以，当李彪平视他时，李冲内心充满了愤怒不满，视李彪为忘恩负义之徒。两人本是孝文帝的左膀右臂，应当精诚团结成就一段佳话，但李彪小人得志而飞扬跋扈，李冲则心胸狭隘，两人从莫逆之交到反目成仇，最后李彪被除名、李冲被气死，两败俱伤，均行之不远，实在令人扼腕。

古人云："唯宽可以容人，唯厚可以载物。"只有拥有宽阔的胸怀才可包容别人，只有拥有厚重的品德才可担当大任。李冲政绩卓著，精于改革创新，被誉为"一时之秀"；李彪性格刚直，执法不避权贵，被视为当朝汲黯。两人优点突出，缺点也很明显，正如孝文帝所言："道固（李彪字道固）可谓溢矣，而仆射（李冲任尚书仆射）亦为满也。"两人骄傲自满、修德不厚。常言道，小事靠智，大事靠德。领导者的领导力，除却才、智、能等因素外，最终靠的还是德。子曰："为政以德，譬如北辰，居其所而众星共之。"优秀的领导者以德服人，用高尚的德行凝聚团队，把上下级、同事关系发展为可控的合作关系。小合作时，懂得放下自己、彼此尊重，互相帮助；大合作时，懂得放下利益、彼此平衡，互相成就。正所谓"高山仰止，景行行止"，克服"小我"狭隘之心，嫉妒别人不如向别人学习，伤害别人不如拉别人一把，托举成就他人亦成就"大我"，这才是真正的厚德载物。成己为人，方可成人达己；相互轻慢，只会两相生厌。唯有感恩让人深交，唯有厚道让人信服。

魏孝文帝手不释卷

【原文】

帝好读书，手不释卷，在舆、据鞍，不忘讲道。善属文，多于马上口占，既成，不更一字；自太和十年以后，诏策皆自为之。好贤乐善，情如饥渴，所与游接，常寄以布素之意，如李冲、李彪、高闾、王肃、郭祚、宋弁、刘芳、崔光、邢峦之徒，皆以文雅见亲，贵显用事；制礼作乐，郁然可观，有太平之风焉。

北魏孝文帝爱好读书，手不释卷，外出时在车中或者在马鞍之上仍不忘讲学论道。他又擅长吟诗作文，常常骑着马即兴赋诗，写成后不必改动一字。自从太和十年（486年）之后，各种诏令、策书都是他亲自撰写。孝文帝求贤若渴，乐善好施，凡是与他交往接近的，他总是待之真挚热情，而不以帝王自居，比如李冲、李彪、高闾、王肃、郭祚、宋弁、刘芳、崔光、邢峦等人，都因资质文雅而受恩宠，担任要职，且逐步显贵。李冲等人为朝廷制礼作乐，成绩斐然，郁郁可观，有太平淳古之风。

中华民族自古提倡阅读，书籍可谓帝王将相治国理政的智慧法宝。为政者中，绝大部分人自幼就开始研读经史子集，从而知晓礼仪规范和言行准则；入仕前更是持续攻读以增长知识、砥砺德行、丰厚学养，以期“学而优则仕”；入仕后坚持伏案苦读、学以致用，经过长期人文知识的熏染习得，在为政时方能通晓为人处世之理和兴衰成败之道。太平年代更加推崇学问修养，考量为政者既看政绩，也看学养。当然，为政者在通过读书好文而造福于民的同时，其高远者还会“仕而优则学”，做到立德立言，继而希圣成贤。正所谓“书多人贤”，读书好文造就了杰出的帝王将相，这是不言而喻的。孝文帝自幼好文、手不释卷，由此精通五经、博涉史传，深知游牧出身的鲜卑人要长久繁荣唯有推行汉化改革，于是更加刻苦学习汉族文化，并主动向博闻多识的汉人看齐，由此凝聚团结了一大批文雅多才的官员。他们勇于任事、力行实事、善于理事而又屡获重用，从而形成了良性互动，推动了北魏的长足发展。孝文帝演绎了好文而善治的高境界，也成就了其杰出政治家、改革家、文学家之名。

王阳明有言，“知者行之始”。一个人要想成就一番事业，就必须养成勤学不辍、笃行不怠的好习惯，这也是打开成功大门的“金钥匙”。在瞬息万变的当下，最大的恐慌不是本领恐慌，而是“本领不恐慌”。领导干部如果陷入“能力随着职位升”的误区，不能持续好文善思、提升学养，势必会少知而迷、少思而怯。当前，一些领导干部不善为、不敢为，究其根源就在于此。少知者，内心充斥着旧观念，习惯用旧思维解决新问题，用刚性化的手段解决多元化的诉求，结果难免会造成“播下龙种，收获跳蚤”之尴尬。少思者，观察问题缺少深度分析，解答问题缺乏独到见解，随波逐流、人云亦云，担当作为也就无从谈起。古人讲有胆有识，其实有识才有胆，在纷繁复杂的治理情境中，只有好文善思，才能敏锐洞见先机，善于审时度势，才会拥有遇事向前的勇气和胆量。

《资治通鉴》里的从政智慧

行事做人

“大树将军”的气度

◆

【原文】

秀部分吏卒各隶诸军，士皆言愿属大树将军。大树将军者，偏将军冯异也，为人谦退不伐，敕吏士非交战受敌，常行诸营之后。每所止舍，诸将并坐论功，异常独屏树下，故军中号曰“大树将军”。

比起人人熟知的名将卫青、霍去病、李广，东汉开国大将冯异的光芒显得有些黯淡。但若论所立功业大小，冯异毫不逊色，其胸襟气度甚至更胜一筹。冯异出身郡县小吏，出道虽晚，却有勇有谋，屡立战功，最终官拜征西将军，成为刘秀麾下少有的能独当一面的大将。更为难能可贵的是，冯异为人低调谦逊，每当战斗结束后宿营时，其他将领喜欢坐在一起争功论赏，唯有冯异从不居功自夸，常常独自一人坐在大树下休息。久而久之，“大树将军”的雅号便在军中广泛传播开来。刘秀准备对部队进行调整，结果士卒们都愿受“大树将军”的统率，冯异的人格魅力可见一斑。

立功立事固然可喜，但难能可贵的是立功立事后不矜不伐。功成不居，一则可以时刻警醒自己，使自己立于不败之地；二则可以团结他人，勠力同心去完成更大的事业。《道德经》有言：“不自见，故明；不自是，故彰；不自伐，故有功；不自矜，故长。”这段话告诫人们不自以为是、自高自大，才能真正有所成就。深受刘秀信任的冯异，有时为了顾全大局，甚至不惜委曲求全。史书载，为处理好与同僚的关系，在路上与其他将领相遇时，冯异常常主动引车让道。但他带兵十分严格，进退之间法度自如，在众多将领之间，他所率的队伍军容最为整齐。温润谦和、可敬可亲是赢得别人尊重和信任的基础，冯异的成功无疑证明了这一点。

地低成海，人低为王。姿态低、身段低，格局、气度不能低。现实中，脾气随着官位长、随着财富长、随着名气长、随着能耐长的现象，屡见不鲜。其实，把名利看淡、把自己看轻，虚怀若谷，不矜己功，在他人心目中的形象反而会更高大。心宽一尺，路宽一丈；让礼一寸，得礼一尺。克制礼让不膨胀，彰显的是权力的自律和谦逊，折射出的恰恰是一个人的器量、襟怀和格局。“让”，是一种勇气，更是一种智慧。作为领导者，有一点儿“大将风度”，修炼自己的“好脾气”“大胸怀”，宽厚仁德，互相尊重，把别人抬高，把自己放低，这既不是妄自菲薄，也不是虚伪做作，而是与人相处合作必备的一种德行，更是成事立业的一种能耐。

守诚信方能立威信

【原文】

冬，十月，壬戌，帝至东都，顾眄街衢，谓侍臣曰：“犹大有人在。”意谓向日平杨玄感，杀人尚少故也。苏威追论勋格太重，宜加斟酌，樊子盖固请，以为不宜失信，帝曰：“公欲收物情邪！”子盖惧，不敢对。帝性吝官赏，初平杨玄感，应授勋者多，乃更置戎秩：建节尉为正六品，次奋武、宣惠、绥德、怀仁、秉义、奉诚、立信等尉，递降一阶。将士守雁门者万七千人，得勋者才千五百人，皆准平玄感勋，一战得第一勋者进一阶，其先无戎秩者止得立信尉，三战得第一勋者至秉义尉，其在行陈而无勋者四战进一阶，亦无赐。会仍议伐高丽，由是将士无不愤怨。

隋炀帝平定杨玄感的叛乱后，一年冬天巡视东都，看到街道上人来人往，就对侍臣说：“还是大有人在。”意思是说过去平叛时杀的人太少了。宰辅苏威提出，平定杨玄感叛乱的悬赏规格太重，应该再斟酌。民部尚书樊子盖则恳求隋炀帝遵守先前许诺，认为不应失信于将士。炀帝反问樊子盖：“你打算收买人心吗？”隋炀帝吝惜官爵赏赐，当初平定杨玄感时，应该论功授勋的人很多，他就改变军队的职级：规定建节尉为正六品，以下依次是奋武、宣惠、绥德、怀仁、秉义、奉诚、立信等尉，依次降低一级。参加保卫雁门的将士有一万七千人，授勋的仅一千五百人。此时，隋炀帝又商议攻伐高丽，将士们无不愤怒怨恨。

《道德经》有言："信不足焉，有不信焉。"隋炀帝搞"注水"职级、欺瞒将士，看似满足了自己的吝啬之心，实则错失了激励将士、提升威望的时机，也激起了将士的怨恨不满，埋下了军心涣散的隐忧。领导者需重信守诺。不论是"齐桓公言出必行"还是"曾子杀猪"，说到做到昭示着君子大德。"立木为信"为商鞅变法广罗士子之心，"烽火戏诸侯"则因轻浮言语引来灭国大祸，均昭示了诚信为人的重要性。正所谓，"人而无信，不知其可也"，"诚者，君子之所守也，而政事之本也"，立身、为官、治国，事事皆应言出必行。

对于领导者而言，权力可以被授予，威信却授予不了。威信来自公信，而公信的建立来自领导者的言行举止、为人处世。作为领导者，肩负着讲给别人听、教育别人信、做给别人看、带领别人干的职责，只有以正言赢公信。对群众一诺千金、说话掷地有声，言而有信、说到做到，做不到的不说、办不了的不谈，凡是承诺了的事情一定要兑现，凡是答应了的事情一定要办好。久而久之，领导者必然威信高、受爱戴，政风民风必然为之一新。

敢于担当的魏徵

【原文】

太子建成、齐王元吉之党散亡在民间，虽更赦令，犹不自安，徼幸者争告捕以邀赏。谏议大夫王珪以启太子。丙子，太子下令："六月四日已前事连东宫及齐王，十七日前连李瑗者，并不得相告言，违者反坐。"

丁酉，遣谏议大夫魏徵宣慰山东，听以便宜从事。徵至磁州，遇州县锢送前太子千牛李志安、齐王护军李思行诣京师。徵曰："吾受命之日，前宫、齐府左右皆赦不问；今复送思行等，则谁不自疑！虽遣使者，人谁信之！吾不可以顾身嫌，不为国虑。且既蒙国士之遇，敢不以国士报之乎!”遂皆解纵之。太子闻之，甚喜。

玄武门之变后，李建成、李元吉被处死，其党羽纷纷逃亡，属于李建成原势力范围的崤山以东地区更是人心惶惶。尽管朝廷数次下令，对二人余党“一无所问”，但一些心怀侥幸者仍争相举报以邀赏。为平定人心，李世民下令重申对李建成、李元吉余党不得告发，违者以诬告罪论处，同时派魏徵宣慰崤山以东地区，允许他见机行事。魏徵来到磁州时，正好遇到地方官员枷送李建成、李元吉的原部下李志安、李思行前往长安。按理说，朝廷已经数次下令，对李建成、李元吉余党不得追捕，问题本来很简单，直接释放二人即可。但此事的复杂之处在于，玄武门事变前，魏徵在李建成手下任职。让魏徵来处理，未免产生嫌隙。面对两难处境，魏徵坦然说：“我出发之时，朝廷已有敕令，前太子及齐王左右皆赦免不问。如今你们却要将李志安、李思行绑赴京城，则谁不自疑？以后朝廷纵然再派人宣告诏令，谁复能信？我自知此事敏感，但不能只为自己避嫌，而不为国家考虑。况且我既蒙受国士的待遇，怎敢不以国士的才能来报答国家呢?”于是慨然下令，当场释放李志安、李思行二人。幸运的是，李世民听说此事后，不但没有心生嫌隙，反而十分高兴。

应当看到，魏徵下令释放旧主的部下，是冒着极大的政治风险的，也显示了其极高的政治素养。魏徵将个人得失进退、安危置之度外，坚持原则、义无反顾地执行皇命，这就是敢于担当。当下，一些干部遇到问题绕着走、碰到矛盾躲着走、看见难点低头走，奉行“一团和气”，满足于当“太平官”“安稳官”，然而多年过去，主政之地、所辖一域要么涛声依旧，要么一潭死水，舒服的是个人，耽误的是发展，贻害的是百姓。对于领导干部而言，绝不能贪图安逸自在，追求轻松逍遥，而要直面矛盾困难，力求有所作为。在条件艰苦的岗位上默默坚守、遇到尖锐问题绝不回避，是一种难能可贵的大格局、大担当。人无精神不立，官无担当不彰。敢于担当的为政者，即使在极其艰难的条件下，也能把事业干得风生水起。正所谓，“志不求易者成，事不避难者进”。从政者当拼着一股子“精气神”，少摆客观条件，多做主观努力，不为落后找借口，只为前进找路径，以智慧指数让事业之路风生水起，以勤奋指数让从政生涯气象万千。

歇后宰相郑綮

· ◆ ·

【原文】

綮好诙谐，多为歇后诗，讥嘲时事；上以为有所蕴，手注班簿，命以为相，闻者大惊。堂吏往告之，綮笑曰："诸君大误，使天下更无人，未至郑綮！"史曰："特出圣意。"綮曰："果如是，奈人笑何！"既而贺客至，綮搔首言曰："歇后郑五作宰相，时事可知矣！"累让不获，乃视事。

在名家辈出的唐代诗坛上，郑綮并不是一颗耀眼的明星，即便在星光黯淡的晚唐，郑綮也只能算是一点微弱萤光。郑綮之所以被人熟知，很大程度上是因他以诗人的身份入朝拜相，也在于他开创了一种诗体，即以其行第命名的"郑五歇后体"。郑綮说话诙谐，经常写诗，这些诗不仅内容"多侮剧刺时"，态度"激讦"，形式上也不同于一般的格律诗，显得"落格调"。当时的皇帝唐昭宗或许从讽刺诗中看见了郑綮的忧时爱国之心、厌乱望治之意，认为郑綮内蕴才干，于是亲手把他的姓名写进在朝大臣的花名册，任命他为宰相。听到这一消息的人都大吃一惊，就连郑綮本人也不相信。当中书省办事的官吏告诉郑綮这一任命时，郑綮笑着说："你们一定是弄错了，即使天下再没有人，也轮不到我郑綮做宰相呀！"官吏告诉他，这是皇帝的旨意。郑綮还是不相信，说："如果真是这样，那真是笑杀天下人啊！"等到宾客纷纷前来恭贺，郑綮才知道这是真的，感叹道："歇后诗人郑五充任宰相，当朝的形势可以知道了！"他多次上表推辞却没有获得批准，只好走马上任。就这样，郑綮在他生命的最后一年做了宰相，但几个月后，他还是以身体有病为由辞职退休了。

"歇后郑五作宰相，时事可知矣"，这句从政名言表明郑綮对当时的大势有着清醒的判断。据两《唐书》记载，郑綮以进士登第，历任朝廷监察御史、左右司郎中等紧要之职，后任庐州刺史，黄巢乱唐时只有郑綮治下的庐州得以完整，这说明郑綮在政治上是有一番作为的。但此时唐王朝已病入膏肓、朝不保夕，郑綮有自知之明，他清楚自己并没有回天之力。郑綮用自嘲的话坦率说出真情，不怕有损自己的形象，反而赢得了后人的赞赏。千年之后，鲁迅就为此事夸他，说郑綮敢于说这样的真话，“诚亦古之人不可及也”。大厦将倾，独木难支，历史潮流浩浩荡荡，腐朽势力不会因为某个人的力量而被摧毁。今天，世人多已数不清唐朝有多少首名诗、多少个宰相，但郑綮的歇后体却永远留在了诗史上，郑綮本人也因为自知、自胜的形象，被人们牢牢地记住。

“九代同堂”的秘诀

【原文】

寿张人张公艺九世同居，齐、隋、唐皆旌表其门。上过寿张，幸其宅，问所以能共居之故，公艺书“忍”字百余以进。上善之，赐以缣帛。

《资治通鉴》记载张公艺九代同堂，子孙繁众，人财两旺。对这个大家庭，周围乡邻都交口称赞。有说当家人公平、管理有方的，也有说一家人团结、品德高尚的，热议远扬，闻名遐迩，甚至惊动了当朝皇帝唐高宗李治。高宗趁着去泰山封禅路过张家时前去探访，并询问张公艺为何能九世同居。张公艺答道：“老夫自幼接受家训，慈爱宽仁，无殊能，仅诚意待人，一‘忍’字而已。”随即请纸笔，书写了一百个“忍”字呈上。高宗连连称好，赐给他缣帛以示表彰。

张公艺九代同堂，以“忍”字实现了“家和万事兴”。忍，如果只是忍耐、忍受，那矛盾日积月累还是会爆发；如果是忍让、谦让，则由被动变为主动。当大度包容之风兴起，家庭自是和睦少争。常言道，忍一时风平浪静，退一步海阔天空。谦让，具有化干戈为玉帛的神奇能量。你让步，我让步，条条是大路。无论治国还是治家，最需要的都是相互忍让、相互包容、相互成就。具体而言，就是要做到察人之难、补人之短、扬人之长、谅人之过，而不应嫉人之才、鄙人之能、讽人之缺、责人之误。与张公艺九代同堂类似，蔺相如廉颇“将相和”、楚庄王“绝缨掩过”、张英让出“六尺巷”等，无不流芳千古，万代敬仰。

诚如老子所言：“夫唯不争，故天下莫能与之争。”争，是计较，不争，则是大气；隐忍，是一种大格局，迂回，是一种大智慧。在一起干事创业，发生一些利益冲突是必然的，针尖对麦芒，势必各有损伤，只有互相谦让才能求得平和。孟子认为“天时不如地利，地利不如人和”，强调“人和”比“天时”“地利”更为重要，揭示出“人和”在成就事业中的特殊价值。领导者创建事业、经纬天下，见识要高远，气度要恢宏。凡事当以大局为重，心中要容得下几个小人、耐得住几桩逆事，时时以忍养气、以容养量、以恕养性、以忘养心。唯有忍人之所不能忍，容人之所不能容，恕人之所不能恕，忘人之所不能忘，方能理人之所不能理，为人之所不能为，成人之所不能成，达人之所不能达。

“痴姨”不痴

【原文】

初，魏文明太后宠任宦者略阳苻承祖，官至侍中，知都曹事，赐以不死之诏。太后殂，承祖坐赃应死，魏主原之，削职禁锢于家，仍除悖义将军，封佞浊子，月余而卒。承祖方用事，亲姻争趋附以求利。其从母杨氏为姚氏妇独否，常谓承祖之母曰：“姊虽有一时之荣，不若妹有无忧之乐。”姊与之衣服，多不受；强与之，则曰：“我夫家世贫，美衣服使人不安。”不得已，或受而埋之。与之奴婢，则曰：“我家无食，不能饲也。”常著弊衣，自执劳苦。承祖遣车迎之，不肯起；强使人抱置车上，则大哭曰：“尔欲杀我！”由是苻氏内外号为“痴姨”。及承祖败，有司执其二姨至殿廷。其一姨伏法。帝见姚氏姨贫弊，特赦之。

北魏时期，宦官苻承祖深受冯太后宠幸，他的亲戚为了谋求私利，争相跑来依附他，只有嫁至姚家的姨母杨氏不这样做。她经常对苻承祖的母亲说：“姐姐你虽然有一时的荣华富贵，却不如妹妹我有无忧无虑的乐趣。”苻承祖的母亲送衣服给她时，她多半都不肯收下。如果强行给她，她就说：“我丈夫家世代贫穷，穿上华丽的衣服会让我们内心不得安宁。”在迫不得已的情况下，她只好收下，但还是会把它们用土埋起来。苻承祖的母亲又送给她奴仆和婢女，她就说：“我家没有多余的粮食，不能养活她们。”苻承祖有一次曾派车辆迎接她，她就是不肯上车。苻承祖让婢女们强抱她上车，她就大哭着说：“你想要杀我！”从此，苻家里外的人都叫她为“痴姨”。苻承祖案发，有关部门将他的两位姨妈抓了起来，送到金銮殿。其中一位姨妈被斩首了。孝文帝看到姚家姨妈那么贫寒，特别赦免了她。

都云“痴姨”痴，谁解其中味？在一般人看来，“痴姨”的做法几乎“不近人情”“不可理喻”，人穷不把亲来走，贫贱不把贵来攀，性格倔强、自讨苦吃。“痴姨”之所以这样做，也许是因为她性情高雅，从内心不愿受嗟来之食，坚信自食其力才是人间正道；也许是因为她很有见识、大智若愚，善于自我保护，早就预料到外甥苻承祖虽风光一时，但终究不会有什么好下场，便刻意保持距离，不同流，不合污。总之，正是这种“痴心不改”，才成全了“痴姨”的身家性命，身处覆巢却得以全身而退；正是这种“痴心不改”，使“痴姨”虽然是一位草根人物，事迹却能载入《魏书》《北史》《资治通鉴》三部正史，美誉远扬、千古流芳。由此可以看出，“痴姨”并不痴。

功成身退的李泌

【原文】

泌曰：“臣今报德足矣，复为闲人，何乐如之！”上曰：“朕与先生累年同忧患，今方相同娱乐，奈何遽欲去乎！”泌曰：“臣有五不可留，愿陛下听臣去，免臣于死。”上曰：“何谓也？”对曰：“臣遇陛下太早，陛下任臣太重，宠臣太深，臣功太高，迹太奇，此其所以不可留也。”上曰：“且眠矣，异日议之。”对曰：“陛下今就臣榻卧，犹不得请，况异日香案之前乎！陛下不听臣去，是杀臣也。”上曰：“不意卿疑朕如此，岂有如朕而办杀卿邪！是直以朕为句践也！”对曰：“陛下不办杀臣，故臣求归；若其既办，臣安得复言！且杀臣者，非陛下也，乃‘五不可’也。陛下向日待臣如此，臣于事犹有不敢言者，况天下既安，臣敢言乎！”

京师长安收复，李泌对唐肃宗说：“我现在已经报答了陛下的知遇之恩，想要重新回到民间做个隐士，那是我向往的快乐生活！”肃宗说：“我与先生是多年的患难之交，现在正到了共享欢乐的时刻，为何马上就想离开我呢？”李泌说：“我来说出五条离开的理由，希望陛下答应我的请求，让我免于一死。”肃宗说：“你什么意思？”李泌回答说：“我与陛下相遇太早，陛下信任我太重、宠幸我太深，我的功劳太高、事迹太奇，这就是我不能留在朝中的理由。”肃宗说：“我们先睡吧，以后再议这件事。”李泌说：“陛下现在和我同床而眠，我尚且不能请求，何况以后在朝堂之上呢？陛下不同意我请辞，这分明是在杀掉我啊。”肃宗有点儿生气地说：“我没有想到你对我如此猜疑，我怎么会杀你呢？你这是把我比作春秋时期的越王勾践！”李泌回答说：“正因为陛下不杀掉我，我才请求辞官归隐；如果要杀掉我，我怎么敢说这样的话呢？再说要杀我的不是陛下，而是我说的不能留下的五条理由。陛下以前对我信任有加时，我有时遇事还不敢知无不言，更何况现在天下已经安定，我还敢直言吗？”

《道德经》曰：“持而盈之，不如其已；揣而锐之，不可长保。金玉满堂，莫之能守；富贵而骄，自遗其咎。功成名遂、身退，天之道。”就是告诉人们要懂得水满则溢、功高震主的人生哲理。一个人身居高位，只有更加谦虚低调，及时身退，方能化险为夷。春秋时期越国的两位谋士范蠡和文种在帮助勾践复国后，前者功成身退，泛舟五湖，投身商道，成为儒商之祖，得以善终；而后者眷恋官位，竭力进谏，最后落得兔死狗烹的可悲下场。韩信和萧何同为汉朝开国功臣，韩信助力刘邦建立西汉王朝立下盖世之功，被封为楚王后心怀不满，结果落得身首异处的下场，太史公在《史记》里不无惋惜地评价道：“不务出此，而天下已集，乃谋畔逆，夷灭宗族，不亦宜乎！”韩信最终为他不知进退的骄傲行为付出了血的代价。萧何则始终保持谦虚谨慎、慎独慎微的姿态，不贪权位，不敛财物，选择偏僻简陋的房屋居住，说这样的房子仇家看不上、子孙也不会去挥霍败家，这种低调谦虚的处世之道让其家族子孙绵延。

李泌是西魏“八柱国”之一李弼的六世孙。据《新唐书》记载，他七岁能写文章，知识广博，精通《易经》，经常游览嵩山、华山等名山，醉心于研究长生不老的道教，心胸豁达。唐肃宗李亨当太子时就和他是莫逆之交，等到即位想授予他官职，他坚决拒绝，只愿意以宾客的身份来辅助。因为屡献奇策，屡立战功，李泌深得肃宗的宠幸，但也遭到宦官李辅国等人的谗害，但他知进退，既为唐朝平定安史之乱立下大功，又多次成功化解各种陷害自己的危机，得以善终。欧阳修赞扬他：“泌之为人也，异哉！其谋事近忠，其轻去近高，其自全近智，卒而建上宰，近立功立名者。”不居功自傲、功成身退的为人处世的智慧是古人留给我们的一笔宝贵财富。无论身在职场还是身居高位，都应该不断修炼自我，努力追求“花未全开月未圆”的最高境界，只有以感恩的心态对待每一份工作和帮助过自己的每一个人，淡忘自己的过往成就和政绩，方能活出人生的真精彩！

唾面自干的娄师德

【原文】

春，一月庚子，以夏官侍郎娄师德同平章事。师德宽厚清慎，犯而不校。与李昭德俱入朝，师德体肥行缓，昭德屡待之不至，怒骂曰：“田舍夫！”师德徐笑曰：“师德不为田舍夫，谁当为之！”其弟除代州刺史，将行，师德谓曰：“吾备位宰相，汝复为州牧，荣宠过盛，人所疾也，将何以自免？”弟长跪曰：“自今虽有人唾某面，某拭之而已，庶不为兄忧。”师德愀然曰：“此所以为吾忧也！人唾汝面，怒汝也；汝拭之，乃逆其意，所以重其怒。夫唾，不拭自干，当笑而受之。”

娄师德是唐朝的宰相，位极人臣，拥有至高的权势，但他做人宽厚深沉、大度容人。一同上朝的李昭德骂他为“乡巴佬”，他笑而受之，弄得李昭德哭笑不得，没了脾气；他弟弟被任命为代州刺史，娄师德问弟弟在一门富贵的情况下如何保全自己，弟弟说：“今后即使有人朝我脸上吐口水，我擦掉就是了，决不让你担忧。”娄师德却提醒弟弟：“这正是我担心的，你把口水擦掉，说明你不满，人家会更生气，你应该笑着接受，让唾沫自己干。”这是何等的气度和雅量！难怪南宋以刚正不阿、直言无忌批评朝政著称的政治家、诗人王十朋也非常感佩，专门写了一首七言绝句《娄师德》：“忤意由来勿校难，谁能唾面自令干。直须事过心平后，方服娄公度量宽。”

在封建时代，官场犹如战场，时值武则天当政，在这个杀伐果断的女皇手下做事，委实是伴君如伴虎，凶险无比。而娄师德出将入相、游刃其间，摸爬滚打近半个世纪，担任过共十四种官职，接触的上司和下属，有文有武，有高有低，他都能够应付自如，不得不说，“唾面自干”可谓其保命之道和进阶的法宝。当然，娄师德还有严于律己、宽以待人、秉公办事、清正廉洁、心胸开阔、知人荐才等优点。大唐名相狄仁杰就是他举荐入相的，而且娄师德从未和人提起，后来狄仁杰因政见不同而不断地排挤他，待知道后惭愧地说：“娄公的盛德岂是我狄某人能望其项背的，我蒙他包容很久了！”但在娄师德的诸优点中，独特而又最突出的，就是“唾面自干”的谦和与忍让，这是看透人性、知所进退的聪明人才能具备的大智慧，是封建时代高深玄妙的做官艺术，也是无论顺境逆境都能心如止水的超强心理素质。“废话三千不如真言一句”，娄师德叮嘱弟弟的这一句“唾面自干”，真是令人醍醐灌顶。娄师德最后得以全身而退，被唐德宗定为与房玄龄、杜如晦齐名的上等宰臣；唐宣宗列其为功臣，并将其画像挂在凌烟阁内。娄师德还深深地影响了一大批后来者，如五代十国时期历仕四朝十君、拜相二十余年的“常青树”冯道，清朝权力角逐场上受宠于几代君王的“不倒翁”张廷玉、曹振庸，他们的才能各异，但都具备娄师德这种“忍者神龟”的精神，外愚而内敛，表晦而里明，屈身安人，不逞一时口舌之快，说他们是娄师德的好学生也恰如其分。

当然，也有人嘲讽这种“唾面自干”的人是“官油子”“城府深”，是阿 Q 或犬儒主义者，被人家吐唾沫还要迎上笑脸，为什么要受这种委屈？很多人可能都接受不了。其实，我们还是应当怀着温情和敬意看待历史和历史人物，从“唾面自干”正面理解历史人物及其精神，学习娄师德的谦和与雅量。我们工作中很多时候恰恰是因为不能忍耐而错失了机遇，须知智慧的本质是谦让，胜利的本质是忍耐。我们的干部，要加强自我修养，人可以有傲骨，但不可以有傲气。要像娄师德那样宽宏求实，行事九思，有不计较面子和个人得失的胸怀和修养。“朝华之草，夕而零落；松柏之茂，隆寒不衰。”“止谤莫如自修”，想要杜绝别人的流言或毁谤，最好的办法莫过于加强自我修养。习近平总书记指出，“不矜细行，终累大德”，我们共产党人特别是领导干部，都应该心胸开阔，志存高远，要“成为好干部，就要不断改造主观世界、加强党性修养、加强品格陶冶，时刻用党章、用共产党员标准要求自己，时刻自重自省自警自励，老老实实做人，踏踏实实干事，清清白白为官”。

魏文侯许诺必践

【原文】

文侯与群臣饮酒，乐，而天雨，命驾将适野。左右曰：“今日饮酒乐，天又雨，君将安之？”文侯曰：“吾与虞人期猎，虽乐，岂可无一会期哉！”乃往，身自罢之。

群雄逐鹿的战国时代，文侯姬斯主政下的魏国拔得头筹，率先崛起。司马光对文侯治国之道甚为嘉许，讲过“三家分晋”后，笔锋一转，记述了魏文侯的几则轶事，姑录其一。

一天，魏文侯与群臣饮酒正酣，推杯换盏中君臣俱欢。这时，天公不作美，下起了大雨，魏文侯当即下令备车前往山野之中。左右侍臣大为不解：“饮酒正在兴头上，外面又下着大雨，国君打算去哪里呢？”魏文侯说：“我与管山泽的官员约好了今天去打猎，虽然这里很快乐，但也不能不遵守约定！”于是驾车前去，亲口告之因雨停猎之事。

《资治通鉴》善用春秋笔法，讲究微言大义，司马光不吝笔墨，记述这件貌似微不足道的小事，实则是要说明一个至关重要的理政之道——“小信成则大信立”，诺不轻许，许必践之。尤其是位高权重者，更应谨言慎行、言出行随，切勿做说话不作数的“大嘴巴”。

中华传统政治文化素有“讲信修睦”的基因。《论语》云：“人而无信，不知其可也。”《国语》道：“夫信，民之所庇也，不可失。”历史上，既有曾子杀彘教子、成王桐叶封弟的经典流传，亦有“得黄金百斤，不如得季布一诺”的佳话。魏文侯难能可贵的，除了“言必信，行必果”的执着守信，还有对下不慢、待下以诚的胸襟气度。试想，对待区区一名山林管理员，魏文侯都能降尊纡贵、不轻不诳，以这样的德行治国理政，怎能不让左右侍臣乃至天下人信服？反观汉景帝酒后戏言禅位于梁王刘武，导致兄弟反目阋墙；周幽王烽火戏诸侯，埋下王朝覆亡祸根。一言兴邦，一言丧邦，其中蕴含的历史逻辑发人深省。

无诚人轻，无信国乱。这则故事给当今领导干部的启示至少有两点：一是允诺必慎。承诺似金，既是一纸契约，也是一份责任。如果情有不容、理有不合、事有不备、力有不逮，切勿轻言承诺。轻诺必寡信，轻视承诺的后果是失去信用和信誉，使人格出现裂痕。二是有诺必践。俗话说，一言既出，驷马难追。做人讲究说话算数、说到做到，为政则更应言而有信、敬诺如山，切忌信口开河、朝令夕改。否则，先“拍胸脯”，后“拍屁股”，承诺书流于空谈，责任状沦为摆设，势必导致信任危机、纲纪倾颓，有令不行、有禁不止，在塔西佗效应下，何谈带团队呢？

毁誉参半的多面吴起

【原文】

起之为将，与士卒最下者同衣食，卧不设席，行不骑乘，亲裹赢粮，与士卒分劳苦。卒有病疽者，起为吮之。卒母闻而哭之。人曰：“子，卒也，而将军自吮其疽，何哭为？”母曰：“非然也。往年吴公吮其父疽，其父战不旋踵，遂死于敌。吴公今又吮其子，妾不知其死所矣，是以哭之。"

乍读之下，这似乎是一则官兵平等、爱兵如子的佳话。名将吴起深谙“上下同欲者胜”的治军之道，统军将兵不要特权、不搞特殊，与最底层的士兵穿一样的衣服、吃同样的伙食，睡觉不铺席子，行军也不骑马，还亲自背负军粮，与士兵分担疾苦。这确实值得世人称道、后人效仿。可细读之下，又不由让人心生狐疑。有个士兵患了毒疮，吴起竟亲自用口为他吸吮毒汁，令周围士兵深为感动。士兵母亲听说后，却痛哭流涕。有人不解地问：“你的儿子就是个普通士兵，而吴起将军亲自为他吸吮毒疮，你还有什么可伤心的?”士兵母亲一席话，道破玄机：“不是这样啊！当年吴将军就为孩子父亲吸过毒疮，他父亲以身相报，不管不顾地冲锋，结果战死在敌阵中。吴将军现在又为我儿子吸毒疮，我想我儿子又不知道会死在哪里了，所以伤心痛哭。”饱经沧桑的士兵母亲，一眼窥破了吴起“义举”中包藏的私心。

非常之人，必有非常之举。这本不足为奇。但事出反常必有妖，人若反常必有刀，屡屡上演悖于常理、背乎人情、突破底线的乖张之举，恐怕就要为人所诟病了。殊为可惜，吴起正是这样一位风云人物。以历史视角观之，吴起治军比肩孙武，治国不输商鞅，不唯有旷世之才，而且有盖世之功，对魏国强兵富民、楚国变法图强都起到决定性作用。一代枭雄曹操曾评价他“在魏，秦人不敢东向；在楚，则三晋不敢南谋”。这在历代史家笔下自有公论。惹人訾议的是，吴起贪恋功名，几近执拗，为了实现“不为卿相，不复入卫”的抱负，无所不用其极：早年散财求官不成，受不了四邻奚落，一气之下竟诛杀了三十多人；母病不侍、母丧不奔，甚至为将兵拒齐、博取功名，不惜杀掉结发的齐国妻子表明忠心，打消鲁国国君猜疑；用兵杀伐无度，大军过处尸横遍野、生灵涂炭。因而，吴起尽管不失为战国初期举足轻重的历史人物，但仍难逃死于非命的悲剧，身后也是谤声不息、毁誉参半。司马迁评价吴起“以刻暴少恩亡其躯”，可谓入木三分的盖棺之论。

惜乎，环视当下，形形色色的“吴起们”并未绝迹。有的人为了功名利禄，罔顾原则规则、道义道德、亲情友情，费尽心机，使尽大招、狠招，甚至阴招、损招，自私与冷漠、悖理与无情、巧取豪夺与欲壑难填展露无遗。这种为一己之私而不择手段之人，即便有天纵之才，又颇通人情世故，管理者亦当提防警惕慎用。人生在世，胸怀抱负，志存高远，固当嘉勉。但做人有底线，做事有尺度，为政者须有价值判断。为政者要既是目的论者，也是手段论者，在追求目的正确的同时，还应追求手段正确，尊崇道义法则。否则，过分倚重手段，难免披上浓厚的功利主义色彩，令抱负膨胀为野心，理想蜕变为妄念，为人所不齿。这或许也是命途多舛的吴起为我们提供的历史镜鉴吧！

刚正不阿的李朝隐

【原文】

宦者闾兴贵以事属长安令李朝隐，朝隐系于狱。上闻之，召见朝隐，劳之曰："卿为赤县令，能如此，朕复何忧！"因御承天门，集百官及诸州朝集使，宣示以朝隐所为。且下制称："宦官遇宽柔之代，必弄威权。朕览前载，每所叹息。能副朕意，实在斯人，可加一阶为太中大夫，赐中上考及绢百匹。"

唐朝大臣李朝隐是一个坚持原则、敢于较真的廉吏。宦官闾兴贵悄悄托时任长安县令的李朝隐为他的亲朋好友办点私事，李朝隐不但严词拒绝，而且把他关进了监狱。唐睿宗听到后，非常赞赏李朝隐铁面无私的优秀品格，说："你作为京城父母官，能够这样公正无私，我还有什么可担忧的呢?"睿宗还将李朝隐的优秀事迹写下来公布在承天门上，号召大臣们学习效仿，感叹道："我阅读历史发现，自古宦官遇到宽容柔弱的君主往往会操纵权柄，导致毁家灭国的历史悲剧。考察当今所有朝中大臣，能符合我心中廉吏要求的，只有李朝隐。"为此颁布敕令将李朝隐官升一阶提拔为太中大夫，个人考核等第定为中上，赐绸缎百匹予以奖励。

历览二十四史，宦官干政是封建帝制时代的一大顽疾。前有东汉"十常侍"卖官鬻爵，后有唐代李辅国废立皇帝。而敢于和宦官斗争、坚决维护朝纲规矩的大臣也是不绝于史册，东汉时期的杨震、陈蕃、李膺等名士与宦官集团抗争，彰显股肱之臣的胆量和气节。李朝隐自从高中进士踏上仕途后，在每个岗位上都能公正廉洁、忠于职守。他既勇于把公主手下强占民宅的恶奴法办，发出“此不绳不可为政”的铿锵之声，也敢于在调至京城任大理寺卿时违抗圣旨仗义执言，为误判死刑的同僚喊冤减刑。李朝隐最后离开京城，担任广州地方官，累死在任上。朝廷追赠他为吏部尚书，赐给他的谥号是“贞”。当然，培养有气节、有骨气的廉吏是有前提条件的。民间有句俗话，在老鹰抓毒蛇时，必须出手帮助它，否则老鹰也有被毒蛇咬伤的危险。现实中，干得愈多，愈容易出错，也愈可能得罪人。当前，在克服少数干部不遵守法律、乱作为的不良现象的同时，也须防治一些干部不坚持原则、躺平不作为的问题。出台有效的考核制度，既要保护那些敢于得罪人、勇于坚持原则的人干事的积极性，又要制裁那些得过且过、不敢担当尽责的人。可以发布一批体现这种考核机制的典型案例，让有作为的有位，不作为的挪位，乱作为的失位，这样才能真正形成风清气正、干事创业的良好政治生态。

勇于担责的姚崇

【原文】

山东大蝗，民或于田旁焚香膜拜设祭而不敢杀，姚崇奏遣御史督州县捕而瘗之。议者以为蝗众多，除不可尽；上亦疑之。崇曰：“今蝗满山东，河南、北之人，流亡殆尽，岂可坐视食苗，曾不救乎！借使除之不尽，犹胜养以成灾。”上乃从之。卢怀慎以为杀蝗太多，恐伤和气。崇曰：“昔楚庄吞蛭而愈疾，孙叔杀蛇而致富，奈何不忍于蝗而忍人之饥死乎！若使杀蝗有祸，崇请当之。”

唐玄宗开元四年（716 年），崤山以东发生蝗虫灾害，百姓纷纷在田地旁边焚香祭拜，却不敢捕杀蝗虫。姚崇奏请唐玄宗立即派出得力官员到各地组织民众捕杀蝗虫。朝中大臣说蝗虫太多，不可能消灭，唐玄宗也犹豫不决。姚崇说道："如今蝗灾遍地蔓延，黄河南北饿殍遍野，作为百姓的父母官岂能坐视不管？应立即动员起来，即使不能全部消灭，也能大大缓解灾情啊！"唐玄宗听了他的话，下达抗灾命令。另一位宰相卢怀慎认为捕杀蝗虫太多，会触犯神灵，使天地失去平衡。姚崇据理力争："春秋时期楚庄王吞吃水蛭后病好了，孙叔敖杀了蛇，后来做了宰相。作为大臣岂能顾惜自己的身体而不顾天下百姓的死活呢？假如捕杀蝗虫真会带来灾祸的话，就让我一人来承受！"

好个"灾难降临，我一人承担"的豪迈气概，淋漓尽致地彰显了姚崇作为一代名相的责任担当。这种敢于担责的品格是中华优秀传统文化的精华。《隋书·循吏传·辛公义》就鲜活地记载了隋朝大臣辛公义担任岷州刺史期间移风易俗、为民造福的故事。有一年，岷州地区发生严重瘟疫，当地百姓害怕传染，家人得病不给求治，导致大量死亡，形成了不良风气。辛公义率先垂范，将患病的百姓接到自己的住所，亲自设榻救治，拿出自己的俸禄为百姓治病。下属劝诫说这样做很危险，辛公义不为所动，日夜施救，大大降低了死亡率，且自己并没有被传染，就这样渐渐改变了当地多年的不良风气，百姓纷纷把患病的家人接回家里治疗，很快疫情消除，民风纯化。邓小平同志经历"三上三下"的人生考验，面对"姓社姓资"的争论，以巨大的担当和勇气突破"计划经济是社会主义，市场经济是资本主义"的思想藩篱，提出了社会主义市场经济的创新理论，不仅大大推动了改革开放的发展历程，而且极大地提高了我国的综合国力和人民生活水平。

"干部"这个词意味着干事在先、冲锋在前；"领导"这个词也要求领航在前、指导在先，尤其是需要在没有路的地方蹚出一条前行的路来，在黑暗低潮的时候描绘出光明的前途。干部担事，是干部的职责所在，也是价值所在。干部要以干事担责为荣，以避事卸责为耻，秉持"苟利国家生死以，岂因祸福避趋之"的理念，下定"明知山有虎，偏向虎山行"的决心，豁得出去，敢闯敢试，矛盾和困难才能得到解决，各项事业才会继往开来、蒸蒸日上。

敢说真话的倪若水

◆

【原文】

上尝遣宦官诣江南取䴔䴖、鸂鶒等，欲置苑中，使者所至烦扰。道过汴州，倪若水上言："今农桑方急，而罗捕禽鸟以供园池之玩，远自江、岭，水陆传送，食以粱肉。道路观者，岂不以陛下贱人而贵鸟乎！陛下方当以凤凰为凡鸟，麒麟为凡兽，况䴔䴖、鸂鶒，曷足贵也！"上手敕谢若水，赐帛四十段，纵散其鸟。

唐玄宗曾经派遣宦官到江南捕捉䴔䴖、鸂鶒，想运到京城供自己玩赏。派出的宦官沿途乘机敲诈勒索，百姓苦不堪言。当运送队伍路过汴州时，刺史倪若水向唐玄宗上书劝诫说："如今各地正值农忙时节，陛下却派人到处捕捉禽鸟供自己观赏，而且要花费巨资运送和喂养。您这样的做法，岂不是让天下人认为陛下看重禽鸟而轻视百姓吗？我认为陛下要把凤凰、麒麟看作普通的禽兽才对，更不要说䴔䴖、鸂鶒，它们何足为道！"唐玄宗看了倪若水的奏疏，亲自撰写表彰书，奖赏他丝绸四十匹，下令立即把送来的鸟全部放掉。

中华民族历来推崇有气节、敢担当的君子。熟读儒家经典的士大夫，为了心中的大道和百姓的利益，往往不怕得罪人，甚至不惜付出生命的代价也要向君王说真话、道实情。这样的例子不绝于史书：屈原多次劝诫楚怀王内要励精图治，外要联齐抗秦，最后被阿谀小人排挤毁谤而遭流放，听到楚国郢都被秦国攻破的消息后投汨罗江殉节；海瑞敢于抬着棺材向嘉靖皇帝上书，批评他沉湎于得道成仙、不顾百姓死活的荒诞行为，最终罢官入狱……古人云："文死谏，武死战。"正是这些具有"富贵不能淫，贫贱不能移，威武不能屈"信仰的仁人志士构建了中华文明绵延不断的民族脊梁。《易经》曰："易则易知，简则易从……易简而天下之理得矣。"个人的私欲少了，干事的勇气就长了；算计的心思淡了，担当的意志就强了。这就要求心口如一、言行如一，老实做人做事，不要投机取巧、巧言令色，更不要巧取豪夺、机巧变诈。无私者无畏，无畏者才能担当，担当者才能成事。

巧拒圣旨的宋璟

【原文】

王毛仲有宠于上，百官附之者辐凑。毛仲嫁女，上问何须。毛仲顿首对曰："臣万事已备，但未得客。"上曰："张说、源乾曜辈岂不可呼邪？"对曰："此则得之。"上曰："知汝所不能致者一人耳，必宋璟也。"对曰："然。"上笑曰："朕明日为汝召客。"明日，上谓宰相："朕奴毛仲有婚事，卿等宜与诸达官悉诣其第。"既而日中，众客未敢举箸，待璟，久之，方至，先执酒西向拜谢，饮不尽卮，遽称腹痛而归。璟之刚直，老而弥笃。

宠臣王毛仲权势熏天，百官想方设法巴结他。一天，王毛仲告诉唐玄宗自己想举办嫁女的宴会，玄宗问他还缺什么。他说："一切准备停当，只是没有请到赴宴的客人。"玄宗说："张说、源乾曜这些宰相难道没有答应吗？"王毛仲说这些人都请到了。玄宗说："我知道有个人你没有请到，肯定是宋璟，对吗？"毛仲回答说是。玄宗笑着说："我明天为你去请他。"第二天唐玄宗上朝结束，对宰相们说："我的家奴毛仲为女儿办婚事，你们应当带领各位大臣为他道喜。"直到正午时分，大臣们都到齐了，唯独看不见宋璟，大家饥肠辘辘也不敢动筷子，过了很久，宋璟才姗姗来迟，他先端起酒杯面向皇宫行礼拜谢君命，还没有喝完这杯酒，就推说肚子疼痛打道回府了。

《资治通鉴》记载的这个故事发人深省。第一，王毛仲是个能干的小人，他早年追随唐玄宗，为玄宗平定韦后、太平公主的叛乱登上皇位立过大功，是皇帝身边的红人，但他依仗皇帝宠幸，做人十分张扬，宰相宋璟很看不起他。王毛仲想通过办婚宴让皇帝为他发请柬抬高自己的地位，可谓处心积虑。第二，一代名相宋璟遇到了一件令他左右为难的事情。他如果不答应赴宴，那就是公开违抗圣旨，会落得欺君之罪；但随大流赴宴，又违背他做人的道德底线。于是，宋璟想出一个巧妙的应对之策。先是迟迟未到，体现对主人的蔑视，到了后首先向君王居所行礼，体现他赴宴是遵照圣旨行事，最后借口身体原因中途退场，让王毛仲下不了台，表明自己不同流合污的立场，达到既执行圣旨又抗拒小人猖狂态度的效果。司马温公评价道："璟之刚直，老而弥笃。"

无独有偶，明嘉靖时期担任浙江淳安县令的海瑞也碰到过这样的难事。浙江巡抚胡宗宪的儿子路过淳安县，嫌弃当地招待不周，就扣押并毒打了接待人员。海瑞知道后立即拘捕了胡公子，没收其财产，并写信给上司胡宗宪说："大人一再发布命令要求各地从简接待，有个冒充您儿子的人居然在我的界内招摇过市，我已经按照您的要求没收他的财产，将他驱除出境，您觉得我的处理方式是否妥当？"胡宗宪接信后也不好发作，最后不了了之。

身为领导干部，有时会碰到这种难事：有些人打着上级的旗号谋取私利，若公然拒绝，会落个不尊重领导的话柄，以后说不定还会被"穿小鞋"；若违心执行，又会破坏法纪，违背做人道德，损害公共利益。这就要求为官者处理好原则性和灵活性的辩证关系，达到既拒绝违规要求又顾及上司面子的效果。宋璟巧拒圣旨的故事中就蕴藏着许多为人为官的智慧。

能干事不出事的裴耀卿

◆

【原文】

上以裴耀卿为江淮、河南转运使，于河口置输场。八月，壬寅，于输场东置河阴仓，西置柏崖仓，三门东置集津仓，西置盐仓；凿漕渠十八里以避三门之险。先是，舟运江、淮之米至东都含嘉仓，僦车陆运，三百里至陕，率两斛用十钱。耀卿令江、淮舟运悉输河阴仓，更用河舟运至含嘉仓及太原仓，自太原仓入渭输关中，凡三岁，运米七百万斛，省僦车钱三十万缗。或说耀卿献所省钱，耀卿曰："此公家赢缩之利耳，奈何以之市宠乎！”悉奏以为市籴钱。

唐玄宗任命裴耀卿为江淮、河南转运使，在河口建了运输场，负责将江淮地区的大米运送到京师长安。原先用船运送江淮地区的大米到洛阳含嘉仓，再雇车从陆路运三百里到陕郡，耗费大量的人力财力。裴耀卿改变粮食仓储地点和运输线路，他命令将江淮地区的大米运到河口的河阴仓，再用船通过黄河运到含嘉仓及太原仓，然后由太原仓通过渭水运到关中。三年间共运送米七百万斛，节省下运费三十万缗。有人提议把这些省下的钱献给皇帝去花费，裴耀卿说：“这是公家的盈利钱，我怎么能借此来讨好皇上呢？”于是向玄宗建议把这些钱全部用于调节市场粮价。

《旧唐书》记载，裴耀卿“少聪敏，数岁解属文”。开元初年，他担任长安令，发现长安之前实行的以政府名义按户征购财物的做法让百姓苦不堪言，因此大胆变革为一切所需专征富豪之家，预先付款，这样便杜绝了奸邪欺诈的弊端。裴耀卿担任交通运输的行政长官时，深入调研、精于核算，改革使用多年的运输系统，从高效节约的角度确定新的运输线路，达到事半功倍的效果，可谓经邦济世的循吏。更难能可贵的是，他没有把节省下来的钱款用于个人和下属消费，也没有把钱献给皇上来博取仕途，而是将这些钱用到惠及百姓的公共事业中，称得上是个廉吏。

今天，从政者可以从裴耀卿身上借鉴那种精准思维，谋划时统揽全局、操作中细致精当，以绣花功夫把工作做到位、做扎实的工作方法，也应学习他胸怀坦荡、心底无私、严守规矩的道德修养，努力成为一个想干事、能干事、干成事、不出事的德才兼备、以德为先的好干部。

夜不能寐的李林甫

【原文】

先是，宰相皆以德度自处，不事威势，驺从不过数人，士民或不之避。林甫自以多结怨，常虞刺客，出则步骑百余人为左右翼，金吾静街，前驱在数百步外，公卿走避；居则重关复壁，以石甃地，墙中置板，如防大敌，一夕屡徙床，虽家人莫知其处。宰相驺从之盛，自林甫始。

唐玄宗在位前期的几位宰相都以德行处世，不炫耀自己的权势，随从不过几个人，经过的地方，民众也不用回避。而李林甫认为自己结怨太多，怕有刺客来杀他，所以出门时常常带着步骑百余人在左右两边保护，让护卫在前面数百步开道，连王公卿士都要回避。所居住的地方不但安装多扇重门，而且用石头砌地，墙中置木板，如临大敌，一个晚上睡觉竟多次转移住处，就是家人也不知道他住在什么地方。唐朝的宰相护驾人数增多的习惯是从李林甫开始的。

孟子曰："君之视臣如手足，则臣视君如腹心；君之视臣如犬马，则臣视君如国人；君之视臣如土芥，则臣视君如寇仇。"自古以来，凡是开诚布公、仁政爱民的贤君良臣，无不乐于随时深入百姓，将自己治下的百姓安居乐业视为最高兴的事；而那些处心积虑剥削百姓、残害忠良的昏君奸臣则视民为水火，犹如惊弓之鸟，稍有风吹草动，就认为有人要谋害自己，所以才有像欺君罔上、做尽坏事的李林甫一个晚上多次转移住处、家人也不知其睡在哪里那样的荒诞举动。同样，南宋奸臣秦桧为了执行和金国议和的投降政策，以莫须有的罪名将坚持抗金、精忠报国的岳飞父子杀害于风波亭。由于做了亏心事，秦桧夫妇整天惊魂不定，害怕有朝一日东窗事发。

古人常说，心底无私天地宽。心里装着百姓利益，和群众打成一片，就是保护自己的"铜墙铁壁"。今天的领导干部与老一辈相比学历高、思维快，但大多是"校门""家门"两点一线的人生轨迹，是温室里培育出来的花卉苗木，普遍缺乏与群众打交道的感情和本领，缺乏艰苦环境的历练，一旦碰到新情况、新问题和新矛盾，便捉襟见肘，极不适应，陷入"新办法不会用，老办法不管用，土办法不能用，洋办法不实用"的尴尬与窘境。所以从政者必须深入基层，带着乡音、脚沾泥土、同桌吃饭，深入群众急盼、矛盾凸显的地方排忧解难、开拓创新，方能建功立业、不负韶华！

满门忠烈的颜氏一族

【原文】

杲卿至洛阳，禄山数之曰：“汝自范阳户曹，我奏汝为判官，不数年超至太守，何负于汝而反邪？”杲卿瞋目骂曰：“汝本营州牧羊羯奴，天子擢汝为三道节度使，恩幸无比，何负于汝而反？我世为唐臣，禄位皆唐有，虽为汝所奏，岂从汝反邪！我为国讨贼，恨不斩汝，何谓反也？臊羯狗，何不速杀我！”禄山大怒，并袁履谦等缚于中桥之柱而剐之。杲卿、履谦比死，骂不虚口。颜氏一门死于刀锯者三十余人。

颜杲卿是颜真卿的堂兄，初任范阳户曹参军，曾经是安禄山的部下。安禄山在范阳造反后，颜杲卿立刻起兵抗击，安禄山派大军将他守卫的常山郡团团围住，颜杲卿率领将军袁履谦顽强抵抗，终因寡不敌众、弹尽粮绝，城破被捕。颜杲卿被押送到洛阳，安禄山责怪他说：“你原是范阳户曹，是我提拔你担任太守，为何要背叛我呢？”颜杲卿怒目叱骂说：“你本是个放羊的胡人，是当今圣上将你提拔重用，把三个节度使的职位交给你，可谓恩重如山，你却忘恩负义起兵造反。我家世代为唐室臣子，食君禄理应为国尽忠，虽曾被你举荐，但怎可随你一同造反呢？我为国征讨贼人，可恨老天不帮忙，没能杀了你，今天被抓决不投降，快快处死我！”安禄山十分愤怒，下令将颜杲卿、袁履谦绑在柱子上施以剐刑。颜杲卿、袁履谦两人骂不绝口，英勇就义。颜氏一门被安禄山杀害的达三十多人。唐肃宗追封颜杲卿为太子太保，谥号“忠节”。文天祥在《正气歌》中写下“为张睢阳（张巡）齿，为颜常山（颜杲卿）舌”，表达敬仰之情。

孟子曰：“富贵不能淫，贫贱不能移，威武不能屈，此之谓大丈夫。”自古以来，中华民族崇尚坚贞不屈、视死如归的气节。这样的例子不绝于史书，文天祥临终留下“人生自古谁无死？留取丹心照汗青”的绝句，于谦咏叹“粉骨碎身浑不怕，要留清白在人间”的悲歌，方志敏发出“敌人只能砍下我们的头颅，决不能动摇我们的信仰”的绝唱。忠臣死社稷，中华民族五千多年的文明之所以一脉相承，未曾中断，其原因正如鲁迅先生说的那样：“我们从古以来，就有埋头苦干的人，有拼命硬干的人，有为民请命的人，有舍身求法的人……这就是中国的脊梁。”气节，指人的志气和节操，是孔夫子说的“三军可夺帅也，匹夫不可夺志也”，也是曾子说的“临大节而不可夺也”。看一个人的忠诚品质不是看他在和平安宁条件下的慷慨激昂、口若悬河，而要看他在艰苦危急的环境中能否不改其心、不移其志、不毁其节，在原则问题上能否寸步不让、寸土必争。

智仁勇于一身的张巡

【原文】

令狐潮围张巡于雍丘，相守四十余日，朝廷声问不通。潮闻玄宗已幸蜀，复以书招巡。有大将六人，官皆开府、特进，白巡以兵势不敌，且上存亡不可知，不如降贼。巡阳许诺。明日，堂上设天子画像，帅将士朝之，人人皆泣。巡引六将于前，责以大义，斩之。士心益劝。

城中矢尽，巡缚藁为人千余，被以黑衣，夜缒城下，潮兵争射之，久乃知其藁人；得矢数十万。其后复夜缒人，贼笑不设备，乃以死士五百斫潮营；潮军大乱，焚垒而遁，追奔十余里。潮惭，益兵围之。

巡使郎将雷万春于城上与潮相闻，语未绝，贼弩射之，面中六矢而不动。潮疑其木人，使谍问之，乃大惊，遥谓巡曰：“向见雷将军，方知足下军令矣，然其如天道何！”巡谓之曰：“君未识人伦，焉知天道！”未几，出战，擒贼将十四人，斩首百余级。贼乃夜遁，收兵入陈留，不敢复出。

张巡是开元末年进士，历任太子通事舍人、清河县令、真源县令。安史之乱时，他起兵守卫雍丘，抵抗叛军。安禄山派大将令狐潮率重兵将张巡守卫的雍丘包围，张巡带领全城军民坚守四十余天，与朝廷的联系完全断绝。令狐潮在得知唐玄宗已经逃往四川的消息后，就写信劝张巡投降。张巡手下有六个将领开始动摇，他们对张巡说，敌我力量对比太悬殊，何况皇帝如今生死不明，不如开城投降。张巡假装答应。第二天，他在堂上摆上皇帝的画像，率领全体将士朝拜，大家热泪盈眶。张巡把六个主张投降的将领带到大家面前，痛斥他们不忠不义，下令将他们斩首。这个决定大大稳定了军心。

《三国演义》中孔明草船借箭是人们耳熟能详的故事，然其为文学家罗贯中虚构的情节。而安史之乱雍丘保卫战中真的发生过类似的事。当时攻防战斗非常激烈，城中的箭已经用尽了，怎么办？张巡命令士兵用稻草扎成一千多个草人，给它们穿上黑色的衣服，到了晚上用绳子放到城下，令狐潮的军队以为城内军队要偷袭，所以争先恐后地向这些草人射箭，一直射到天快亮了，才发觉上当。张巡就这样智取了十万支箭。第二天晚上用绳子把穿着黑衣的五百名敢死队战士放到城下，叛军大笑，以为又是用草人来骗箭。这些勇士挺身而起，奋力向敌军大营杀奔而来，令狐潮的士兵猝不及防，顿时大乱。敢死队烧掉了敌方营垒，张巡开城率领部队追击了十多里才得胜收兵。令狐潮气急败坏，再次增兵将雍丘团团围困。

张巡面对日益严峻的战局，毫无胆怯之心，他让郎将雷万春在城头与令狐潮对话，叛军趁机用弓弩射向雷万春，雷万春脸上中了六箭却岿然不动。令狐潮以为是个木头人，侦查发现的确是雷万春，他非常惊讶，对张巡喊话说："看了雷将军的风采，才真正得知您治军如此之严，不过这无法改变你们要被攻破的天道啊。"张巡义正词严地回答："你这个朝廷的叛将，丧尽天良，还有什么脸面来谈天道？我誓与城池共存亡！"不久，张巡又率领士兵出击，抓获敌将十四人，杀死一百多人，叛军吓破了胆，连夜逃跑退到陈留城，再也不敢出来交战。

张巡防守的睢阳城像钉子一样牢牢扎在黄河岸边，张巡在内无粮草、外无救兵的情况下，率领一万人前后共进行了大小战斗四百多次，消灭叛军十二万，终因寡不敌众、弹尽粮绝，城破被捕。城破前，张巡向长安方向拜了两拜，说："我已经竭尽全力，还是没有守住睢阳城，生时不能报答陛下的恩德，死后化为鬼魂也要英勇杀敌！"后不屈遇害。他成功阻止了叛军渡过黄河南下，保证了江淮百姓的平安，保障朝廷财物能够不断运往京师，有力地配合了郭子仪、李光弼带领大军收复长安、洛阳，平定叛乱。张巡去世后被追封为扬州大都督、邓国公。唐宣宗大中二年（848 年），张巡被绘像于凌烟阁，供后人祭祀怀念。

孔子曰："知者不惑，仁者不忧，勇者不惧。"要求君子不断修养品格，造就集智、仁、勇于一身的完美人格。这在张巡身上得到充分体现：在城内箭用完的不利情况下，冷静思考对策，想出草人借箭的绝招，可谓"智"；面对叛军包围，在失去朝廷指令和手下部分将领军心动摇的关键时刻，能够做到泰山崩于前而色不变，忠于国家、恪尽职守，可谓"仁"；面对数十倍于己的敌人，并未一味消极防守等待解救，而是主动出击，不断消耗敌人有生力量，鼓舞全城军民同仇敌忾的志气，可谓"勇"。作为一个小小的地方官，张巡能认识到自己防守的城池是个战略要地，一旦轻易丢失，将会对平叛全局产生极为不利的影响，因此他誓与城池共存亡，这体现出他堪当大任的优秀品格。

人要有一种精神。奋斗要有奋斗的样子，这个样子就是看面对大是大非敢不敢亮剑、面对矛盾敢不敢迎难而上、面对危机敢不敢挺身而出、面对失误敢不敢承担责任、面对歪风邪气敢不敢坚决斗争。党员干部要在艰苦的地方磨炼自己，练就一身真功夫、硬功夫和好功夫；在困难的时候砥砺自我，弘扬敢闯、敢试、敢冒的气势，做一个集智、仁、勇于一身的优秀干部。

有容乃大的李泌

【原文】

上尝从容与泌语及李林甫，欲敕诸将克长安，发其冢，焚骨扬灰。泌曰："陛下方定天下，奈何仇死者！彼枯骨何知，徒示圣德之不弘耳。且方今从贼者皆陛下之仇也，若闻此举，恐阻其自新之心。"上不悦，曰："此贼昔日百方危朕，当是时，朕不保朝夕。朕之全，特天幸耳！林甫亦恶卿，但未及害卿而死耳，奈何矜之！"对曰："臣岂不知！所以言者，上皇有天下向五十年，太平娱乐，一朝失意，远处巴蜀。南方地恶，上皇春秋高，闻陛下此敕，意必以为用韦妃之故，内惭不怿。

万一感愤成疾，是陛下以天下之大不能安君亲。”言未毕，上流涕被面，降阶，仰天拜曰：“朕不及此，是天使先生言之也！”遂抱泌颈泣不已。

唐肃宗在闲暇时与李泌聊起李林甫的所作所为，咬牙切齿地说一旦收复长安，定要挖出李林甫的棺材焚骨扬灰，方解心头之恨。李泌耐心劝解说：“陛下如今最大的敌人是安禄山叛军，当务之急是迅速平定叛乱，哪有精力去清算死者的过错呢？这样做只会让天下人觉得陛下不够宽宏大量。再说，跟随安禄山叛乱的人都是我们的敌人，如果听到这样的消息，恐怕会坚定他们叛乱到底的决心。”唐肃宗听了后很不高兴，说：“奸臣李林甫过去处心积虑地劝父皇废掉我这个太子，那时我是朝不保夕。我之所以能走到今天，完全是上苍保佑！况且李林甫也是千方百计加害于你，只是没有来得及实现他的计划就一命归天，你为什么还要这么可怜他呢？”李泌从容回答：“他做的这些坏事我岂能不记得！只是考虑到上皇在位快五十年，享受长久的太平，不料一朝祸起，天下大乱，他只好避难巴蜀。南方天气恶劣，上皇年纪大了，如果听到陛下发出这个敕令，肯定会以为您是为了报复当年他废掉您的王妃韦妃的仇恨，他会感到不安，万一积郁成疾，天下人便会以为陛下心胸狭窄，容不得君父。”李泌话还没有说完，唐肃宗已经泪流满面，走下台阶，仰天礼拜说：“朕未能想到这些，是上天让先生您来告诫朕的！”随后抱着李泌的脖子哭泣不停。

李林甫为了自己权位永固，恣意妄为、无恶不作，排挤打击包括李泌在内的很多正直有能力的大臣，甚至多次在唐玄宗面前进谗言谋求废掉太子李亨，因此唐肃宗北上灵武称帝后便想清除奸佞。有这个想法也很正常，人们常说“有仇不报非君子”。但是一个有远大抱负的人，如果纠缠在个人恩怨中，必然会严重影响大政方针的实施。一代政治家李泌就具有很好的战略思维素养，他分析，如果唐肃宗报私仇，将埋于地下的李林甫开棺清算，对外会产生断绝叛军阵营中摇摆不定的将士投降的念头，延迟平定叛乱进程的不利影响；对内会导致太上皇李隆基惭愧忧虑，甚至一命归天，这会给以仁孝治天下的唐肃宗的地位和声誉带来严重的负面后果。李泌不计个人恩怨，心怀“国之大者”，事实也证明，唐肃宗采纳李泌建议的选择大大加快了平定安史之乱的进程。

老子提出，知其雄，守其雌；知其白，守其黑；知其荣，守其辱。能伸能屈，方能成就大业。中华五千年历史中不乏这样有容乃大的英雄，比如甘受胯下之辱的韩信，忘掉血肉之耻，心怀鸿鹄大志，终于以“十面埋伏、四面楚歌”之妙计助力刘邦一统天下；而那位“气拔山兮力盖世”的西楚霸王项羽进入咸阳后一心报仇雪恨，不仅杀了已经投降的秦王子婴，还一把大火烧了阿房宫，失去天下归心的绝佳机会，最终落得乌江刎颈的可悲下场。又如，曾国藩在长沙城内训练湘军时和绿营官军发生摩擦，他义愤填膺上书弹劾，导致几乎所有湖南官员都与他作对，他处处受钳制、步履维艰。后来他冷静反思自己睚眦必报行为带来的不良后果，一改常态，放下身段，遍访包括长沙县令在内的所有官员，取得他们的谅解和支持，心无旁骛地专注于战略决战，终于立下平定太平天国的盖世之功。中华人民共和国成立前夕，毛主席在与国民党元老程潜的闲聊中得知，因自己早年在湖南第一师范学校发动“驱张运动”而想开除他学籍的校长张干如今生活窘迫，便立即写信给湖南省委关照，同时寄去钱款接济，还把张干接来北京居住，程潜连连称赞毛主席有大家风范。正因为共产党人有这样的胸襟，才会促使包括李宗仁在内的国民党高官回归新中国，彰显了最广泛爱国统一战线的巨大力量。

林则徐曾题：“海纳百川，有容乃大；壁立千仞，无欲则刚。”领导干部要汲取中华优秀文化中为人为官的智慧，吸收革命先辈党性修养的养分，造就“不以一己之利为利，而使天下受其利；不以一己之害为害，而使天下释其害”的博大胸怀，团结一切可以团结的力量，“画出最大同心圆”，凝聚起实现中华民族伟大复兴中国梦的磅礴力量。

舍生取义的张兴

【原文】

饶阳裨将束鹿张兴，力举千钧，性复明辨；贼攻饶阳，弥年不能下。及诸郡皆陷，思明并力围之，外救俱绝，太守李系窘迫，赴火死，城遂陷。思明擒兴，立于马前，谓曰：“将军真壮士，能与我共富贵乎?”兴曰：“兴，唐之忠臣，固无降理。今数刻之人耳，愿一言而死。”思明曰：“试言之。”兴曰：“主上待禄山，恩如父子，群臣莫及，不知报德，乃兴兵指阙，涂炭生人。大丈夫不能翦除凶逆，乃北面为之臣乎！仆有短策，足下能听之乎？足下所以从贼，求富贵耳，譬如燕巢于幕，岂能久安！何如乘间取贼，转祸为福，长享富贵，不亦美乎！”思明怒，命张于木上，锯杀之，詈不绝口，以至于死。

安史之乱期间，饶阳副将束鹿人张兴不仅力大无穷，而且颇有计谋，叛军围攻饶阳一年都没有攻破。等到其他城池都被攻陷，史思明全力围攻饶阳，在外无援兵、弹尽粮绝的情况下，饶阳太守李系投火殉国，城门终被攻破。史思明抓住张兴，让他站在马前，对他说：“我很钦佩你是位勇士，不知道能否和我共享荣华富贵？”张兴说：“我是唐朝的忠臣，绝对没有投降的道理。我知道自己在人间的时间不长了，只想说一句话再去死。”史思明说：“请你说说吧。”张兴说：“当今天子对安禄山恩如父子，满朝大臣无出其右，而安禄山忘恩负义，非但不报答君恩，反而起兵攻打长安，使得生灵涂炭。大丈夫不能为国除去叛贼，怎么还能跟随安禄山助纣为虐呢？我有一句肺腑之言说与将军听，你跟随安禄山叛乱无非图荣华富贵罢了，这就好比是燕子作巢于帷幕之上，岂能长久？不如趁机反正，助力朝廷灭掉元凶，才能转祸为福，长享荣华富贵，岂非一桩美事？”史思明听后勃然大怒，下令将张兴捆绑在木头上，残忍地锯杀了他。张兴到死骂不绝口。

孟子曰：“生，亦我所欲也；义，亦我所欲也，二者不可得兼，舍生而取义者也。”“舍生取义”成为无数仁人志士精忠报国的不二选择。北宋老将军杨业在雁门关大破辽军，威震契丹，后随宋太宗北伐，因奸臣陷害，陷入辽军重围，在孤立无援的情况下奋勇杀敌，最后被擒，契丹首领劝他投降，他大义凛然，最后绝食而亡，几乎他的所有儿子皆马革裹尸，可谓满门忠烈；南宋宰相文天祥坚持抗元斗争，兵败被捕，经历忽必烈四年劝降的考验仍不屈服，最后留下“人生自古谁无死？留取丹心照汗青”的千古绝唱；中国共产党早期重要领导人蔡和森携全家留学法国，坚定马克思主义信仰和共产主义理想，在妻子向警予牺牲的打击面前，忍住悲痛，毅然前行，卓越领导地下工作，提出许多加强党的建设的创新理论，因顾顺章的出卖而被捕，经受敌人严刑拷打始终不吐露党的机密，最后被国民党军警残忍地钉死在墙上，为共产主义流尽了最后一滴血。领导干部要汲取仁人志士舍生取义的品格，补足精神之钙，增强做中国人的志气、骨气、底气。

冯道根的“锋”与“拙”

【原文】

是岁，以右卫将军冯道根为豫州刺史。道根谨厚木讷，行军能检敕士卒；诸将争功，道根独默然。为政清简，吏民怀之。上尝叹曰：“道根所在，令朝廷不复忆有一州。”

冯道根是南梁名将，性格恭谨敦厚，不善言辞，平时老实巴交，在沙场上却常常身先士卒，冲锋陷阵，晋升主将后，更是攻城拔寨，攘外安邦。天监二年（503年），冯道根刚到阜陵城上任，城墙都还没完全修好，北魏大军就杀奔而来。冯道根知道硬碰硬不行，索性把城门都打开，穿件宽大睡袍在城墙上散步，搞得魏军十分震惊，一时不知所措。随后，冯道根抓住机会，亲率两百精兵主动出击，打得对方措手不及，上演了一出“空城计”，智退魏军。冯道根战功赫赫，但他一直默不作声，既不请“媒体”宣传，也不写“专报”表功，表现堪称愚拙，与竞相争功的其他将领形成鲜明对比。下属吵嚷着让他向上请功，冯道根总以“吾皇圣明”劝导大家，可谓“高调做事、低调做人”的典范。梁武帝得知后很是感动，曾指着冯道根对宰相说：“此人从不说自己有功！”并更加器重他，也给予了他很多赏赐。冯道根认为功劳都是大家的，把绝大部分赏赐都分给了部下，大家更加敬重他的为人。

俗话说，功过自在人心。真正的功过是别人抢不走的、自己推不掉的。任何一项工作的完成，都不可能只凭个人的力量，即使功劳再大，也要懂得谦让，这不但体现出做人的风度、气度，而且会让他人敬佩有加。老子云：“后其身而身先，外其身而身存。”讲的就是这个道理。

冯道根跟随梁武帝创业时就高呼要“扬名后世”，可见他并非不重功名。后来他虽屡立功勋，却始终不争功邀赏，连话都少了，史书也用“木讷”来形容他。更难能可贵的是，虽然官越当越大，他却依旧轻车简从，家中的房屋不加装饰，没有侍卫拱卫，居室家当也不多，与普通百姓家毫无二致，完全不懂得享受。冯道根沙场上的“锋”和沙场外的“拙”，使他简直判如两人，这样谦退的品格，连梁武帝都深为叹服。后来，冯道根两次出任豫州刺史，为政也是清明而无争，梁武帝更是夸赞“道根所在，令朝廷不复忆有一州”，堪称南朝版的“你办事，我放心”。

子曰：“劳而不伐，有功而不德，厚之至也。语以其功下人者也。”意思是说，有了功绩却不夸耀自己，有功绩却不图感激，宽厚品行就达到极点了，这是在说有功绩却能自降身份与人交往、谦恭待人的人。冯道根一生从不邀功，身居高位也是清贫淡泊，虽只粗通文墨，却深谙“桃李不言，下自成蹊”的道理，以卓越的功勋和高尚的人格，赢得了上至皇帝、下至百姓的敬重，在伴君如伴虎的封建社会，可谓大巧若拙也！常言道，流水不争先，争的是滔滔不绝。名利场上不需要处处争利，事只管埋头去做，功大可不必去邀。工作面前要当“战士”，不推不诿、不躲不避；名利面前要当“绅士”，不急不躁、不争不抢。须知“满招损，谦受益”，如果一意包揽功劳，就会有树大招风的危险，为自己平添许多困扰；遇事谦虚忍让，断绝过多的身外之物，内心会更宁静，生命会更从容，从而专心追求高维度的人生价值。

尽忠职守的张翼

【原文】

蜀庲降都督张翼用法严峻，南夷豪帅刘胄叛。丞相亮以参军巴西马忠代翼，召翼令还。其人谓翼宜速归即罪。翼曰：“不然，吾以蛮夷蠢动，不称职，故还耳。然代人未至，吾方临战场，当运粮积谷，为灭贼之资，岂可以黜退之故而废公家之务乎！”于是统摄不懈，代到乃发。

马忠因其成基，破胄，斩之。

蜀国都督张翼执法严峻，导致辖区内的南方夷人首领刘胄起兵叛乱。诸葛亮命参军马忠接替张翼，调张翼返回。张翼的部下告诉张翼应速速返回接受处罚，张翼说：“我是因为蛮夷叛乱没有尽到职守而被召回。可是，接替我的人还没有到达，而我正身临战场，现在应当转运粮食积存谷米，作为将来消灭叛敌的资本，怎么可以因为自己遭到罢黜而使军务荒废呢?”于是统筹兼顾毫不松懈，等马忠顺利抵达后，张翼才出发返回。马忠利用张翼打下的基础，击败刘胄，平定了叛乱。

为官须尽责，在位一天就要尽忠职守。得知自己将被调离，该管的事不认真管，该负的责任不认真负，遇事能推则推、能拖则拖，安安稳稳“守摊子”，不愿担当“撂挑子”，这是一种为官态度；正确看待个人进退留转，尽好分内之责，站好“最后一班岗”，能在自己任内解决的问题绝不留给后任，以“不乘凉也甘栽树”的情怀，扎扎实实做好打基础、做铺垫的工作，这又是一种为官态度。古人讲：“为政者不难于始，而难于克终也。”荣辱沉浮之时，往往最能考验为官者的胸襟、气度和官品。唯有把责任扛在肩上，把使命放在心中，抛却私利、拾起公心，放逐“小我”、成就大业，做到“暖不争花红，寒不改叶绿”，才能以务实作为、人格修为赢得组织的信任、同僚的尊重。

为官不为即为过。干部都渴望在建功立业中实现为官初衷，但“罗马不是一天建成的”。路，要一步一步去走；事，要一件一件去做。干部任期有长短，事业发展无止境，“飞鸽牌”的干部要干“永久牌”的事，必须涵养“功成不必在我”的精神境界。山西右玉二十任县委书记六十多年接力植树，将“不毛之地”变为生态绿洲；塞罕坝三代人五十五年造绿护林，书写从黄沙漫天到林海万亩的绿色传奇。水滴石穿，政贵有恒。质变的产生要以量变的积累为基础，没有量的足够积累，就不可能“毕其功于一役”。“功成”在谁不重要，“功成有我”方可贵。干部要树立正确政绩观，遵循发展的客观规律，善做慢工、甘干苦活，不贪一时之功、不图一时虚名，既要做好在任期内能够看到成效的事，也要做好在后届任期内才能看到成效的事。一些基础性、长期性的工作，周期长、见效慢，“开花结果”非一日之功，要保持历史耐心和战略定力，拿出“为后任栽树”的觉悟，一茬接着一茬干，用“十年磨一剑”的精神，在锲而不舍中留下属于自己的精彩一笔。善治者无赫赫之功，“功成不必在我”有时意味着“寂寞孤独冷”，有时意味着“为他人作嫁衣裳”。但历史是公正的，群众心中有杆秤，就像说起福建东山，人们就会怀念谷文昌；提到义乌小商品市场，人们就会想起谢高华；看到寿光蔬菜，人们自然忆起王伯祥……这足以说明，历史沉淀之后的评价，才是最好的评价。

悬金“画饼”终无果

【原文】

纪以黄金一斤为饼，饼百为箧，至有百箧，银五倍于金，锦罽、缯彩称是，每战，悬示将士，不以为赏。

南朝梁太清二年（548 年），北魏军阀侯景先是骗取梁武帝的信任，后背叛南梁围攻京城。一年后，侯景攻陷京城，逼死梁武帝，同年，太子萧纲在侯景的刀剑之下即皇帝位，史称简文帝。大宝二年（551 年），侯景毒杀简文帝，一时群龙无首，梁朝大乱。当时在京城外的梁武帝的几个儿子、侄子都在觊觎皇位。于是，侯景这个外敌还未消灭，萧家几个兄弟自己先打了起来。

萧纪是梁武帝的第八个儿子，梁武帝死后，萧纪就在成都称帝，年号“天正”。同年八月，萧纪统领大军东下，准备攻灭在江陵称帝的兄长萧绎。萧纪虽然没有带兵经验，但是对人的心理很有研究，为了激励将士们勇往直前，萧纪在出征前祭出了重赏的法宝。素来节俭的他这回高调“炫富”，将积攒了十几年的金银全都拿了出来，命人铸成一斤重的金饼一万个、银饼五万个，每一百个装一箱，共装了金饼一百箱、银饼五百箱。在出征仪式上，萧纪把这些金灿灿、银闪闪的金饼、银饼摆放在光天化日之下，光芒夺人眼球。他对众将士们说：“打胜了小仗，就发银饼；打赢了大仗，就发金饼！大家好好干，荣华富贵就在眼前！”看着这些熠熠生辉的金饼、银饼，将士们被刺激得热血沸腾，群情激昂地要求马上出征。

有了钱财的激励，将士们奋勇作战，取得了一系列战果。但是时间一长，将士们就发觉了不对劲，胜仗打了不少，金饼、银饼一个未发。有胆大的将士要求面见统帅请赏，萧纪自知难以搪塞，只好让侍卫转告说自己身体有恙，一概不见。随军征战的宁州刺史陈智祖，坚请萧纪分发金饼、银饼犒赏将士，萧纪却坚决拒绝，陈智祖竟痛哭而亡。果不其然，没多久，军中士气涣散，人人思归，萧纪被兄弟萧绎一击即溃，死于乱军之中。

萧纪最终一败涂地，表面上看是因为他舍命不舍钱财，但深层次的原因是他失去了将士的信任与拥护。古人云："人无信不立。"人没有信用就没有立足之地。君子修身，莫善于诚信。从商鞅徙木立信，到季布一诺千金，中华民族历来崇尚诚信的美德。历史告诉我们，"无诚则有失，无信则招祸"。人若失信，不兑现自己的承诺，就会引发信任危机，难以在社会上立足。作为一方诸侯，萧纪也算是一地的领导者，更需要以"信"之言行、"信"之品格、"信"之作为感动和征服人心，换取信任、信服、信赖和威信。他的失败，是由于只算小账、算眼前账，而没有考虑大账、长远账、政治账，虽以诚信振兴了蜀地，却以失信丢掉了江山和生命，这出千古悲剧值得后人深思。

"书痴"房法乘丢官

【原文】

交州刺史清河房法乘，专好读书，常属疾不治事，由是长史伏登之得擅权，改易将吏，不令法乘知。录事房季文白之，法乘大怒，系登之于狱，十余日。登之厚赂法乘妹夫崔景叔，得出，因将部曲袭州，执法乘，谓之曰："使君既有疾，不宜烦劳。"囚之别室。法乘无事，复就登之求书读之，登之曰："使君静处，犹恐动疾，岂可看书！"遂不与。乃启法乘心疾动，不任视事。十一月，乙卯，以登之为交州刺史。法乘还，至岭而卒。

俗话说，人不学，不知义；学不用，白费力。读书使人免于无知，也能提升人的品位和境界，但若浮于“不思考、不践行”的表面，而陷入“死读书、读死书”的境地，也会误人误事。正如意大利诗人彼特拉克所说：“书籍使一些人博学多识，但也使一些食而不化的人疯疯癫癫。”《资治通鉴》中收录了一个“书痴”丢官的故事，耐人寻味。

南齐时期，交州有一任刺史叫房法乘。此人没有其他爱好，唯好读书，可以说是嗜书如命。作为封疆大吏，公务自然繁忙，但为了能挤出更多时间看书，房法乘经常借口有病而不“上班”，堪称不折不扣的“书痴”。上不作为，下便会乱作为，有时还会歹作为。房法乘的部下伏登之乘机弄权，把文武官员都换成了自己的亲信。房法乘知道后很生气，后果却不严重，他虽下令关押伏登之，但发完火就把这事忘了，又“躲进小楼成一统”，沉醉于书海之中。伏登之通过贿赂得以出狱，第一件事就是率亲信袭击州府，反倒把房刺史软禁了起来。即便沦为阶下囚，房法乘心里想的也并非如何利用所学逃出困境，而是乞求伏登之“施舍点书来读读”以打发无聊，实乃可气又可叹。伏登之遂向朝廷打报告，说房法乘身体一直不好，现在病情加重，已经不能正常履职。皇帝体恤臣子，就让房法乘回京城养病，伏登之则接任了刺史。房法乘因此丢官，在回乡的路上越想越气，竟然真的“病”死了。勤于读书，或传道授业桃李满天下，或修身养性成业界大拿，或加官进爵光宗耀祖，房法乘却因之而丢官丧命，也可谓“一代传奇”。

古人云，“耳闻之不如目见之，目见之不如足践之”。读书的目的在于指导实践，只会“死读书、读死书”之人，空有一身学问，不过是纸上谈兵、误己误人。正所谓，读书钻不出来的是蛹，钻得出来的是蝶。作为刺史的房法乘喜欢读书值得肯定，但读书破万卷却“学而不用”，既不为民解愁、为朝廷分忧，也不能自救脱困、修身立行，等于没读没学，只能郁郁而终空悲切。古今中外，大凡有作为者，绝不会只限于知道“书本上的知识”，而是注重学习与实践相结合，学以致用、用以促学，最终融通于心、通权达变，形成处理复杂事务的真知灼见。

为政者除了把握好学习与实践相结合的基本原则，更应上升到悟透理论与实践的辩证关系。领导干部读书，不仅仅要能“走进去”，得其门而入，夯实理论功底、注重融会贯通、锻造深邃思想，将书中之理转化为实践之道；更要能“走出来”，悟其道而出，学思践悟于工作实务中面对的新事物、新情况、新问题，化实践之道为普遍真理。只有真正读懂了、想深了、悟透了，书本的智慧才会为我所有、为我所用，才会有“仰望星空以文载道，脚踏实地躬身行道”之境界，才能把锦绣文章写在黄土大地上，使才华抱负体现在具体实践中。

进退失据的韩显宗

【原文】

魏右军府长史韩显宗将别军屯赭阳，成公期遣胡松引蛮兵攻其营，显宗力战，破之，斩其裨将高法援。显宗至新野，魏主谓曰：“卿破贼斩将，殊益军势。朕方攻坚城，何为不作露布?”对曰：“顷闻镇南将军王肃获贼二、三人，驴马数匹，皆为露布；臣在东观，私常哂之。近虽仰凭威灵，得摧丑虏，兵寡力弱，擒斩不多。脱复高曳长缣，虚张功烈，尤而效之，其罪弥大。臣所以不敢为之，解上而已。”魏主益贤之。

北魏太和二十一年（497 年），孝文帝御驾南征，命令右军府长史韩显宗率领一支军队驻守赭阳。南齐将领胡松来犯，韩显宗率部力战，击退了胡松的进攻，并力斩敌军副将高法援。韩显宗到新野后，孝文帝对他说：“你击败贼敌，斩其将领，大长我军威风气势。朕正久攻新野不下，你为何不把捷报写于帛布之上，以高竿树之，以增加我军斗志、动摇城中敌方守军信心呢?”韩显宗回答说：“过去听说镇南将军王肃俘获两三个小兵和几匹驴马，就书帛高挂，写捷报表功，我私下里常嘲笑他。这次仰仗皇上神威，才得以击败敌军，但受兵力限制，擒斩敌军数量并不多，如果还要张扬功劳，岂不和王肃一样，那罪过就大了。所以，我不能那样做，只将战况呈报给您就行了。”

韩显宗在赭阳一战中破贼斩将，不拉大旗表功，而是归功于“吾皇神威”，表现得极为谦虚低调。初看，颇有谦谦君子之风、秉节持重之范，连司马光在《资治通鉴》中都附上一句“魏主益贤之”。然结合《魏书》等所载，视之思之，其背后可能并非如此。原因有三：一是如孝文帝所言，当时两方激战正酣，发捷报可以壮军威、鼓士气，还可以挫敌军心。而韩显宗故作低调处理，自视不务虚功、为人谦逊，殊不知，击退来犯之敌仅是合格，以局部小捷推动全局获胜才是关键，而“捷报高挂”才是真正“附加值”所在，所以孝文帝一句“何为不作露布”已有不满之意。韩显宗此战之后由“右军府长史、征虏将军（大致相当于正三品）”转任“谘议参军（大致介于正四品至正六品之间）”，也能印证此观点。二是韩显宗并非真正淡泊名利之人，后来他发现自己未获提拔，心生不满，便上奏邀功自夸，被孝文帝怒斥“进退无检，亏我清风”。因此，他在赭阳之战后谦逊低调，且为抬高自己而讥讽名臣王肃，颇有矫揉造作之嫌，更是进退失察、弄巧成拙之举。三是虽然尚书张彝建议将韩显宗免职，但孝文帝认为其“虽浮矫致愆，才犹可用”，仍命他以布衣身份留任谘议，以观后效。而韩显宗自始至终未加反思，只会抱怨遭遇不公，失意丧志、心怀愤懑，不久便郁郁而终，年仅三十四岁，令人惋惜。

一位禅师告诫弟子：“如果你总是昂着脑袋，那么早晚有一天会被地上的石子绊倒；如果你总是垂着下巴，也会因为看不到光明而走进昏暗的死胡同。”人生顶级的智慧，不是一味张扬，也不是一味低调，而是懂得何时低头、何时抬头。《增广贤文》也指出：“知止常止，终身不耻。”就是告诫我们做事要思深、有分寸、知进退，才不会因为不恰当的行为而蒙受羞耻。韩显宗开始不“虚张功烈”固然值得肯定，但其未能见形施宜、因事为制，在该“张扬”之时却选择“低调”，该“低调”之时却选择“张扬”，最终的结局可悲可叹。因此，为人处世要胸有谋略、动有章法、进退有察，讲究内方外圆，做事随方就圆。既遵守“方”的规矩、准则，又懂得“圆”的变通、灵活，即所谓圆融。圆融并非圆滑，发心不正、居心不良，就成了圆滑；发心纯正，见机行事，为天下计、为百姓谋，才算是圆融。有所为，有所不为，当方则方，当圆则圆，既雷厉风行、高调得恰到好处，又灵活变通、低调得不露圭角。如此，方能进退有度，达到“知足不辱，知止不殆”的境界。

诚而不伪远胜巧

【原文】

丞相掾和洽言于曹操曰："天下之人，材德各殊，不可以一节取也。俭素过中，自以处身则可，以此格物，所失或多。今朝廷之议，吏有著新衣、乘好车者，谓之不清；形容不饰、衣裘敝坏者，谓之廉洁。至令士大夫故污辱其衣，藏其舆服；朝府大吏，或自挈壶飧以入官寺。夫立教观俗，贵处中庸，为可继也。今崇一概难堪之行以检殊涂，勉而为之，必有疲瘁。古之大教，务在通人情而已；凡激诡之行，则容隐伪矣。"操善之。

三国时期，魏国的和洽曾向曹操提出建议说，天下的人，才干和品德各不相同，不能只用一个标准来选拔人才。以节俭朴素来约束自己无可非议，但用这套标准来限制别人，或许就会出现失误。现在，有一种导向，好像穿新衣服、乘好车的官员，就不清廉；不修饰仪表、穿破旧衣服的人，则被赞为廉洁。结果致使很多官员故意弄脏自己的衣裳，把车子、服饰藏起来。古人的教化，只是务求通达人情；凡是偏激怪异的行为，皆易包藏虚伪。曹操十分赞同他的见解。

人有一诚，胜过任何巧诈；官有一诚，胜于任何伪装。这里所说的"伪"，也就是揑饰诓骗、弄虚作假。历朝历代，大奸似忠、大伪似真者不乏其人。有的"身居枢要，而中怀欺蔽，欲以智巧，惑主上之聪明"；有的"素承优渥，而心惧衰替，思以迎合，永固其恩宠，遂乃颠倒是非"。为什么这些人如此热衷于"作伪"呢？说到底，无非是为了邀功希宠，沽名钓誉，用不正当的手段达到加官进爵的目的。

诚，是对一个人最基本的道德要求，也是为官从政者的必备素养。一方面，要为人以诚，坚持做到诚而有信，不自欺欺人。不自欺方能长本事。当前，有的干部觉得自己很聪明，没有人骗得了他，飘飘然忘乎所以，实际上，对于基层真正的想法却知之甚少，甚至一无所知，听不到或者不愿听基层的声音，久而久之，在做决策、议大事等过程中就有可能产生“失真”问题。另一方面，要待人以诚，不轻易怀疑人，不求全责备。平时多接触、多了解、多沟通、多观察，在知人的基础上做到用人不疑。对有争议、有非议、有异议的人，多听、多看、多分析，不草率下结论；对与自己意见不合、批评过自己、反对过自己的人，看主流、看事实、看工作，不轻易持否定态度，把人用好了，方能成就大事。

士别三日当刮目相待

【原文】

初，权谓吕蒙曰：“卿今当涂掌事，不可不学！”蒙辞以军中多务。权曰：“孤岂欲卿治经为博士邪！但当涉猎，见往事耳。卿言多务，孰若孤？孤常读书，自以为大有所益。”蒙乃始就学。及鲁肃过寻阳，与蒙论议，大惊曰：“卿今者才略，非复吴下阿蒙！”蒙曰：“士别三日，即更刮目相待，大兄何见事之晚乎！”

这则故事，长久以来一直被当成劝学的典范。吕蒙能够在军务缠身的状态下，坚持读书学习，增长自己的才干谋略，其精神和行为值得我们赞扬与效仿。他的学习效果也是显著的，鲁肃与之进行了一番交谈，十分吃惊于吕蒙的进步，慨叹道：“你今天的才略智谋，早已不是当年那个吴下阿蒙了！”吕蒙的回应则流传千古：“士别三日，当刮目相待，大哥为什么这么迟才改变看法呢？”

三日不见，即要刮目相待，可见变化之快、之大。时代的发展日新月异、变动不居，不学习就会被淘汰，就会被历史的潮流湮灭；不读书就没法进步，就会在故步自封中保持原状，最终被超越。古今中外，执政者、领导者无不强调读书学习的重要性。明朝开国皇帝朱元璋幼时未曾上学，“马背上得天下”后，一有空就开经筵讲学，叫身边的文臣给他讲课，并立下规矩，以此教育子孙后辈。读书虽然不可改变人生的长度，但可以改变人生的宽度和厚度。清朝的曾国藩讲“唯读书则可变化气质”，又说“善读书者，须视书如水，而视此心如花、如稻、如鱼、如濯足，则涵泳二字，庶可得之于意言之表”。

为官之基在于学，尽责之本在读书。恰如孙权劝导吕蒙所言，读书不是为了变成学富五车的大学问家，而是为了通过广泛阅读，增长见识，有所获益。领导干部从读书中得到智慧启迪，把握发展规律，掌握必备常识，才能耳聪目明、心明眼亮，做出正确判断和决策。读书之“责”，也可以说是一种从政品质、敬业精神、历史使命。面对新形势新任务，领导干部加强读书学习，不仅是提高修养、增强本领的内在需要，还可以使心灵得到洗礼、浸润和升华，实在可以称得上是一种难得的愉悦和享受。

笑人的心态不可取

【原文】

中书郎王融，自恃人地，三十内望为公辅。尝夜直省中，抚案叹曰：“为尔寂寂，邓禹笑人！”行逢朱雀桁开，喧湫不得进，捶车壁叹曰：“车前无八驺，何得称丈夫！”竟陵王子良爱其文学，特亲厚之。

王融，东晋名相王导的六世孙，少有文采，曾为齐武帝现场作《三月三日曲水诗序》，因文藻富丽而名噪一时。他认为凭借自己的才能和门第，三十岁内就应该位列公卿。一次宫中值夜，王融想到自己还官职卑微，不由手抚桌子慨叹道：“自己孤寂到如此地步，恐怕要为邓禹（东汉开国名将，二十四岁官拜大司徒）所耻笑。”有一次，他路过朱雀桥，正赶上打开浮桥，路被围观的人堵塞，行人车马不能前进，王融就用手捶打车厢，叹息道：“车前没有八个骑兵开道，怎么能称得上是大丈夫！”

莫笑少年江湖梦，谁不少年梦江湖。人人都有梦想，都追求进步、渴望更上一层楼，但做事、为政要有一个健康的心态。对公门中人而言，从政心态若不健康，精神状态就会有偏差，产生浮躁情绪与功利思想，更有甚者，一旦看到别人进步，就心态失衡、锱铢必较、睚眦必报。说得轻一点儿，是心态太急迫；说得重一点儿，是政治不成熟。谋求自身功业无可厚非，但若把功名利禄视为成功的唯一标准，最后难免竹篮打水，甚至身败名裂。王融持“邓禹笑人”的心态，对官职卑小、没有权势感到不满和愤慨，后来便打算趁齐武帝病重时假传圣旨，意欲拥立竟陵王萧子良篡位，以谋求官位，满足自身权欲，可谓火中取栗，后计划失败被逼自杀，时年二十七岁。王融素有文才，却心态不稳、急功近利、铤而走险，最终落得引决自裁的下场，不禁令人唏嘘。

三千年读史，不外功名利禄；九万里悟道，终归诗酒田园。不可否认，人应该有进取心，但也要树立平常心、淡泊心，保持好心态、好状态，这样才能把准方向、选对方式，确保行稳致远、进而有为。所谓“进步”，应该包含学习进步、思想进步、工作进步、职务进步等多层要义。从政之人，切不可将“进步”只聚焦到职务进步这一个点上。否则，进取心很容易蜕变为“官欲”甚至“官瘾”，追求进步反倒会酿成人生错步。殊不知，位高位低都是工作，权大权小都是服务，应把职务当作服务的杠杆，把岗位当作事业的平台，把事业当作人生的舞台。进亦欣然，退亦坦然。从自然规律来看，一分耕耘，一分收获。但毕竟是春耕夏耘、秋收冬藏，中间有一个“时间差”，不是即刻“变现”的。有平和的好心态和处世的大智慧，胜过一切。时机一到，就能鲲鹏亮翅、宏图得展。

刘裕的“人味儿”

◆

【原文】

三月，上（刘裕）不豫，太尉长沙王道怜、司空徐羡之、尚书仆射傅亮、领军将军谢晦、护军将军檀道济并入侍医药。群臣请祈祷神祇，上不许，唯使侍中谢方明以疾告宗庙而已。上性不信奇怪，微时多符瑞，及贵，史官审以所闻，上拒而不答。

…………

帝（刘裕）清简寡欲，严整有法度，被服居处，俭于布素，游宴甚稀，嫔御至少。尝得后秦高祖从女，有盛宠，颇以废事；谢晦微谏，即时遣出。财帛皆在外府，内无私藏。岭南尝献入筒细布，一端八丈，帝恶其精丽劳人，即付有司弹太守，以布还之，并制岭南禁作此布。公主出适，遣送不过二十万，无锦绣之物。内外奉禁，莫敢为侈靡。

…………

乙卯，帝（刘义隆）如丹徒；己巳，谒京陵。初，高祖既贵，命藏微时耕具以示子孙。帝至故宫，见之，有惭色。近侍或进曰："大舜躬耕历山，伯禹亲事水土。陛下不睹遗物，安知先帝之至德，稼穑之艰难乎！"

宋武帝刘裕是中国历史上一位富有传奇色彩的帝王，他作为"寻常巷陌"的一介贫民投身行伍，成长为"气吞万里如虎"的北伐名将，先后灭南燕、后秦，打下了长安，把东晋的疆域从长江拓展到黄河；进而代晋自立，成为刘宋的开国之君，所实施的改革和政策结束了晋代混乱的政治和社会局面，使百姓得以生息，为"元嘉之治"奠定了基础。后世对刘裕给予很高的评价，明末清初的大儒王夫之对其尤为推崇，认为刘裕是晋室南渡之后"仅延中国生人之气者"，"汉之后，唐之前，唯宋氏犹可以为中国主也"。

刘裕作为一代雄主，除了武功文治，更让人称道的是他富贵不改本色的人格魅力。出于君权天授的观念，古代帝王都讲究出身有"祥瑞"，死生有神佑，比如汉高祖刘邦就有过"吾以布衣提三尺剑取天下，此非天命乎？"的豪言。刘裕当了皇帝却"不信奇怪"，生病了不许群臣向神祇祈祷，发达了不让史官记载"祥瑞"。在生活上，刘裕自奉简朴，严格自律，游玩宴饮"甚稀"，后宫嫔妃"至少"。他北伐得到后秦的公主，一度宠爱到影响公务，但部下稍加劝谏，就立刻改正。皇家不设内府私库，所有财产都归入国库；公主出嫁，陪嫁连锦绣都没有。刘裕还对民力十分珍惜，岭南进贡的细布太过精致耗费人力，他不仅退回去，而且责令弹劾地方官，并禁止再织。在他的以身作则下，宫廷内外都严守规矩，不敢奢侈浪费。刘裕出身贫寒，但并不讳饰，还专门把自己种田时的农具搜集起来留给后世子孙，以示创业的艰难、农耕的不易。

不信鬼神、不尚奢华、不讳贫贱，刘裕的这些事迹，在他的帝王功业之外，使人感受到一种本色做人的鲜活和温暖。俗话说，人活得要有“人味儿”。这看似是人皆有之的基本要求，实则是不易企求的崇高境界。《菜根谭》中有一句话，“唯大英雄能本色，是真名士自风流”，既是对英雄名士的赞美，也说明了本色做人的可贵与不易。

本色做人，要经受人生的历练与磨难。启功先生有一副对联说尽了其中的况味：“立身苦被浮名累，涉世无如本色难。”唯有在坎坷颠沛的砥砺、名利权势的围猎、声色犬马的诱惑中历经千淘万漉而不忘本、不变色，才能“吹尽狂沙始到金”。本色做人，要保持清醒的头脑。自知者明，辗转于不同“角色”之间，既要锻炼出演什么像什么的本领，又不能入戏太深忘记自己的本心，有“官样子”而不可有“官架子”，有聚财的本事还要有散财的气度，否则，“官架子”太足、“铜臭气”太浓，“人味儿”就淡了。本色做人，还要守住人性的底线。所谓本色，包括“我之为我”的个性和“人之为人”的人性。有个性，人生就会精彩；有人性，人生才有意义。但是两者之中有轻重，要尊重个性，更要坚守人性，切不可以个性之长遮人性之短。个性上可以受几分委屈，为工作、为事业或可有所变通甚至牺牲，但人性上不能有一丝苟且，立身的根本不可动摇。刘宋时期的史学家范晔是典型的有个性而少人性之人，他才高八斗，以《后汉书》名垂后世，但是自私凉薄，自己生活奢靡，满室珠宝，母亲却身居陋室，家无长物，只有厨房里的一堆木柴，他的侄子冬天没有被子，叔父只有一件单衣，他自己最终因贪财卷入谋反而被杀。

本色做人，根本的是要锤炼精神的力量。人是要有点儿精神的。本色往往在欲望中迷失和异化，而精神的升华能够引领我们超越物欲的放纵，心灵的净化能够帮助我们摆脱私欲的束缚。要在生活上常知足，美味佳肴固然不厌其精，粗茶淡饭也要不觉其陋；在事业上不知足，以平常心对待个人得失，以进取心投入工作，多些心系天下的“大我”，自然就少了物喜己悲的“小我”；在精神上知不足，以健康丰富的精神生活涵养阳光心态，以向上向善的精神力量擦亮人生的底色。法国作家罗曼·罗兰认为英雄“并非以思想或强力称雄的人，而是靠心灵而伟大的人”。这样讲来，并非“唯大英雄能本色”，而是本色做人，人人皆可成为英雄。

元勰的忧虑

◆ ◆ ◆

【原文】

庚子，魏主疾甚，北还，至谷塘原，谓司徒勰曰："后宫久乖阴德，吾死之后，可赐自尽，葬以后礼，庶免冯门之丑。"又曰："吾病益恶，殆必不起。虽推破显达，而天下未平，嗣子幼弱，社稷所倚，唯在于汝。霍子孟、诸葛孔明以异姓受顾托，况汝亲贤，可不勉之！"勰泣曰："布衣之士，犹为知己毕命，况臣托灵先帝，依陛下之末光乎！但臣以至亲，久参机要，宠灵辉赫，海内莫及；所以敢受而不辞，正恃陛下日月之明，恕臣忘退之过耳。今复任以元宰，总握机政；震主之声，取罪必矣。昔周公大圣，成王至明，犹不免疑，而况臣乎！如此，则陛下爱臣，更为未尽始终之美。"帝默然久之，曰："详思汝言，理实难夺。"乃手诏太子曰："汝叔父勰，清规懋赏，与白云俱洁；厌荣舍绂，以松竹为心。吾少与绸缪，未忍睽离。百年之后，其听勰辞蝉舍冕，遂其冲挹之性。"

…………

丁亥，魏以彭城王勰为司徒，录尚书事；勰固辞，不免。勰雅好恬素，不乐势利。高祖重其事干，故委以权任，虽有遗诏，复为世宗所留。勰每乖情愿，常凄然叹息。

北魏太和二十三年（499年）初，孝文帝病危，对彭城王、司徒元勰说："我的病越来越严重，时日无多。太子年幼，江山社稷就依靠你了。"元勰流着泪说："臣是先帝的儿子、陛下的弟弟，以至亲身份，长久参与军国大事，恩宠显赫，无人能及。臣之所以敢于接受而不推辞，皆因陛下圣明，宽恕我忘退之过失。现在，陛下又委任我为群臣之首，总握朝政，位高震主，他日一定因此获罪，唯恐晚节难保。"孝文帝深思后说："你所说的，实在难以反驳。"于是，亲手给太子写下诏令："你的叔父元勰，不受赏赐，清逸高雅，如白云般高洁；厌弃荣华，舍去印绶，有松竹的清高之心。我死后，你要准许元勰辞官，以便顺从他谦虚自抑的性格。”虽然孝文帝在遗诏中同意元勰隐退，但是元勰仍被即位的宣武帝留用，多次请辞而未成。因为无法脱身，元勰常常内心感到忧虑，叹息不已。

《周易》有言：“‘亢龙有悔’，盈不可久也。”意为龙飞到过高的地方，便需思考退路，否则会遭受灾难而后悔，寓意居高位的人要思退，否则就会有祸患。诚然，自古以来，多少叱咤风云的名臣良将，一旦大权在握，就难逃功高震主之嫌，仕途辉煌之后往往身陷囹圄，甚至不得善终。因此，便有了“兔死狗烹，鸟尽弓藏”的说辞，也有了宋代诗人阮阅笔下“急流勇退莫予武，旁观谁为君王留”之忠告。元勰因学识渊博、品行端正而屡获重用，在孝文帝患病期间，更是“内侍医药，外总军国之务”。他深谙政治斗争的残酷，深知若自己继续担任宰辅，必定受新帝疑忌、朝臣妒忌，故深感忧虑，多次提出归隐。虽然在最后的八年里元勰摆正位置，处于半隐退状态，但当断不断、反受其乱，他终究还是未能逃过宣武帝的猜疑和权臣高肇的暗算，蒙冤而死。

老子在《道德经》里提出：“功遂身退，天之道也。”为政者抱负达成了、功名得到了，就要适应变化的环境，不贪恋权位，急流勇退，这才合乎自然规律。然而，面对高官厚禄的诱惑，真正做到功成身退并不容易。部分领导干部居功自傲、贪恋权位、陶醉于鲜花和掌声，却不知形势变化、攻守易位，不及时主动让贤、奖掖后生，结果往往适得其反、晚节不保。春秋时，辅佐越王勾践复国后，范蠡归隐泛舟，而文种恋位被诛，两种截然不同的结局就是最深刻的警示。功成身退保全名节，是古代先贤一直以来追求的胸怀操守，也是一种力图完善自我修养的人生境界。聪明的为政之人都是洞察人性、洞悉人心的高手，明白“日中则昃，月盈则食”的规律。为政者要时刻保持“如履薄冰，如临深渊”的自觉，在履职尽责时谨言慎行，完成使命后审时度势，当进则进、当退则退，越是春风得意之时，越要懂得权力越大风险越大，须知道进退有度是高境界，知止常止是真幸福。

尽责做好分内事

◆ ◆ ◆

【原文】

上自临治兵，以部陈不整，命大将军张士贵杖中郎将等；怒其杖轻，下士贵吏。魏徵谏曰："将军之职，为国爪牙；使之执杖，已非后法，况以杖轻下吏乎！"上亟释之。

言事者多请上亲览表奏，以防壅蔽。上以问魏徵，对曰："斯人不知大体，必使陛下一一亲之，岂惟朝堂，州县之事亦当亲之矣。"

唐太宗亲自检阅士兵，看到队列不整齐，心有不悦，命大将军张士贵亲自杖责治军的中郎将等人。结果张士贵打得轻了，唐太宗勃然大怒，下令将张士贵拿下送审。此时魏徵进谏道："将军一职尊贵，本为国家爪牙，令他亲自杖责他人，已经违反制度了，又怎能因为他杖责轻了而治罪呢？"唐太宗听后就下令把张士贵放了。上书言事的人多请求太宗亲自翻阅表章奏折，以防止被蒙蔽。太宗以此事询问魏徵，魏徵答道："这些人不识大体，如果必定要陛下一一亲自过目，那么岂止朝堂奏章，各州县的事也需陛下亲自过问了。"

将军的职责是行军打仗，宰相的职责是辅佐皇帝处理政务，如果让将军去责罚士兵，宰相不问州县之事，那为何还要设将军、宰相的职位呢？只有每个人都担负起自身的职责，才能推动事业不断地发展。被称为"运输大队长"的蒋介石，就特别喜欢"越级指挥"，他甚至越过战区、军、师、团，直接指挥前线的营级甚至排级士兵，世所罕见，而这样干的结果，经常是葬送了自己的部队。1935 年 3 月，红军突破乌江，蒋介石从得悉红军渡乌江之日起，就以战场指挥官自任，撇开了薛岳的贵州绥靖公署和前敌总指挥部，亲自打电话调动部队。薛岳成了侍从参谋，相当于一个高级传令军官。每一道调动指挥部队的电令，薛岳非经请示不敢做主。淞沪会战，张发奎的一连炮队不知到哪里去了，经调查，原来是蒋介石把炮队调走了，这让身为第三战区司令长官的冯玉祥非常气愤，他批评说：“前方打仗的军队，指挥的权限不一，最高统帅，连一连炮兵他都指挥着。”

古人说：“骏马能历险，力田不如牛。坚车能载重，渡河不如舟。”不管从事什么职业、处在什么岗位，每个人都有其应担负的责任，都有其分内应该做好的事。就像要靠许许多多螺丝钉的连接和固定，机器才能结成了一个坚实的整体、运转自如一样。党员干部不能对应负的责任毫无感觉，不冒冷汗、不知警醒、不思行动，更不能不把责任当回事，根本想不起来也不知道自己的“责任田”在哪里、种什么、怎么种，而应该常思岗位之责、常谋尽职之策，从点滴事做起、从身边事做起，成为事业发展这部大机器上的一颗“螺丝钉”。

扪心自省的慕容契

【原文】

初，魏朝闻桢贪暴，遣中散闾文祖诣长安察之，文祖受桢赂，为之隐；事觉，文祖亦抵罪。冯太后谓群臣曰：“文祖前自谓廉，今竟犯法。以此言之，人心信不可知。”魏主曰：“古有待放之臣。卿等自审不胜贪心者，听辞位归第。”宰官、中散慕容契进曰：“小人之心无常而帝王之法有常；以无常之心奉有常之法，非所克堪，乞从退黜。”魏主曰：“契知心不可常，则知贪之可恶矣，何必求退！”迁宰官令。

太和十三年（489 年），北魏朝廷听闻南安郡王、雍州刺史拓跋桢贪婪暴虐，就派中散大夫闾文祖前往调查。闾文祖暗中接受拓跋桢的贿赂，替他隐瞒真相，后来东窗事发，闾文祖也一并受到惩罚。于是，冯太后对大臣们说：“闾文祖以前自称廉洁奉公，而今竟也贪赃枉法。从这件事上可以看出，人心叵测，难以探知。”孝文帝说：“古代有所谓的待放（有罪辞职等待放逐）大臣。你们在座的如果扪心自省，认为自己不能克制贪欲，允许你们辞职回家。”宰官、中散大夫慕容契进言：“小人之心常变，帝王的法律却是永恒不变的，以常变之心去应付不变的法律，恐怕不是我所能够担当的，所以，我请求辞职免官。”孝文帝说：“慕容契知道人心是不可能不变的，就一定知道贪婪是令人厌恶的，你何必请求辞职呢！”于是提升他为宰官令。

仔细品味这段君臣对话，值得深思。孝文帝让大臣们对自己的内心做出评判，慕容契则委婉地表示，面对名利财色的诱惑，偶有私心、贪念是很正常的，但要学会自知、自省、自律，对内克己、对外平心，而一切惩罚皆应以事实为依据，如果苛求个人品质，那全天下所有人都要被怀疑。孝文帝睿智而自信，非但不生气，反而给慕容契升官，以示肯定。

古语有云，自知则心明，自省则神宁。人贵有自知之明，只有对自己有足够的认识，才能找准位置和方向，更好地把握自己。扪心自省是根植于内心的修养，只有懂得审视自己、自查自纠、常思己过，方可心神安宁。人有七情六欲是心性本然，但人更贵在于自知、自省的基础上自律，懂得节制欲望、遏绝贪婪。须知“破山中贼易，破心中贼难”。人心如马，自律是缰，信马由缰，必将偏离轨道；人生是舟，自律是水，以水推舟，方能自在扬帆。自修之道，莫难于养心。领导干部如何自律？儒家讲慎独修身，不管身处何种环境，只有严格按照一定的原则、标准和规范来做事，不仅仅靠纪律规矩的外在约束，更靠个人修养的内核驱动，抑制人性的弱点，抵御外界的诱惑，方能明心见性、修身自律。

俗话说“行百里者半九十”，许多人一开始能自律，但要做到持之以恒，往往很困难。老子在《道德经》中讲“慎终如始，则无败事”，强调如果能始终如一，到最后还像开始的时候那么谨慎自律，那么这个人的一生就顺利平安，没有败事可言。闾文祖以前清正廉洁，后来放松了自律开始贪赃枉法，自然败事败己。有人认为，政治家与科学家的最大区别在于，科学家九十九次失败，一次成功，就能功成名就；而政治家九十九次成功，一次失败，就会身败名裂。可见，“自律须慎终，恒心贯始终”对为官从政者的重要性。优秀的领导干部无不严以律己、慎终如始，他们台上台下一个样、人前人后一个样、自始至终一个样，每时每刻都在规范自己的举止、反省自己的言行。

徐勉周舍俱贤相

【原文】

云尽心事上，知无不为，临繁处剧，精力过人。及卒，众谓沈约宜当枢管，上以约轻易，不如尚书左丞徐勉，及以勉及右卫将军汝南周舍同参国政。舍雅量不及勉，而清简过之，两人俱称贤相，常留省内，罕得休下。勉或时还宅，群犬惊吠；每有表奏，辄焚其稿。舍豫机密二十余年，未尝离左右，国史、诏诰、仪体、法律、军旅谋谟皆掌之，与人言谑，终日不绝，而竟不漏泄机事，众尤服之。

萧衍代齐建梁后，知人善用，重用侍中范云，并升其任右仆射。范云也不负众望，尽心竭力辅佐梁武帝，将政务打理得井井有条。范云去世之后，众人均认为应当由左仆射沈约接掌朝廷枢要，但是梁武帝却认为沈约办事轻率而不慎重，不如尚书左丞徐勉，于是就让徐勉和右卫将军周舍一同参理国政。周舍的胸襟肚量比不上徐勉，但是在操行清简方面却有过之而无不及，两人都被称为贤相。他们经常留宿朝中理事，很少回家，以至于徐勉家中的狗都认不出主人，看到徐勉回家时惊叫狂吠，一时传为佳话。徐勉每次起草上表奏启，抄毕后马上就把初稿烧掉，极其谨小慎微。周舍参与朝廷机密大事二十多年，常伴梁武帝左右，凡国史诏诰、仪礼法律、军事筹谋策划等，他都亲自负责，虽然他热衷社交，爱开玩笑，经常高谈阔论、滔滔不绝，但从来不泄密，众人尤其佩服。

宋人吕本中在其所著的《官箴》中指出："当官之法，唯有三事：曰清，曰慎，曰勤。"清即清廉，两袖清风；慎乃谨慎，思虑周密；勤是勤政，夙夜在公。纵观古今，"清慎勤"三字体现了为官从政的智慧和境界。徐勉洁身不贪，尊崇古人"以清白遗子孙"，不留财产给后代，而据《梁书·周舍传》记载，周舍"终亡之日，内无妻妾，外无田宅，两儿单贫，有过古烈"，足见两人之清；徐勉写完奏章立即焚烧初稿，周舍执掌机密二十多年而不泄露机事，足见两人之慎；政事千头万绪，事务多如牛毛，绝非“垂拱而天下治”这般容易，徐勉、周舍勤于公事，连家都很少回，以至于连家里的狗都不熟悉主人，足见两人之勤。由此可见，徐勉、周舍很好地践行了“当官之法”，自然能协助梁武帝处理好繁杂政务，对梁朝前期的兴盛起到了重要作用，得以成就“贤相”之名。反观《资治通鉴》中对沈约的评价：“约文学高一时，而贪冒荣利，用事十余年，政之得失，唯唯而已。自以久居端揆，有志台司，论者亦以为宜，而上终不用；及求外出，又不许。”可见沈约虽然名气很大、能言善辩，但轻佻浮躁、唯唯诺诺，未得“清慎勤”之要义，梁武帝自然不放心其执掌中枢。

正所谓，清是为官之基，以权谋私，难免害人误事；慎是从政之魂，谨小慎微，才能善始善终；勤是成事之要，废寝忘食，彰显尽责担当。“清慎勤”三字，曲尽千古为官之道。吕本中评价此三字：“知此三者，可以保禄位，可以远耻辱，可以得上之知，可以得下之援。”此论被后世推崇，至明清时期，此三字几乎成为所有官员的“座右铭”，并被作为考评选拔人才的标准。乾隆皇帝还曾手书此三字，并命人刻石赐内外诸臣，以训示百官。司马子微《坐忘论》云：“与其巧持于末，孰若拙戒于初？”公门中人一开始就要念好“清慎勤”三字诀：一曰“清”字当头，日习夜思常拂拭，端本正源、清而不浊；二曰“慎”字为重，常秉如临深渊、如履薄冰之心，遏渐防萌、慎而不骄；三曰“勤”字作本，恪守“在其位谋其政，任其职尽其责”，孜孜不倦、勤而不惰。对领导干部而言，为官从政是平台，也是舞台，更是擂台，理当把涵养“清慎勤”的“精气神”看得更重更深，以向上向前的姿态做到知重扛重、知难进取，以清廉指数让为官仕途安如磐石，以谨慎指数让从政之路行稳致远，以勤政指数让事业征程气象万千。

智者的自我膨胀

【原文】

魏司徒崔浩，自恃才略及魏主所宠任，专制朝权，尝荐冀、定、相、幽、并五州之士数十人，皆起家为郡守。太子晃曰：“先征之人，亦州郡之选也；在职已久，勤劳未答，宜先补郡县，以新征者代为郎吏。且守令治民，宜得更事者。”浩固争而遣之。中书侍郎、领著作郎高允闻之，谓东宫博士管恬曰：“崔公其不免乎！苟遂其非而校胜于上，将何以堪之！”

魏主以浩监秘书事，使与高允等共撰《国记》，曰：“务从实录。”著作令史闵湛、郗标，性巧佞，为浩所宠信。浩尝注《易》及《论语》、《诗》、《书》，湛、标上疏言：“马、郑、王、贾不如浩之精微，乞收境内诸书，班浩所注，令天下习业。并求敕浩注《礼传》，令后生得观正义。”浩亦荐湛、标有著述才。湛、标又劝浩刊所撰国史于石，以彰直笔。高允闻之，谓著作郎宗钦曰：“湛、标所营，分寸之间，恐为崔门万世之祸，吾徒亦无噍类矣！”浩竟用湛、标议，刊石立于郊坛东，方百步，用功三百万。浩书魏之先世，事皆详实，列于衢路，往来见者咸以为言。北人无不忿恚，相与谮浩于帝，以为暴扬国恶。帝大怒，使有司按浩及秘书郎吏等罪状。

崔浩是北魏名臣，历仕三代国主，以博学多智著称，《魏书》以“时莫之二”（即当世无双）形容他，极为推崇。鲁迅先生认为《三国演义》“状诸葛之多智而近妖”，以“多智而近妖”来评价崔浩，似乎并不为过。用评书中的赞语来讲，崔浩是“上知天文，下识地理，文韬武略，无所不精”。讲天文，他主持修订了天文历法；讲地理，在灭北凉时，很多大臣以其都城姑臧荒凉，人马不能久留为由力阻，而崔浩引《汉书·地理志》指出凉州畜牧业发达，必然水草丰美，坚定了太武帝拓跋焘出兵的决心；讲文韬，崔浩是两代帝师，受命修律令、制礼仪、编国史，在立储、迁都等重大国策上多有建言，无不中的；讲武略，崔浩不仅在攻夏、征柔然、灭北凉等重大战略决策上面对满朝文武的反对，舌战群臣，力排众议，展现出高人一筹的深远谋略，而且对战术的设计、战事进程的把握也极为精当。比如，在攻打夏国时，崔浩建议不攻坚城，而是以示弱之态诱使夏军出城决战；作战中，当魏军处于逆风的不利境地、军心有所动摇时，他力主坚定信心，并敏锐抓住夏军追击时战线过长的弱点，建议分兵袭击其后，最终取得大胜。在征柔然时，崔浩提出既要出其不意、攻其不备，又要防止诸将“前后顾虑，不能乘胜深入”。战事果然如其所料，在魏军取得大胜、追击敌方至涿邪山后，将领们怕中埋伏，力劝拓跋焘提前收兵，事后得知，魏军再追两天就能竟全功。崔浩由于算无遗策、言无不中，在拓跋焘统一北方的过程中发挥了不可替代的作用，因而深得其信任和倚重。拓跋焘将崔浩列为足智多谋的表率，要求“凡军国大计，汝曹所不能决，皆当咨浩，然后施行”。

然而，就是这样一位才智无双、位极人臣、深得宠信的杰出人物，在受命编撰魏国国史后，听信身边阿谀奸佞之人的蛊惑，将国史刻成石碑，以彰显自己直笔著史的功绩。由于石碑位于交通要道旁，看到的人很多，对北魏先祖事迹的议论纷纷引发了鲜卑族人的愤懑，他们向太武帝拓跋焘告状，认为崔浩有意宣扬国丑，拓跋焘为之震怒，导致崔浩及其姻亲四个世家大族被灭门。这就是历史上著名的“国史之狱”。

作为北方士族的代表人物，崔浩之死，根源固然在于鲜卑贵族与汉人世族的矛盾，但是与崔浩的自我膨胀也不无干系。在太子拓跋晃监国总管朝政后，崔浩受命辅佐，但他依仗太武帝拓跋焘的宠信，“专制朝权”。有一次，他一下举荐了五个州的数十名士人直接当郡守，太子提出把此前征聘在低级官职上锻炼过的人才先提拔起来，让新人从低一些的官职干起。崔浩固执己见，坚持按照自己的想法实施。当时另一位汉族精英高允就说，崔浩为错误的私心而与太子抗争，日后恐难保全自己。“国史之狱”，秉笔直书只是一个方面的原因，更直接的诱因是崔浩信任巧佞之人，相互吹捧，虽冠以“彰直笔”之名，实质是把国史当成了宣扬个人“著述才”的工具。旁观者都能看清这是投其所好的“捧杀”，“分寸之间，恐为崔门万世之祸”，身为智者的崔浩却茫然无所知，恐怕多少是被“赢得生前身后名”的欲望蒙蔽了。

明朝著名清官海瑞评价名相张居正“工于谋国，拙于谋身”。崔浩何尝不是如此！谋国与谋身，道出了自古以来从政为官的真谛，两者不可偏废。谋国就是做事，就是要自强不息，有所作为，“增益其所不能”，使自己的意志能扛得起事、本领能干得成事；谋身就是修身做人，就是要自律不懈，有所不为，克制其所不该，努力使自己超脱声色犬马的低级趣味，摆脱渴望功名利禄的一己私欲。以崔浩、张居正这样的大才，所谓的工与拙，应该不是能力上的问题，而是思想上的重视与否。所谓“破山中贼易，破心中贼难”，人的欲望往往随职位的升迁、权力的扩大而膨胀，对自我的要求往往因事务的繁杂、成功的自满而被忽视，而事业的衰败往往始于放纵欲望、放松自律，这是所有从政为官者都应当戒惧的。做事先做人，谋国当谋身，修身贵有常，自律宜从严，唯有自律方能自强，唯有克己方能成己，这也是所有从政为官者应当谨记力行的。

犬马不如的降将

◆ ◆ ◆

【原文】

尔朱仲远来奔。仲远帐下都督乔宁、张子期自滑台诣欢降。欢责之曰：“汝事仲远，擅其荣利，盟契百重，许同生死。前仲远自徐州为逆，汝为戎首；今仲远南走，汝复叛之。事天子则不忠，事仲远则无信，犬马尚识饲之者，汝曾犬马之不如！”遂斩之。

北魏永熙元年（532 年），尔朱氏集团与高欢集团为争夺北魏朝政控制权，爆发了韩陵之战。结果尔朱氏集团战败，尔朱兆自杀，尔朱仲远向南归顺了梁武帝萧衍。尔朱仲远的部将都督乔宁、张子期却到高欢处请降。高欢斥责他们说：“你们侍奉尔朱仲远，享尽了荣华富贵，也曾信誓旦旦，答应和尔朱仲远同生共死。以前尔朱仲远在徐州逆反，你们是首要分子，现在尔朱仲远失势南逃，你们又背叛了他。你们对天子不忠，对尔朱仲远不讲信义，犬马尚且不忘记饲养它的主人，你们连犬马都不如!”于是便杀掉了乔宁和张子期。

孔子在《论语·述而》中强调:“子以四教:文、行、忠、信。”给弟子教授的四门必修课中,“忠”和“信”占其二,可见孔子对这二者的重视程度。在传统意义上,“忠”主要指对人对事竭尽全力、忠于职守,“信”表示诚实不欺,讲信用、讲信义。正如司马光所言:“尽心于人曰忠,不欺于己曰信。”作为一种价值取向,“忠信”是一个人忠守于信念、职责和使命的执着彰显,是一个人不屈服于武力、金钱和权势的气节体现。从流放北海牧羊十九年的苏武,到“才优匡国,忠至灭身”的颜真卿,从“人生自古谁无死?留取丹心照汗青”的文天祥,到“我自横刀向天笑,去留肝胆两昆仑”的谭嗣同,他们不因成败利禄动其心,宁为坚守忠信舍其生,其浩然之气铸就了忠诚之魂、信义之美。而乔宁、张子期之流得势则为虎作伥,失势则群相弃舍,甚至投降对手而欲攻旧主,皆为不讲忠信所致。难怪连敌方主帅高欢也斥其“事天子则不忠,事仲远则无信”,视其连犬马都不如。

宋代理学家程颐言:“人无忠信,不可立于世。”可见,忠信是一个人的通行证,是立身之本,不忠不信,寸步难行。忠信也是为政者治国理政所依仗的大原则。忠诚守信、言出即行,就能令百姓信服,获得百姓拥戴;骄横放纵、言而无信,就会失去百姓的信赖,进而丢掉民心。尽管忠信的内涵随着时代的变化而不断变化,但是忠信作为个人修身进德之方法、为政治民安邦之基础,却丝毫没有过时。诉诸当今,摒弃传统“忠信”中包含的具有局限性的“愚忠”“愚信”,忠信作为一种基于信仰的规范准则,依然具有现实价值。时下讲忠信,与乔宁、张子期所处的战争年代不一样,对为政者的最大考验不是“枪弹”而是“糖弹”,不是生与死、血与火,而是名与利、得与失。为政者要涵养“忠信”的浩气凛然和矜持自重,任何时候、任何情况都不改其心、不移其志、不毁其节。

为父抵命的吉翂

◆

【原文】

冯翊吉翂父为原乡令，为奸吏所诬，逮诣廷尉，罪当死。翂年十五，挝登闻鼓，乞代父命。上以其幼，疑人教之，使廷尉卿蔡法度严加诱胁，取其款实。法度盛陈拷讯之具，诘翂曰："尔求代父，敕已相许，审能死不？且尔童骇，若为人所教，亦听悔异。"翂曰："囚虽愚幼，岂不知死之可惮！顾不忍见父极刑，故求代之。此非细故，奈何受人教邪！明诏听代，不异登仙，岂有回贰！"法度乃更和颜诱之曰："主上知尊侯无罪，行当得释，观君足为佳童，今若转辞，幸可父子同济。"翂曰："父挂深劾，必正刑书；囚瞑目引领，唯听大戮，无言复对。"时翂备加杻械，法度愍之，命更著小者，翂不听，曰："死罪之囚，唯宜益械，岂可减乎！"竟不脱。法度具以闻，上乃宥其父罪。

梁朝冯翊人吉翂，其父本为一县之长，但为奸吏所诬陷，羁押至京城，被判死刑。为营救父亲，十五岁的吉翂击响朝堂外的登闻鼓，乞求代父赴死，以报养育之恩。梁武帝见他年幼，怀疑是被人教唆，于是派廷尉蔡法度查探实情。蔡法度摆出了严刑逼供的架势，以"死"威逼，吉翂则表示，虽怕死但实在"不忍父亲遭受极刑"，并非他人教唆，绝不反悔。蔡法度假意以"吉父将无罪释放"诱导，吉翂却说，父亲是否有罪当依法论处，作为代父受罚的囚犯唯有闭目伸头、听任一斩，其他无话可说。蔡法度心生怜悯，想给他换上轻一些的刑具，但吉翂以"死罪之身"拒绝更换。梁武帝知晓实情后，宽恕了吉翂父亲。吉翂舍身救父，大孝之名自此盛传。

《孝经》有言："教民亲爱，莫善于孝。教民礼顺，莫善于悌。"可以看出，"孝"在古代风俗教化中非常重要。《孝经》又说："夫孝，始于事亲，中于事君，终于立身。"大意是孝从侍奉父母开始，然后效力于君主，最终功成名就，孝与忠开始相提并论。曾子进一步指出"事君不忠，非孝也；莅官不敬，非孝也”，忠和孝开始融为一体。汉代“举孝廉”制度形成“以孝治天下”的治国方略，影响深远。吉翂“为父抵命”，表面上看是一个感人的孝子故事，实质体现的是梁武帝“以孝治国”的施政方略，后来吉翂也因“孝”而屡获举荐。梁武帝还曾亲自作《孝思赋》，感慨“父母之恩，云何可报？慈如河海，孝若涓尘”，以上率下，营造“孝”的氛围，“孵化”更多孝子忠臣。梁武帝以孝治国，后世史家多有赞赏，明末清初王夫之在《读通鉴论》中对梁武帝治国评价颇高，认为“梁氏享国五十年，天下且小康焉”。

《管子·法法》中讲：“上好勇，则民轻死；上好仁，则民轻财。故上之所好，民必甚焉。”大意是，上层为政者的品行好恶，对社会精神风貌和民众所喜所好都有深重的影响，具有“上行下效”的示范功能。因此，为政者要率先垂范、树立标杆、先行一步，“关键少数”给力，才能带动“绝大多数”用力。当然，所谓“领导”，不光要善于“踱方步”，“导”之有方，更要学会“正步走”，“领”之有力。所谓“盘圆水圆，盂方水方”，有什么样的领导，就会产生什么样的“容器”，所以“蓬生麻中，不扶而直；白沙在涅，与之俱黑”。团队作风强不强，关键看主要领导强不强；政治生态好不好，关键看“关键少数”好不好。作为领导者，务必把好选人用人关口，审慎选好“关键少数”，树立好标杆导向。

移家避儿徐陶仁

◆

【原文】

太子性奢靡，治堂殿、园囿过于上宫，费以千万计，恐上望见之，乃傍门列修竹；凡诸服玩，率多僭侈。

…………

又使嬖人徐文景造辇及乘舆御物。上尝幸东宫，匆匆不暇藏辇，文景乃以佛像内辇中，故上不疑。文景父陶仁谓文景曰：“我正当扫墓待丧耳！”仍移家避之。后文景竟赐死，陶仁遂不哭。

南齐太子萧长懋天性奢靡，修建自己东宫的殿堂花园，规模甚至超过了其父齐武帝的宫殿，耗费极大。他害怕武帝看见，就沿着殿门围墙种植了一排排修长的竹子用以遮蔽。萧长懋的各种服饰玩物，大多奢侈过度，甚至让近臣徐文景私下制造皇帝专用的辇车和其他专用物件。一次，齐武帝亲临东宫，萧长懋来不及将辇车藏起来，徐文景急中生智，放了一尊佛像在辇车里，因武帝信佛，倒也没有生疑。徐文景之父徐陶仁认为其子与萧长懋整天厮混在一起，必生祸事，就劝告徐文景要好自为之，并警告说："我现在就打扫墓地，等着为你办丧事！"徐文景得宠于太子，哪里听得进老父的箴言。徐陶仁愤而举家迁移，离开徐文景，躲得远远的。后来，齐武帝知道太子诸多丑事后，徐文景果然被赐自尽，徐陶仁连一滴眼泪都没流。

常言道，善远谋者，自善察之于青萍之末，知风生水起。世间万物，突如其来的有先兆，乘虚而入的有端倪，平地风波有前因，风云突变有诱因，聪明人往往具有先见之明，能够见微知著，透过蛛丝马迹，推断出事物发展的大致方向。正如司马相如所言，"明者远见于未萌，而智者避危于无形"。聪明的人大多富有远见，善于未雨绸缪，从而避祸趋利。在旁人看来，徐文景投身太子门下并获恩宠，他日太子登基，其必定飞黄腾达，徐陶仁理应为儿子感到骄傲和自豪。但徐陶仁不以为然，认为太子萧长懋的骄奢之举有违武帝节俭之风，徐文景跟随他必引杀身之祸。在规劝无用之后，徐陶仁举家搬离，虽属无奈之举，但其"图之于未萌，虑之于未有"，正是他的高瞻远瞩和忧患意识，帮助家族躲过一劫。

晚清学者陈澹然有言："不谋万世者，不足谋一时；不谋全局者，不足谋一域。"告诫我们在处理问题时，应树立大局观，从长远出发。这就如同下棋，走一步算一步是庸者，走一步想三步是常者，走一步想十步是智者。正所谓，长于细微放眼时局，方有真知灼见；精于大局着眼未来，才能称为韬略。可以说，一个人的见识与格局决定了他的层次和前途。目光短浅之人只见眼前小利，而善成大事的人能登高望远，紧盯目标于未来。国学大师钱穆游览一座古刹，看到一小沙弥在一棵历经百年风霜的古松旁种植观赏植物夹竹桃时，不由感慨："以前，僧人种树时，已经想到寺院百年以后的愿景，而今，小沙弥在这里种花，他的眼光仅仅是想到明年！"作为领导者，需要的是未雨绸缪而不是亡羊补牢。唯有洞察变革于端倪、把握先机于初始，不仅仅通过研究昨天来审视今天，更通过研究明天来决策今天，把主动权牢牢掌握在自己手中，方能引领方向于“深水区”，开辟新路于“无人区”。

决策施政

帷幄谋天下的邓禹

【原文】

南阳邓禹杖策追秀，及于邺。秀曰："我得专封拜，生远来，宁欲仕乎？"禹曰："不愿也。"秀曰："即如是，何欲为？"禹曰："但愿明公威德加于四海，禹得效其尺寸，垂功名于竹帛耳！"秀笑，因留宿间语。禹进说曰："今山东未安，赤眉、青犊之属动以万数。更始既是常才而不自听断，诸将皆庸人屈起，志在财币，争用威力，朝夕自快而已，非有忠良明智、深虑远图，欲尊主安民者也。历观往古圣人之兴，二科而已，天时与人事也。今以天时观之，更始既立而灾变方兴；以人事观之，帝王大业非凡夫所任，分崩离析，形势可见。明公虽建藩辅之功，犹恐无所成立也。况明公素有盛德大功，为天下所向服，军政齐肃，赏罚明信。为今之计，莫如延揽英雄，务悦民心，立高祖之业，救万民之命，以公而虑，天下不足定也！"秀大悦，因令禹宿止于中，与定计议；每任使诸将，多访于禹，皆当其才。

"久从游学识英雄，杖策南来见略同。首建雄谋恢汉业，云台端合议元功。"这首诗概括了东汉开国元勋邓禹的一生。邓禹是汉光武帝刘秀的老同学，二人少年相识，关系融洽。在刘秀艰难创业的起步阶段，邓禹慧眼识英雄，跋山涉水追随刘秀，进说"立高祖之业"之事，睿智胆识和敏锐洞察力异乎常人。在邓禹看来，当时正统的更始帝刘玄不过一凡夫俗子，不具备成就宏图大业的资质才能，而其手下将领又多为庸碌之辈，志向在于财货珠宝，满足于"快活一天是一天"，缺乏远大目光和系统治国的方略，内部分崩离析是早晚的事。在深刻分析当时天下形势之后，邓禹为刘秀提出了一个顺应历史潮流的政治纲领，"为今之计，莫如延揽英雄，务悦民心，立高祖之业，救万民之命"。根据这一方针，刘秀在河北抚慰百姓，考察官吏，公平断狱，废除苛政，恢复汉朝官名制度，赢得了官吏和百姓的拥护支持。不仅如此，邓禹还有知人善任的美名。刘秀“每任使诸将，多访于禹，皆当其才”，凡是邓禹称赞的人，刘秀即放心委任，人尽其用。一大批将帅之才，如寇恂、吴汉、贾复等，在邓禹的鼎力推荐下脱颖而出，为“光武中兴”立下不世之功。

察势者明，趋势者智。邓禹的一番陈述建言，为刘秀擘画了一幅清晰的战略路线图，堪与萧何、韩信规劝刘邦收巴蜀、出三秦、逐鹿中原相提并论。从战略上思考布局，还要从策略上解决现实难题。面对群雄混战、民不聊生的现状，邓禹审时度势，建议刘秀整顿军纪，收拢人心，休养生息，建立稳固的“河内根据地”，为刘秀扫群雄、定天下打下坚实基础。刘秀称赞他“深执忠孝，与朕谋谟帷幄，决胜千里”。鉴于邓禹的运筹之功、定鼎之力，后世将邓禹列为“云台二十八将”之首，可谓实至名归。

战略和策略是事业成败的关键。战略的本质是取舍，在纷繁复杂的形势面前，要善于从全局上把握得与失、予与取、进与退的关系。王莽政权倒台后，更始帝及绿林军进入关中，赤眉军紧随其后，关中之地成为各方争夺的焦点。邓禹认为，这是千载难逢的良机，力劝刘秀争一世之雌雄，不争一时之长短，避开关中“四战之地”，利用河北的地理优势，招揽人才，积蓄力量，为夺取天下“深虑远图”。战略方向、战略目标确定后，保持战略定力显得尤为重要。不论情况多么复杂、形势多么险峻，也不应轻言放弃。在河北东征西讨时，刘秀一度深感创业艰难、举步维艰，便向邓禹感叹道：“天下郡国这么多，我现在好不容易才得到一座城，你以前还说平定天下不足虑，这什么时候才能成就大业呀。”邓禹鼓励开导说，成就帝业，在于对百姓仁德的厚薄，而不在于一时势力的大小。刘秀闻言精神振奋，重整旗鼓。可以说，邓禹对刘秀最大的帮助就是对天下大势的精准判断和关键时刻的相互扶持，君臣相遇相知成就了一段佳话。正因此，《后汉书》评价二人的关系是“荣悴交而下无二色，进退用而上无猜情，使君臣之美，后世莫窥其间”。

廉范治蜀有政声

◆

【原文】

武都太守廉范迁蜀郡太守。成都民物丰盛，邑宇逼侧，旧制，禁民夜作以防火灾，而更相隐蔽，烧者日属。范乃毁削先令，但严使储水而已。百姓以为便，歌之曰："廉叔度，来何暮！不禁火，民安作。昔无襦，今五绔。"

汉章帝年间，廉范（字叔度）调任蜀郡太守。自古以来，成都等地都以物产丰富著称，但适合盖房子的地方不多，盖的房子全都紧挨在一起，房屋之间的距离极近。再加上当时的房子都是木结构，极易发生火灾。以往制度禁止百姓夜间劳作，以防火灾。然而还是有人夜里偷偷摸摸地出来活动，导致火灾依旧经常发生。廉范上任后，了解到这种情况，觉得"堵不如疏"，便撤销了原来的禁令，只严格规定各家各户储水防火而已。百姓感到便利，他们歌颂廉范道："廉叔度，你来得为什么这么晚？不禁火，民平安。从前穷得没有短上衣，如今有五条裤子穿。"

政绩之本，在于为民。保发展还是保安全，面对这个两难问题，廉范不是简单地照搬过去的制度规定，强行禁止，搞"一刀切"，而是根据实际情况，在权衡利弊、规避风险的基础上，大胆革除不合时宜的旧制，化堵为疏，防患未然，以利民便民的善政之举，实现了"保一方平安，活一方百姓"的价值目标。萧规曹随，照章行事，过去怎么办，现在还怎么办，既不会出格也不会出错，这样看似稳稳当当，最保险也最省事。然而，沿袭传承并非因循守旧，再好的政策随着时间的推移和情况的变化，也要与时俱进，不断完善发展。为官不能"作怪"，要为民"做主"。好事、实事要办，坏事、烦事、糟心事也要管。"兴利"是办实事，"除弊"同样是办实事。面对棘手难题，是多一事不如少一事、睁一只眼闭一只眼，还是敢于负责、勇于担当，把百姓的"小事"

当“天大的事”来办，体现的是两种不同的为官境界和道德品质。

政声人去后，民意闲谈中。为官从政者想成就一番事业，做出一番政绩，这无可厚非，关键在于追求什么样的政绩。廉范只不过对火政措施做了简单调整，便在生前赢得了广泛颂扬，其历史事迹更是流芳百世，传为经典。这也充分说明，真正的政绩在百姓的口碑里，在历史沉淀之后的评价中。为官一任，有的官员总能在矛盾丛集的地方，很快抽丝剥茧、理出头绪，迅速突破困境、打开局面，让百姓安居乐业、念念不忘。最根本的是他们始终坚持当“老百姓的官”，勇于任事，尽责尽力，不给后人留麻烦，不给历史留遗憾。此等“前人栽树，后人乘凉”的境界，仍然值得今天的为政者深思。

孝文帝罢黜庸官

【原文】

九月，壬申朔，魏诏曰：“三载考绩，三考黜陟；可黜者不足为迟，可进者大成赊缓。朕今三载一考，即行黜陟，欲令愚滞无妨于贤者，才能不拥于下位。各令当曹考其优劣为三等，其上下二等仍分为三。六品已下，尚书重问；五品已上，朕将亲与公卿论其善恶，上上者迁之，下下者黜之，中者守其本任。”

魏主之北巡也，留任城王澄铨简旧臣。自公侯已下，有官者以万数，澄品其优劣能否为三等，人无怨者。

壬午，魏主临朝堂，黜陟百官，谓诸尚书曰：“尚书，枢机之任，非徒总庶务，行文书而已；朕之得失，尽在于此。卿等居官，年垂再期，未尝献可替否，进一贤退一不肖，此最罪之大者。”

北魏孝文帝在历史上以锐意改革著称，始颁俸禄制、创立三长制、实行均田制，加上推行汉文化、迁都洛阳，一系列改革推动了北魏政治、经济、文化、社会等领域的快速发展，史称“太和改制”。孝文帝不但积极改革“祖制”，而且对官员的考评有独到的见解。在孝文帝之前，北魏每三年考评一次官员，要连续考评三次，也就是要九年后才对官员进行罢免和提升，导致官员们四平八稳，能拖则拖、能避则避，不求有功但求无过，甚至抱有“无过就是有功”的心态。孝文帝亲政后，认为九年时间太长，于是在太和十八年（494年）推出新的考评举措，明确每三年考评一次官员，并分为上、中、下三等，其中上等和下等再分三等，上上者提升，下下者罢免，中等的职位不变，所受奖惩立即执行，不再受限于“三考九年”。通过新的考评机制，刘芳、崔光、邢峦、李彪、穆亮、王肃等一批贤臣干将脱颖而出，成为孝文帝的坚定支持者，在改革旧俗、征伐定边方面发挥了重要作用，成为太和年间的名臣。

在一次朝会上，孝文帝对尚书们说道：“尚书是很关键的职位，关系到朕的成败得失，并不是只需要管理事务、处理文书而已。你们担任这项职务，已经有两年了，却从来没有向朕建议过什么事可以做、什么事不能做，也没有推荐过一个贤才、撤换过一个不称职的人，这是最大的罪过。”随后，他又当面点明了诸如录尚书事广陵王拓跋羽、尚书令陆睿、守尚书卢渊等人的过失；这些人因不称职或被削减俸禄，或被降职，或被罢黜官职。

上有所好，下必甚焉。孝文帝通过改革官员考评，破除“无过就是有功”的旧观念，让为官不为、懒政怠政者付出代价，进而形成“贤者上、庸者下、劣者汰”的为政氛围，为他在乱世中成就一番大事业奠定了重要基础。观诸现今，尸位素餐现象屡见不鲜，管理者如何整顿“出勤不出力、出力不出绩”的作风，孝文帝的考评举措仍然值得借鉴。对管理者而言，除了要大力倡导“在其位谋其政”“有位当有为”“为官不为平生耻”等基本职业伦理，最关键的还在于从人性需求出发，完善顶层设计，从清单责任、及时奖惩、容错激励等多个维度，健全考评机制，把个人的自利行为引导到对集体有利的轨道上来，让不想为、不会为、不敢为者有所警醒、感到紧迫、受到惩戒，让能干事、会干事、干成事者得褒奖、受重用、有实惠，以“制度有为”保证“事业有为”。

隋炀帝作茧自缚

◆ ◆ ◆

【原文】

诸将之东下也，帝亲戒之曰："今者吊民伐罪，非为功名。诸将或不识朕意，欲轻兵掩袭，孤军独斗，立一身之名以邀勋赏，非大军行法。公等进军，当分为三道，有所攻击，必三道相知，毋得轻军独进，以致失亡。又，凡军事进止，皆须奏闻待报，毋得专擅。"辽东数出战不利，乃婴城固守，帝命诸军攻之。又敕诸将，高丽若降，即宜抚纳，不得纵兵。辽东城将陷，城中人辄言请降；诸将奉旨不敢赴机，先令驰奏，比报至，城中守御亦备，随出拒战。如此再三，帝终不悟。既而城久不下，六月，己未，帝幸辽东城南，观其城池形势，因召诸将诘责之曰："公等自以官高，又恃家世，欲以暗懦待我邪！在都之日，公等皆不愿我来，恐见病败耳。我今来此，正欲观公等所为，斩公辈耳！公今畏死，莫肯尽力，谓我不能杀公邪！"诸将咸战惧失色。帝因留城西数里，御六合城。高丽诸城各坚守不下。

隋炀帝首次东征高丽，在出发之时，他即告诫诸将："这次攻打高丽是为了惩治罪人、抚慰百姓，并非让你们去建立功名、邀赏请封。"他将大军兵分三路，不许轻军独进，要求相互配合，特别提出凡军事上的进止，都要奏报，不许擅自行事。在征战之中，高丽军闭城固守，隋炀帝既命令各军攻城，又指示若高丽人求降，各军应立即放弃进攻、宣布接纳。然而高丽军多次诈降，令前线屡次丧失攻陷城池的时机，足见隋炀帝命令相互矛盾、前线无所适从，然而其仍不醒悟。此后，因久攻不下，隋炀帝心生不满和猜忌，亲赴前线，斥责将领怠慢欺骗，并留在前线督战，导致军心动摇、众将不知所措。最后，隋炀帝首征高丽以失败告终。

隋炀帝高丽之败，从战略战术上看，与其事无巨细、不敢放权有很大关系。联系近代国共两党领袖的领导风格，可窥见领导者授权艺术之重要。解放战争中，粟裕连续指挥苏中七战七捷、孟良崮战役、豫东战役、济南战役、淮海战役等经典战役。这些战役既展现了粟裕杰出的军事指挥才能，也与毛泽东对粟裕的高度信任、大胆任用不无关系。对杰出部下充分信任、大胆授权，许以机断专行、便宜行事，凸显出毛泽东唯才是举、不拘一格的高超领导艺术。解放战争期间，毛泽东曾五次赋予粟裕军事指挥大权。反观蒋介石，他则特别喜欢越级指挥。国内革命战争期间，蒋介石就经常指挥到团级；解放战争期间，他甚至直接指挥到前线营级、排级。据他的侍从室主任晏道刚回忆，1935 年 3 月，红军突破乌江，“从得悉红军渡乌江之日起，蒋实际上就以战场指挥官自任，撇开了薛岳的贵州绥靖公署和前敌总指挥部，亲自打电话调动部队……每一道调动指挥部队的电令，薛岳非经请示不敢做主”。辽沈战役期间，蒋介石三次到沈阳亲自指挥，绕过东北“剿总”卫立煌，直接指挥杜聿明收复锦州，失败后又拿卫立煌问罪。在蒋介石的日记里，曾有某天他连续四五个小时用电话指挥前线作战导致手臂酸痛不已的记录。因此，有人用“前半生攻无不克者多，后半生战无不败者多”总结蒋介石的战史。

管理学中的“洛伯定理”指出：对于一个经理人来说，最要紧的不是你在场时员工的表现，而是你不在场时员工做了些什么。可以说，处于高层的领导者，其主要职能已不是做事，而是成事，主要工作已不是事无巨细、事必躬亲，而是识人和授权。自己做，是匹夫之勇；大家干，才是领导能力。

美国企业家查雪尔曾说：“授权，是一个事业的成功之途。它使每个人感到受重视、被信任，进而使他们有责任心、有参与感，这样，整个团体同心合作，人人都能发挥所长，组织也才有新鲜的活力，事业方能蒸蒸日上。”领导者要懂得授权，更要善于授权，对能力强的人，尽量多授权，充分发挥下属的独立性和自主性，才能让下属主动自发、满腔热情地投入工作。毛泽东有着“苟利社稷，将军裁之”的胸怀和气度，敢于授权，善于授权，带领党和人民取得了事业的巨大成功。

萧瑀的系统思维

◆

【原文】

委萧瑀以庶政，事无大小，莫不关掌。瑀亦孜孜尽力，绳违举过，人皆惮之，毁之者众，终不自理。上尝有敕而内史不时宣行，上责其迟，瑀对曰："大业之世，内史宣敕，或前后相违，有司不知所从，其易在前，其难在后；臣在省日久，备见其事。今王业经始，事系安危，远方有疑，恐失机会，故臣每受一敕必勘审，使与前敕不违，始敢宣行，稽缓之愆，实由于此。"上曰："卿用心如是，吾复何忧！"

唐高祖李渊十分信任内史令萧瑀，把各种行政事务托付给他。萧瑀也尽心尽力纠正违失、举发过错，即使诋毁他的人很多，他也始终不为自己辩解。一次，李渊下达了命令而萧瑀没有及时宣布，李渊责备他迟缓，萧瑀回答："隋炀帝大业年间，内史宣布命令，有时前后命令相反，负责部门不知怎么办才好，只好把容易执行的命令放在前面，难的放在后面。我在隋朝内史省待的时间很久，这样的事都见到过。如今，陛下大业刚刚开创，事情关系着社稷安危，因此我每接收到一个命令，都一定会调查核审，使之与前面发布的命令不相矛盾，然后才敢宣行，您下达的命令迟迟没有宣布，就是这个缘故。"李渊说："你这样用心办事，我还有什么可忧虑的！"

萧瑀作为大内总管、政务中枢，从前朝的政治实践中悟出朴素的系统思维，即前后政令一致则可畅达执行，相悖则系统混乱。因此，在任李渊一朝内史中枢一职时，萧瑀特别注重政令之间的协调一致，这是治理者系统思维的体现。系统思维是人类思维的高级形式，是现代领导者应具备的最重要的素质之一，也是领导者实现工作目标、开创工作局面的重要保障。

任何组织的战略选择，根本上都是领导者运用系统性思维改造和发展组织的一种规划。系统性思维从根本上影响每个环节的工作实效，最终决定工作局面。如今，科技进步日新月异，每个组织在变革的系统中都面临着机遇和挑战。作为组织的灵魂和核心的领导者，运用系统思维高瞻远瞩是一个无法回避的问题。运用系统思维，要把握三点：一要善于决策。二要科学决策。科学决策是指对复杂、重大问题的决策遵循科学的决策程序，运用科学的决策方法和技术进行。现代科学技术的进步，如系统学、预测学、系统工程等一系列新兴学科的建立等，为决策科学化提供了理论方法工具和物质基础。领导者在决策过程中，要善于利用科学方法和严谨程序辅助决策，提升决策的合理性和可行性。三要积累实践智慧。

总之，领导者系统思维的建构来自观念、知识结构、思维方法和思维传统。当代领导者应充分认识系统性思维的重要性，积极提高领导素质、变革领导观念，打破习惯性思维的心理枷锁，以更加敏锐的眼光、更加开放的思想，注重各环节之间的关联性、耦合性，瞻前顾后、联上接下、看左顾右，激活要素资源，带动整体突破，从而在变革的大潮中游刃有余，立于不败之地。

通权达变方能赢得先机

【原文】

薛仁果之为太子也，与诸将多有隙；及即位，众心猜惧。郝瑗哭举得疾，遂不起，由是国势浸弱。秦王世民至高墌，仁果使宗罗睺将兵拒之；罗睺数挑战，世民坚壁不出。诸将咸请战，世民曰：“我军新败，士气沮丧，贼恃胜而骄，有轻我心，宜闭垒以待之。彼骄我奋，可一战而克也。”乃令军中曰：“敢言战者斩！”相持六十余日，仁果粮尽，其将梁胡郎等帅所部来降。世民知仁果将士离心，命行军总管梁实营于浅水原以诱之。罗睺大喜，尽锐攻之，梁实守险不出，营中无水，人马不饮者数日。罗睺攻之甚急；世民度贼已疲，谓诸将曰：“可以战矣！”迟明，使右武候大将军庞玉陈于浅水原。罗睺并兵击之，玉战，几不能支，世民引大军自原北出其不意，罗睺引兵还战。世民帅骁骑数十先陷陈，唐兵表里奋击，呼声动地，罗睺士卒大溃，斩首数千级。世民帅二千余骑追之，窦轨叩马苦谏曰：“仁果犹据坚城，虽破罗睺，未可轻进，请且按兵以观之。”世民曰：“吾虑之久矣，破竹之势，不可失也，舅勿复言！”遂进。仁果陈于城下，世民据泾水临之，仁果骁将浑干等数人临陈来降。仁果惧，引兵入城拒守。日向暮，大军继至，遂围之。夜半，守城者争自投下。仁果计穷，己酉，出降；得其精兵万余人，男女五万口。

诸将皆贺，因问曰：“大王一战而胜，遽舍步兵，又无攻具，轻骑直造城下，众皆以为不克，而卒取之，何也？”世民曰：“罗睺所将皆陇外之人，将骁卒悍；吾特出其不意而破之，斩获不多。若缓之，则皆入城，仁果抚而用之，未易克也；急之，则散归陇外，折墌虚弱，仁果破胆，不暇为谋，此吾所以克也。”众皆悦服。世民所得降卒，悉使仁果兄弟及宗罗睺、翟长孙等将之，与之射猎，无所疑间。贼畏威衔恩，皆愿效死。世民闻褚亮名，求访，获之，礼遇甚厚，引为王府文学。

李渊反隋兴唐期间，李世民攻克西秦薛仁果是重要一仗。初期，李世民吃了几次败仗，遂决定坚守营垒不出战。他认为，敌骄我馁，士气不在己方，因此峻拒部将的请战。双方相持六十多天，直到薛仁果的军粮耗尽，将领梁胡郎率部来投，李世民才决定出动全部精锐，一举战胜薛仁果的主力部队，并包围薛仁果的城池，最终让对方弃城投降。战后，诸位将领都来祝贺，并问：“大王这一仗果断舍弃步兵，未用攻城工具，轻骑直达城下，众人都认为无法攻克城池，最终却很快就取胜，是什么原因呢？”李世民说：“宗罗睺的部下都是陇山之西的人，将领骁勇，士卒剽悍；我只是出其不意打败了他，杀伤不多。如果迟迟不追击，他们都会返回城内，薛仁果加以抚慰再派他们作战，就不容易战胜了；如果迅速追击，他们将跑散回到陇山之西，折墌城就虚弱，薛仁果吓破了胆，没有时间谋划，这就是取胜的原因。”众部下都心悦诚服。

战场形势瞬息万变，机遇与困境稍纵即逆转，一切全系于指挥主官“存乎一心”的用兵之妙。李世民征服薛仁果一战，就是指挥官独辟蹊径、择时造势的经典战例。李世民准确把握敌我双方的士气、后勤和战术特点，摒弃传统的敌出我迎、你来我往的战法，早期固守待机、积蓄力量，中期把握敌情之变，一击致敌主力溃散，后期看准薛仁果城中守备不足，轻兵长驱直入，一锤定音。每个阶段都把握了主要矛盾和矛盾的主要方面，其背后是李世民高超的战略思维和灵活的战术方法。毛泽东曾对革命军人提出三条不可或缺的基本要求，其中之一就是要有灵活机动的战略战术。在他看来，“灵活机动”可谓战略战术的要害。他曾说：“指导一切战争，都应当依据敌我情况运用灵活机动的战略战术，而在敌强我弱的战略防御和战略相持阶段对日作战，更要有高度的灵活性、机动性，才能有效地打击敌人，消耗敌人。”所以，有人用“穷则战术穿插，达则火力覆盖”概括解放军的战略战术。

有人说，当今时代是一个比心智、比创造力的时代。在这个时代，力量的大小不在于“脖子以下”的体力，而在于“脖子以上”的智力。常规的思路，只能取得常规的效果；超前的思路，才能赢得先人一步的机遇。想要把工作干得风生水起，创新的勇气不可或缺，实践的智慧更难能可贵，唯有冲破思维定式的枷锁，克服思维惰性的阻力，通权达变、见“危”识“机”，推陈出新、独辟蹊径，校正视角、打破常规，才能创造性地开展实践和治理工作，以“牵一发动全身”的决策，收获“一招破，满盘活”的效果。可以说，想不想创新、善不善探索，最体现领导能力，最反映责任担当，最影响政绩口碑。

激活群雁的“头雁效应”

【原文】

秦王世民追及寻相于吕州，大破之，乘胜逐北，一昼夜行二百余里，战数十合。至高壁岭，总管刘弘基执辔谏曰：“大王破贼，逐北至此，功亦足矣，深入不已，不爱身乎！且士卒饥疲，宜留壁于此，俟兵粮毕集，然后复进，未晚也。”世民曰：“金刚计穷而走，众心离沮，功难成而易败，机难得而易失，必乘此势取之。若更淹留，使之计立备成，不可复攻矣。吾竭忠徇国，岂顾身乎！”遂策马而进，将士不敢复言饥。追及金刚于雀鼠谷，一日八战，皆破之，俘斩数万人。夜，宿于雀鼠谷西原，世民不食二日，不解甲三日矣，军中止有一羊，世民与将士分而食之。丙辰，陕州总管于筠自金刚所逃来。世民引兵趣介休，金刚尚有众二万，戊午，出西门，背城布陈，向北七里。世民遣总管李世勣与战，小却，为贼所乘，世民帅精骑击之，出其陈后，金刚大败，斩首三千级。金刚轻骑走，世民追之数十里，至张难堡。浩州行军总管樊伯通、张德政据堡自守，世民免胄示之，堡中喜噪且泣，左右告以王不食，献浊酒、脱粟饭。

隋炀帝末年，宋金刚在上谷地区聚众反隋。此后，宋金刚跟随刘武周，屡次打败唐军。为除此患，李世民带部追击宋金刚部，并在吕州大败宋金刚部下寻相，一昼夜走了二百多里，打了几十仗。总管刘弘基抓住马的缰绳，规劝李世民道："大王打败敌人，追击逃敌到了这里，功劳也足够了，就不爱惜自己吗？况且士兵们饥饿疲惫，应当在此停留扎营，等到兵马粮草都齐备了，再进击也不晚。"李世民答道："宋金刚无计可施才逃跑，军心涣散。功劳难立而失败很容易，机会难得但失去很容易，一定要趁此机会消灭他。如果让他有时间考虑对策，就不可能轻易打败他了。我尽心竭力效忠国家，怎么能只顾惜自己的身体呢？"于是李世民策马追击，将士们也不再提饥饿。最终，唐军追上宋金刚，杀死、俘虏了几万人。当夜，部队宿营，李世民已经两天没吃东西，三天没脱下战袍，全军只剩下一只羊，李世民与将士们分吃了这只羊。此后，李世民带兵赴介休，再次大败宋金刚部队，唐军杀了三千人。宋金刚骑马逃走，李世民追出几十里，来到唐军守卫的张难堡才停下。浩州行军总管樊伯通、张德政据堡坚守，李世民摘下头盔示意，堡中守军看到后欢呼呐喊、流下眼泪，李世民的随从告诉守军，秦王还未进食，守军献上酒饭。

头雁勤，群雁就能"春风一夜到衡阳"；头雁懒，只会"万里寒云雁阵迟"。身教重于言传，领导者身先士卒、率先垂范，是无声的命令、最有效的动员，更是为官之正道、成事之基石。李世民领衔追击宋金刚，不取胜不罢休，不扎营、不用餐，始终高擎追击大旗，忘我冲刺在前。千古风流在担当，万里功名须躬行。一头狮子领导的羊群能打败一只羊领导的狮群。领导者想在前、干在前、表率在前，下属自然有决心、有毅力、有向心力。

成就事业，既要有高瞻远瞩的战略眼光，也要有小处着眼的人文关怀。李世民与将士分食一羊，在小事中赢得了人心、稳定了军心、增强了信心。人心齐，泰山移；人心散，事业败。要想“人心齐”，领导者就得以心换心、把人当人。注重人文关怀，以情待人，部下才有更多的归属感，才能把“公家”当成“自家”，把“公事”当成“家事”，竭尽全力、毫无保留。很大程度上，带着感情工作，执行力最强，爆发力最大。如果领导者高高在上、事不关己、眼中无“人”，只将部下当作随意摆布的“棋子”、执行命令的“工具”，全无体恤关怀，长此以往，必是离心离德、事业无成。居上者，当把部下视为有血有肉有感情、需要问饱问饥的人，从细微处关心身边的同志，从细碎小事、繁杂琐事、现实难事着手，帮助他们解决工作生活中的实际困难，这是一种品格、一种境界，也是一种领导艺术。

政声贵在人去后

【原文】

初，隋末京兆韦仁寿为蜀郡司法书佐，所论囚至市，犹西向为仁寿礼佛然后死。唐兴，爨弘达帅西南夷内附，朝廷遣使抚之，类皆贪纵，远民患之，有叛者。仁寿时为巂州都督长史，上闻其名，命检校南宁州都督，寄治越巂，使之岁一至其地慰抚之。仁寿性宽厚，有识度，既受命，将兵五百人至西洱河，周历数千里，蛮、夷豪帅皆望风归附，来见仁寿。仁寿承制置七州、十五县，各以其豪帅为刺史、县令，法令清肃，蛮、夷悦服。将还，豪帅皆曰：“天子遣公都督南宁，何为遽去？”仁寿以城池未立为辞。蛮、夷即相帅为仁寿筑城，立廨舍，旬日而就。仁寿乃曰：“吾受诏但令巡抚，不敢擅留。”蛮、夷号泣送之，因各遣子弟入贡。壬戌，仁寿还朝，上大悦，命仁寿徙镇南宁，以兵戍之。

隋末，韦仁寿在蜀郡任司法参军。他“断狱平恕”、公平公正，注重情法结合，为争讼双方考虑长远，甚至那些被判死刑的人，在刑场上都要面向西方为韦仁寿祈福后才肯受死。至唐朝，朝廷派出安抚西南的使官，大都贪婪无度，导致边地百姓怨声载道，甚至发生了反叛事件。高祖李渊得知韦仁寿的事迹后，任命他为检校南宁州都督，将官署所在地暂设在越巂，要求他每年前往南宁一次抚慰西南。韦仁寿受任之后，挑选了五百名兵士到南宁州，走遍辖内数千里地，重新将其划分为七州十五县，任命地方酋长为州县长官。此后，法令清明整肃，当地百姓心悦诚服。韦仁寿准备返回时，首领们说："天子派您镇守安抚南宁，您怎么这就要离去?"韦仁寿托称南宁州没有修筑城池。首领们当即率众人修筑州城、建造官署住处，只用十天时间便竣工。韦仁寿这才说："我奉朝廷命只是负责巡察安抚，不敢擅自留下。"首领们哭泣着为他送行，并分别派遣子弟入朝进贡。韦仁寿回到朝廷，高祖非常高兴，便命韦仁寿迁移至南宁州坐镇，并带兵戍守南宁州城。可惜，韦仁寿到任一年，就病逝在南宁，南宁百姓都垂泪怀念他的功绩。

俗语云："雁过留声，人过留名。"谁对百姓亲，百姓都明白；谁为百姓好，百姓就爱谁。人们历来怀念赞美清官好官，不仅尊崇其廉洁奉公的高洁品行，而且感佩其为民造福的勤勉精神。为政者的魅力在哪儿，价值何在?有人羡慕一呼百应的排场，有人看重"过期作废"的特权，有人喜欢聚光灯下的闪耀，有人享受鲜花掌声的簇拥，似乎为政就是个舒舒服服、一本万利的美差。实则不然，为政者工作做得好不好，组织和百姓的评价最重要。为政期间干了哪些实事、为民付出多少、心忧群众几分，群众都看在眼里、记在心里。有些干部把为政当作做事的平台，一心带百姓致富。寿光县委书记王伯祥、义乌县委书记谢高华，冒着被罢免甚至坐牢的危险，冲破层层藩篱，勇敢破冰试水，开创了寿光"蔬菜之乡"、义乌"世界超市"的新路径。他们用行动铸就了一种精神、树起了一面旗帜，赢得了当地百姓和上级组织的一致赞誉。

政声人去后，民意闲谈中。习近平总书记曾讲过："领导干部要想真正在群众心目中留下一点'影'、留下一点'声'、留下一点印象，就要精心谋事、潜心干事，努力为人民多作贡献，而绝不能靠作秀、取宠、讨巧，博取一些廉价的掌声。"对领导干部而言，在其位就要干其事，尽其责更要求其效，要始终牢记初心、不悖本心，有"衙斋卧听萧萧竹，疑是民间疾苦声"的情怀，"但得众生皆得饱，不辞羸病卧残阳"的境界，群众安危冷暖记在自己心上，群众摔跤疼在自己身上，始终存善念、做善事，全力谋善治、行善政，用心用情用真功，实践实干求实效。为政的价值不在于拥有什么，而在于留下什么。领导干部最大的成功和幸福，就是能够成为一个百姓念念不忘的人，一个离任后还能留下些印记的人。

治郡当如张镇周

【原文】

春，正月，丙辰，以寿州都督张镇周为舒州都督。镇周以舒州本其乡里，到州，就故宅多市酒肴，召亲戚故人，与之酣宴，散发箕踞，如为布衣时，凡十日。既而分赠金帛，泣，与之别，曰："今日张镇周犹得与故人欢饮，明日之后，则舒州都督治百姓耳，君民礼隔，不得复为交游。"自是亲戚故人犯法，一无所纵，境内肃然。

舒州是张镇周的家乡，唐高祖李渊任命他为舒州都督。上任前，张镇周先在自己家里置办酒席，连续十天招待亲朋故友，并将金银绸缎分赠给大家，流着泪和大家告别，说："今天，我还能跟你们很高兴地喝酒，从明天起，我就是治理舒州的都督，官府与百姓之间在礼节上是有阻隔的，不能再跟大家这样交往了，若亲朋故友犯法，我绝不徇私!"虽是短短几句，但入情入理，掷地有声。张镇周上任后，严守法令治理舒州，关心百姓疾苦而不偏袒亲族。在他治下，舒州的社会秩序很快安定，农业生产也得到发展，百姓安居乐业。

正所谓，"居官所以不能清白者，率由家人喜奢好侈使然也"。张镇周深知人情与公事间千丝万缕的联系，在家乡为官更应警惕。因此，他未雨绸缪，发乎以情、施之以义，晓之以理、明之以法，为至亲好友、知己故交敲警钟、打招呼，为自己施政铺设了一个没有干扰、没有障碍的人情环境。为官之人，古称"官人"，既有人的自然属性、社会属性，就更应始终牢记为官职责、秉持从政操守，谈情不忘义、顾亲不逾矩、护亲不越界。古人云，"治郡当如张镇周"。张镇周之所以成为千载楷模，并不是因他的权威和官位，而是因为他自律严明、公私分明的人格魅力。

“人是社会关系的总和”，领导干部并非居于“孤岛”。亲人、朋友、发小、同窗、部下、同乡，不一而足，各种各样的“情谊”，恰似一张温柔的无形之网。若处之不慎、太重情义、放松原则，假公器以酬私情、因私谊而损公义，为人“站台”、替人“放哨”，成了别人炫耀的“资本”、谋取私利的“大旗”，即罔顾是非、为“情”所害。最终很有可能因言行失度逾界乃至违规违纪，自己栽了跟头、亲朋没有好处，事与愿违、得不偿失。

对于掌握一定权力的领导干部而言，在社会交往中如何做到“发乎情，止乎礼”，既有人情味又按原则办事呢？其实，老一代革命领导人已经身体力行、垂范在先。当年，毛主席倡导“恋亲不为亲徇私，念旧不为旧谋利，济亲不为亲撑腰”；朱德从老家亲戚中每家接一个子女，一共七人，由他抚养读书、教育成人，尽管承担经济压力，但他情感不累，用人情味塑造了人格魅力。只有讲原则但不冰冷、讲人情又不泛滥，才能方圆相济、情理交融，才能做得好人、成得好事。

止盗无须重罚

【原文】

丙午，上与群臣论止盗。或请重法以禁之，上哂之曰：“民之所以为盗者，由赋繁役重，官吏贪求，饥寒切身，故不暇顾廉耻耳。朕当去奢省费，轻徭薄赋，选用廉吏，使民衣食有余，则自不为盗，安用重法邪！”自是数年之后，海内升平，路不拾遗，外户不闭，商旅野宿焉。

上又尝谓侍臣曰：“君依于国，国依于民。刻民以奉君，犹割肉以充腹，腹饱而身毙，君富而国亡。故人君之患，不自外来，常由身出。夫欲盛则费广，费广则赋重，赋重则民愁，民愁则国危，国危则君丧矣。朕常以此思之，故不敢纵欲也。”

唐太宗李世民与群臣讨论防盗问题，有人提出严刑重法以禁盗，太宗笑答："百姓之所以做盗贼，是因为赋役繁重，官吏贪财求贿，百姓饥寒交迫，所以顾不得廉耻了。朕主张杜绝奢侈浪费，轻徭薄赋，选用廉吏，百姓吃穿有余，自然不会去做盗贼，何须严刑重法！"数年后，天下太平，路不拾遗，夜不闭户，商人旅客可在野外露宿。

太宗曾对大臣说："君主依靠国家，国家仰仗百姓。剥削百姓来奉养君主，如同割下身上的肉来充饥，腹饱而身死，君主富了而国家灭亡。所以君主的忧虑，不来自外面，而常在自身。凡欲望多则花费大，花费大则赋役繁重，赋役繁重则百姓愁苦，百姓愁苦则国家危急，国家危急则君主地位不保。朕常思考这些，所以不敢放纵自己的欲望。"

"庶人安政，然后君子安位"，官民本一家，民不安则政不兴、官不稳。李世民深刻地认识到这一点，牢记和践行魏徵"水能载舟，亦能覆舟"之言。封建王朝，若君主安不忘危、盛而虑衰，则王朝必兴；若君主穷奢极欲、繁刑重敛，则王朝命不久矣。以甲午之殇为例，战前，为了省钱建造军舰，日本明治天皇带头节衣缩食，一天只吃一顿饭；而慈禧太后一顿饭有百余道菜，想方设法搜罗钱财修建颐和园、庆贺大寿。甲午战败和清朝败亡，从当政者的行为举止可窥见一斑。

古人云，"为治之本，务在于安民；安民之本，在于足用"。社会发展、安居乐业是人民的共同愿望。为了人民而发展，发展才有意义；依靠人民而发展，发展才有动力。发展是最大的安民。一个民族的崛起，绝不是轻轻松松、敲锣打鼓就能实现的；一个地区的发展新格局，也不是亦步亦趋、浑浑噩噩就能开启的。对于领导者而言，必须敢于担当、勇于超越，有理想、怀激情、生智慧、出主意，其追求才能执着，其作为才能广大。当然，不仅要敢于担当，还应善于担当。要为百姓生计而发展经济，非为个人升迁谋表面政绩。正所谓，官大官小不由己，干不干事全在你。领导干部应该坚守为民情怀，敢于担当进取，在发展中做出无愧于组织和群众的业绩。

治邦不能失信于民

【原文】

上厉精求治，数引魏徵入卧内，访以得失；徵知无不言，上皆欣然嘉纳。上遣使点兵，封德彝奏："中男虽未十八，其躯干壮大者，亦可并点。"上从之。敕出，魏徵固执以为不可，不肯署敕，至于数四。上怒，召而让之曰："中男壮大者，乃奸民诈妄以避征役，取之何害，而卿固执至此！"对曰："夫兵在御之得其道，不在众多。陛下取其壮健，以道御之，足以无敌于天下，何必多取细弱以增虚数乎！且陛下每云：'吾以诚信御天下，欲使臣民皆无欺诈。'今即位未几，失信者数矣！"上愕然曰："朕何为失信？"对曰："陛下初即位，下诏云：'逋负官物，悉令蠲免。'有司以为负秦府国司者，非官物，徵督如故。陛下以秦王升为天子，国司之物，非官物而何！又曰：'关中免二年租调，关外给复一年。'既而继有敕云：'已役已输者，以来年为始。'散还之后，方复更征，百姓固已不能无怪。今既征得物，复点为兵，何谓以来年为始乎！又陛下所与共治天下者在于守宰，居常简阅，咸以委之；至于点兵，独疑其诈，岂所谓以诚信为治乎！"上悦曰："向者朕以卿固执，疑卿不达政事，今卿论国家大体，诚尽其精要。夫号令不信，则民不知所从，天下何由而治乎！朕过深矣！"乃不点中男，赐徵金瓮一。

唐太宗李世民多次让魏徵进入卧室，询问政治得失。魏徵知无不言，太宗均予采纳。一次，太宗因征兵年龄一事遭到魏徵反对。封德彝认为不足十八岁但身体魁梧的中男也可以一并征发，得到李世民认可。但魏徵加以反对，不肯签署。往返四次后，太宗大怒，将魏徵召入宫中，责备道："魁梧壮实的中男，大多是虚报年龄逃避徭役的人，征召有什么害处，你为什么如此固执！"魏徵回答："军队强弱，在于治理得法，而不在人数，何必多征年幼之人以增加虚数呢！而且陛下总说：'朕以诚信治理天下，欲使百姓没有欺诈行为。'现在陛下即位没多久，却已经多次失信了!”李世民追问自己有何失信行为。魏徵说:“陛下刚即位时下诏‘百姓拖欠官家的财物,一律免除’,但有关部门仍在向百姓索取他们曾拖欠秦王府国司的财物。陛下由秦王升为天子,秦王府国司的财物难道不是官家之物?至于征点兵员,陛下唯独怀疑他们使诈,这难道是以诚信为治国之道吗?”李世民听后非但未生气,反而高兴地说:“以前朕认为你比较固执,怀疑你不通达政务,现在看到你议论国家大政方针,确实都切中要害。朝廷政令不讲信用,则百姓不知所从,国家如何能得到治理呢?”于是赐给魏徵一只金瓮。

古人云:“言而无信,不知其可也。”历史上既有“黄金百斤,不如得季布一诺”的正面典范,也有“为使褒姒一笑,烽火戏诸侯而亡国”的深刻教训。诚信问题,于私是每一个人立身处世的必备操守,于公则是执政党取信于民的执政基础。于个人而言,信者令也,群体是基于对组织者的信任度来决定是否遵从其令的。凝聚人心干大事,靠的就是诚信。信任的效力远大于权力的威慑。领导者对内对下的威信,如果仅靠权力,那只能治其身;只有靠才能、信用,才能增强下属的向心力,形成强大的凝聚力。对党和国家来说,党和政府的威信,离不开群众的信任和支持。有人说:“千百次的守信,方能换来信任。”失信却如浪淘沙,一次失守,就会给群众留下“放空炮”的印象,最终陷入“塔西佗陷阱”。

人无信不立,业无信难兴,政无信必颓。当下不乏某些地方政府、一些领导干部,处理百姓问题时缺乏真心,能耗则耗、能赖则赖,最终非但不能解决问题,反而激化矛盾、引发不满,甚至酿成群体事件,导致政府威信耗散。须知一个领导干部,面对群众、处理政事,绝不能耍“嘴皮子”、摆“花架子”,必须念“民之所忧”、行“民之所盼”,言出必行、起而行之。只有这样才能汇聚民力、凝聚民心,开创事业发展新局面。

集众智成就大事业

◆ ◆ ◆

【原文】

上闻景州录事参军张玄素名，召见，问以政道，对曰："隋主好自专庶务，不任群臣；群臣恐惧，唯知禀受奉行而已，莫之敢违。以一人之智决天下之务，借使得失相半，乖谬已多，下谀上蔽，不亡何待！陛下诚能谨择群臣而分任以事，高拱穆清而考其成败以施刑赏，何忧不治！又，臣观隋末乱离，其欲争天下者不过十余人而已，其余皆保乡党、全妻子，以待有道而归之耳。乃知百姓好乱者亦鲜，但人主不能安之耳。"上善其言，擢为侍御史。

唐太宗李世民听人说景州录事参军张玄素不错，便召他进宫，问他为政之道，张玄素答道："隋朝皇帝好独揽各种政务，而不委任给群臣；群臣内心恐惧，只能秉承旨意执行，没人敢违命不遵。然而，以一个人的智力决断天下事务，即使得失参半，失误之处已属不少，加上臣下谄谀，皇上受蒙蔽，国家不灭亡更待何时！陛下如能慎择群臣，让他们各司其职，自己高拱安坐、清和静穆，考察臣下的成败得失，据以实施刑罚赏赐，何愁国家治理不好！而且，据我观察，隋末大动乱，起兵欲争夺天下的不过十几人，其余大部分都是出于自保，等待有道之君而归附。可见，百姓很少有好作乱的，只是做皇帝的不能使他们安定罢了。"

孙中山先生曾经讲过："政就是众人之事，治就是管理，管理众人之事便是政治。"搞好政治，必须依靠众人之智，所谓"乘众人之智，则无不任也；用众人之力，则无不胜也"。张玄素历经隋、唐两朝，看出了导致杨广败亡的用人谬误。古代封建帝王体制可谓"家天下"，但"家天下"绝不能靠"一人治理"。任何领导者，都无法做到事事亲力亲为。领导者居上，一旦大权独揽、不信任下属，则治理失败是必然结局。一个优秀的领导者，必须分清自己干与众人干的区别。自己做，是匹夫之勇；大家做，才是领导能力。一个人本事再大，所做的事情也是有限的，充其量成为一员猛将；众人干，则事业力量磅礴无穷，领头者就是一名帅才。领导者的价值不在于自己有多能干，而在于能聚集多少能干的人。作为领导者，想要成就一番大事业，必须以“天下英雄入吾彀中”的气度聚集能人，用鼓舞人心的事业吸引人、用实现抱负的平台成就人、用你追我赶的态势激发人，让能干事、会干事、干成事者得褒奖、有实惠、受重用，让不想为、不会为、不敢为者有所警醒、感到紧迫、受到鞭策，以“制度有为”实现“事业有为”，努力形成群贤毕至、群星闪耀的整体效应。

避免庸碌式勤奋

【原文】

岭南酋长冯盎、谈殿等迭相攻击，久未入朝，诸州奏称盎反，前后以十数；上命将军蔺謩等发江、岭数十州兵讨之。魏徵谏曰：“中国初定，岭南瘴疠险远，不可以宿大兵。且盎反状未成，未宜动众。”上曰：“告者道路不绝，何云反状未成？”对曰：“盎若反，必分兵据险，攻掠州县。今告者已数年，而兵不出境，此不反明矣。诸州既疑其反，陛下又不遣使镇抚，彼畏死，故不敢入朝。若遣信臣示以至诚，彼喜于免祸，可不烦兵而服。”上乃罢兵。冬，十月，乙酉，遣员外散骑侍郎李公掩持节慰谕之，盎遣其子智戴随使者入朝。上曰：“魏徵令我发一介之使，而岭表遂安，胜十万之师，不可不赏。”赐徵绢五百匹。

唐太宗时，岭南地区部落首领冯盎、谈殿等互相争斗，很久没有入朝敬拜。各地州府多次奏称冯盎意图谋反，李世民准备派兵马大举讨伐。魏徵表示反对，他认为，一来中原刚平定，岭南路途遥远、地势险恶，不可以驻扎大部队；二来冯盎反叛情状未成，不宜兴师动众。李世民反问：“称冯盎谋反的奏章络绎不绝，你怎么说他没有反叛呢？”魏徵回答：“如果冯盎反叛，一定已经占据了险要之地、攻掠了邻近州县。现在告他谋反已有几年，而冯盎的兵马根本没有出境，显然没有反叛迹象。我认为，因为各州府怀疑冯盎谋反，陛下又不派人安抚，也不表态，冯氏怕死，所以不敢来朝。”于是，李世民下令收兵，并派官员慰问冯盎，冯盎让他的儿子随返朝廷。事后，李世民说：“魏徵让我派遣一个使者，岭南就得以安定，胜过十万大军。”遂赐给魏徵绢帛五百匹。

领导者的决策，关乎众多百姓的切身利益和一个地方的发展大局。一个地方能否在激烈的竞争中脱颖而出，相当程度上取决于地方领导的决策水平，依赖于主政领导能否准确把握和充分发挥地方比较优势、形成发展胜势。透视本质、把握逻辑、洞见真相的能力，是领导能力的重要方面，也是科学决断的基本前提。思路清晰、策略得当，就能出招准、收效好；如果情况不明决心大、心中无数办法多，抓不住重点和关键，盲目出招，只会越做越糟。现实中，一些干部看似“兵来将挡、水来土掩”，反应很快、行动迅速，“打地鼠”般忙个不停，但所抓工作往往收效甚微，甚至事与愿违，根本症结就在于其有激情少才情、有动力少智力，以做事的勤快掩盖思想的懒惰，最终沦为“庸碌勤奋者”。

作为领导者，切忌情况不明、妄下结论、盲目决策，必须通过及时的沟通、广泛的调研，掌握各个方面的信息，了解事情的前因后果，综合分析，去粗取精、去伪存真，才不至于“一叶障目”，才能做出可靠的决策。要成为真正高明的领导者，只有在对各类情况精准把握的基础上，进行综合分析判断，善用智慧谋事，选最优路径做事，最终才能顺利成事。

齐威王奖功罚罪

【原文】

齐威王召即墨大夫，语之曰：“自子之居即墨也，毁言日至。然吾使人视即墨，田野辟，人民给，官无事，东方以宁；是子不事吾左右以求助也！”封之万家。召阿大夫，语之曰：“自子守阿，誉言日至。吾使人视阿，田野不辟，人民贫馁。昔日赵攻鄄，子不救；卫取薛陵，子不知；是子厚币事吾左右以求誉也！”是日，烹阿大夫及左右尝誉者。于是群臣耸惧，莫敢饰诈，务尽其情，齐国大治，强于天下。

这则无一赘字的精短故事，生动刻画出两位施政风格迥异的地方官的形象：一位是即墨大夫。此君上任后专一任事，治下田野荒地都被开垦，人民丰衣足食，官府案无积牍，齐国东部因而安定祥和。可这位政绩昭然的能臣有一“短板”——不善对上巴结。齐威王身边的近侍得不到“孝敬”，经常说他的坏话，飞短流长之下“毁言日至”，差评不断。另一位是阿大夫。此公镇守阿地，治理乏善可陈，治下田地荒芜不耕，百姓挨饥受饿。赵国攻打鄄地，他见而不救；卫国攻取薛陵，他竟一无所知。可这位治理无方的庸臣有一“强项”——善于对上逢迎，他用重金贿赂齐威王身边的人并引为奥援，歌功颂德之下“誉言日至”，好评如潮。

幸亏齐威王耳根子不软，没有被身边近臣的毁言誉言蒙蔽忽悠。在召见两位大夫前，他做足一番功课，专门派人前去实地巡视。真伪缘由水落石出之后，齐威王的处置方案赏罚分明，杀伐果断：封赐即墨大夫享万户俸禄，下令烹死阿大夫及曾替他说好话的左右近臣。从那以后，臣僚们一个个悚然惕惧，再也不敢投机取巧、粉饰太平，而是尽忠职守，三军用命，齐国因此大治，成为当时的天下强国。

治乱世用重典。齐威王整肃内政的雷霆手段和领导功力，于此可窥一斑，也给后人留下了诸多震撼和启迪：欲明真相，须察实情。俗话云，耳听为虚，眼见为实。判断事情真伪，离不开第一手材料，评价干部优劣，少不了拥有确切信息，这些都需要在听和看上下一番真功夫。听身边人的意见固然轻松，但这些意见难免与事实有出入，甚至大相径庭，还应深入实地调查核实，多听社会舆论和群众公论。这实质上体现了一种极为宝贵的领导素质——探究人事真相的洞察力。主政一方，务实为本。自古及今，欲成就一番事业，无不需要实干打底。阿大夫以为买通国君身边人，为自己撑起“保护伞”，便可高枕无忧甚至仕途通达，殊不知，图虚名必招实祸，尸位素餐貌似聪明，反算了卿卿性命。个中惨痛教训，值得每位从政者警省。考绩核能，注重结果；考察干部，优点缺点往往众说纷纭，莫衷一是。如何甄别？孟子有言：“左右皆曰贤，未可也；诸大夫皆曰贤，未可也；国人皆曰贤，然后察之；见贤焉，然后用之。”一个“察”字道出真谛，即不仅要重视群众的评价，还要看干部怎么做、做成了什么，从中审视干部的德、能、勤、绩、廉。唯此，才不会埋没那些“只会干事不会来事，注重实际不尚交际”的优秀干部。齐威王的高明之处恰在于此。赏罚必信，导向鲜明。赏罚者，邦之利器，不可不用，否则，有功不赏、有过不惩，干好干孬一个样，再好的制度也会形同虚设；不可错用，否则，搞平衡照顾，轮流坐庄，甚至“年初撒个谎、年终得个奖、来年提个长”，赏罚颠倒就会人心涣散，让干实事的干部寒心；必须真用，大力褒奖、任用那些有本事、敢担当、善作为的干部，严厉惩处那些沽名钓誉、弄虚作假、贪赃枉法的干部，让“凭实绩说话”成为鲜明的风向标。

石敬瑭的韬光养晦

【原文】

泰宁节度使桑维翰知重荣已蓄奸谋，又虑朝廷重违其意，密上疏曰：“陛下免于晋阳之难而有天下，皆契丹之功也，不可负之。今重荣恃勇轻敌，吐浑假手报仇，皆非国家之利，不可听也。臣窃观契丹数年以来，士马精强，吞噬四邻，战必胜，攻必取，割中国之土地，收中国之器械；其君智勇过人，其臣上下辑睦，牛马蕃息，国无天灾，此未可与为敌也。且中国新败，士气凋沮，以当契丹乘胜之威，其势相去甚远。又，和亲既绝，则当发兵守塞，兵少则不足以待寇，兵多则馈运无以继之。我出则彼归，我归则彼至，臣恐禁卫之士疲于奔命，镇、定之地无复遗民。今天下粗安，疮痍未复，府库虚竭，蒸民困弊，静而守之，犹惧不济，其可妄动乎！契丹与国家恩义非轻，信誓甚著，彼无间隙而自启衅端，就使克之，后患愈重；万一不克，大事去矣。议者以岁输缯帛谓之耗蠹，有所卑逊谓之屈辱。殊不知兵连而不休，祸结而不解，财力将匮，耗蠹孰甚焉！用兵则武吏功臣过求姑息，边藩远郡得以骄矜，下陵上替，屈辱孰大焉！臣愿陛下训农习战，养兵息民，俟国无内忧，民有余力，然后观衅而动，则动必有成矣。又，邺都富盛，国家藩屏，今主帅赴阙，军府无人，臣窃思慢藏诲盗之言，勇夫重闭之义，乞陛下略加巡幸，以杜奸谋。”帝谓使者曰：“朕比日以来，烦懑不决，今见卿奏，如醉醒矣，卿勿以为忧。”

后晋帝石敬瑭靠称“子”取得契丹贵族的支持，灭后唐建后晋，颇受时人争议、诟病，其在位第六年时，国内稍安、民力渐复，成德节度使安重荣耻于朝廷向契丹称臣，多次挑衅契丹，并上表朝廷拟出兵北伐。一边是地方大员不甘受辱、军心所向，另一边又迫于契丹国力强大，恐妄动干戈遭遇不测。就在石敬瑭犹豫不决之际，泰宁节度使桑维翰秘密上疏，从道德、军事、百姓、藩镇割据等角度痛陈利害关系，并劝谏石敬瑭训劝农耕，习练军战，养备兵众，使人民休养生息，等到国家没有内忧，民众有了余力，再看形势而动，做到动必有成。石敬瑭看后“如醉方醒”，力排众议，其在位期间未与契丹发生过嫌隙，所供奉的金帛“不过数县租赋，往往托以民困，不能满数”，后晋的社会经济有了较大程度的发展。

《庄子》云：“水之积也不厚，则其负大舟也无力。”任何事物的发展和变化都是量变到质变的过程，国家的综合实力不是一朝一夕就能出现奇迹瞬间提升的，而是需要穷几代人之力，筚路蓝缕、披荆斩棘，一步一个脚印发展起来的。桑维翰深谙此道，晓得后晋的实力根本不足以与契丹抗衡，而安重荣逞匹夫之勇、斗一时之气，最后必被打得头破血流，使后晋民不聊生。唯有委曲求全，不断积蓄力量，待时机成熟后方可伺机而动，与之一战。这种以“厚”发来制人的战略思维、蓄势之道，在历史上经常可以看到。汉朝自刘邦就开始谋划削藩，先后灭掉六个异姓王；汉文帝再接再厉，采用“众建诸侯而少其力”的策略，把拥有七十座城池的齐国分为七个国家；汉景帝平定七国之乱，收回诸侯王官吏任免、征收赋税、治理封国的核心权力；最后待到时机成熟，汉武帝颁布推恩令，彻底解决了诸侯割据的问题，倘若没有这七十七年多个帝王的努力，汉武帝的推恩令会有诸侯听从吗？

历史实践证明，管理者做决策判断时，当慎之又慎，时刻秉持长远的眼见格局，进退有据，特别是在敌强我弱的阶段，更要保持战略定力，卧薪尝胆、隐居待时，以时间换空间，待厚积成势后借机而发。当然，韬光养晦不是忍让怕事，脱离实际、逞一时之勇固不可取，胆小畏缩、过分忍让也不足称道，关键在于审时度势。正所谓“观衅而动，则动必有成”，管理者切忌随心所欲、盲目决策，须在权衡利弊中趋利避害，在认清复杂形势中感知风险，在预判变化趋势中把握规律，在洞悉发展态势中果断作为，如此方能在“把弓拉满”时“该出手时就出手”。

赋役制度的“改”与“革”

【原文】

己丑，金部郎中张铸奏：“窃见乡村浮户，非不勤稼穑，非不乐安居，但以种木未盈十年，垦田未及三顷，似成生业，已为县司收供徭役，责之重赋，威以严刑，故不免捐功舍业，更思他适。乞自今民垦田及五顷以上，三年外乃听县司徭役。”从之。

后晋金部郎中张铸直言劝谏后晋帝石敬瑭，说自己看到乡村中那些没有定籍的浮户，并非不愿意勤劳耕种、安居乐业，只是因为他们种树还不到十年，垦田也不足三顷，刚到满足生计的时候，就会被县司收走林田，被要求服徭役、缴纳重赋，最后只能舍弃生业、另谋出路。张铸希望石敬瑭能够体恤爱民，在赋役政策中限定“民垦田及五顷以上，三年外乃听县司徭役”，石敬瑭深以为然。此事发生在五代时期，战争纷乱、民生凋敝，重役是当时社会的一个缩影。《新五代史》载，“自陕以西，民运斗粟束刍，其费数千，人不堪命，道路愁苦”，一直以来推行的赋役政策已经导致了无人耕种的负效果。后晋帝清醒地认识到问题所在，及时对政策进行了调整，让百姓获得休养、土地得到开垦，一定程度上反映了上位者能够呼应民声、与时俱进的改革态度。

《增广贤文》曰：“闭眼难看三春景，出水方显两腿泥。”一项法令的出台，成于行文，却无止境，管理者不可拘泥陈规、一成不变。当经过时间的积淀、基层的实践，发现此举行不通甚至弊大于利时，上位者须懂得识时通变，避免用静止的眼光看待问题，在充分把握因果变化的内在逻辑的基础上立行立改、修订完善，倘若抱着老祖宗的陈规思想僵化、不思进取，终将耽误发展、失去民心。历史上像这样的赋役改革比比皆是，汉文帝善用黄老“无为而治”的政治主张，轻徭薄赋；北魏孝文帝开创均田制；盛唐推行租庸调制，规定了役期的最高天数；北宋王安石实行募役法；明朝张居正推行“一条鞭法”；清朝雍正帝实施“摊丁入亩”；等等。这些制度设计均能够起到与民休息、减轻百姓负担的作用，使经济和社会在短时间内得到较大的恢复和发展。

然而，这样的修补性改革只能管住一时，“盛世”之后便会逐步失效，很快又陷入新的“楼塌盖楼”的循环之中，此为黄宗羲之所谓“积累莫返之害”。究其原因，封建时期的赋役改革，均旨在调和中央与地方、官府与百姓间的利益冲突，“换汤不换药”，未能触及国家制度的根本。诚如马克思所言，一种社会形态已经变得落后腐朽的时候，生产关系严重不适应生产力的发展，甚至束缚了生产力的发展，于是，上层建筑与生产力发展要求变革生产关系之间，就形成了尖锐的对抗，这时就必须通过社会革命，对原上层建筑加以根本变革。“改革”二字，有“改”也有“革”，“改”是既定框架下的“小修小补”，“革”则是突破体制框架的“大刀阔斧”，改革既有修复性的改善，也有颠覆性的变革。中华人民共和国成立后，建立了社会主义制度，国家与农民、城市与农村的关系发生了根本性的变革，故而即便全面取消农业税，也不可能再陷入黄宗羲所言的历史循环之中。

作为领导干部，理应懂得“改”与“革”的微妙差别，既当敏锐敏捷，及时优化完善顶层设计中薄弱的那一环，又当有“刀刃向内”的勇气，在出现“积累莫返之害”时，抓住症结所在，打破制度藩篱，以改革的主动赢得发展的先机。

心系苍生的李义

◆

【原文】

是岁，上遣使者分道诣江、淮赎生。中书舍人房子李义上疏谏曰："江南乡人采捕为业，鱼鳖之利，黎元所资。虽云雨之私有沾于末利；而生成之惠未洽于平人。何则？江湖之饶，生育无限；府库之用，支供易殚。费之若少，则所济何成！用之傥多，则常支有阙。在其拯物，岂若忧人！且鬻生之徒，惟利是视，钱刀日至，网罟年滋，施之一朝，营之百倍。未若回救赎之钱物，减贫无之徭赋，活国爱人，其福胜彼。"

作为被中国历史上唯一的女皇帝武则天废黜流放的皇帝，唐中宗李显在一批忠于大唐的臣子们的拥戴下重登大位，苦尽甘来，更深切体会到国以民为本、得民心得天下的道理。因此，他复位后也想为百姓办点好事，便派了宦官到江淮地区放生为百姓祈福，也为自己赎罪，但百姓生活困苦现状依旧。中书舍人房子县李义上疏劝谏，说："陛下的出发点不错，但是您既不了解江淮地区实情，也不了解人心的本质。首先，您的这个政策对那些靠贩卖为业的商人是有利的，但是大批务农的百姓仍无法享受到您的阳光雨露；其次，人心都是追逐眼前利益的，您前脚刚放下去的鱼鳖，后脚就会被人捕捉，然后卖给商人，商人再卖给陛下来套取您的专款，您投放的资金愈多，捕鱼贩卖的频率就愈高，资金是有限的，但是捕鱼发财的欲望是无限的，结果会导致即使用尽国库，大批务农做工的百姓依然一贫如洗。"最后李义给皇帝出了个主意："未若回救赎之钱物，减贫无之徭赋，活国爱人，其福胜彼。"就是说，不如收回放生的资金，改为实行减轻田赋和徭役的政策，让那些老实种地做工的百姓既有精力种地，也实实在在得到种田的好处，这样百姓才能安居乐业，国家才会长治久安。

尽管这个故事发生在一千多年前的唐代，但其中蕴含的执政为民的道理是超越时空的。出台什么样的为民政策，这些政策能否精准实施，让广大百姓真正得到实惠，可谓检验领导干部是否勤政为民的试金石。这就要求领导干部除了要具备“民之所忧，我必念之”的仁心外，更需要具备“民之所盼，我必行之”的执行力。从政者要抽出更多的时间精力放在调查研究民意民情上，在掌握实情、深谙人情的基础上制定和实施公共政策，做到既不让蛮横耍奸者得利，也不让遵纪守法者吃亏。假如不注重调查研究，不知道百姓的痛点、堵点、难点，花费大量的财政资金搞些花里胡哨的政绩工程，也许能够取悦上司而升迁，却损害了政府在百姓心中的威信。因此，为民办事要讲究精准，要办到根上。

无为而治的唐睿宗

【原文】

上召天台山道士司马承祯，问以阴阳数术，对曰：“道者，损之又损，以至于无为，安肯劳心以学术数乎！”上曰：“理身无为则高矣，如理国何？”对曰：“国犹身也，顺物自然而心无所私，则天下理矣。”上叹曰：“广成之言，无以过也。”承祯固请还山，上许之。

一天，唐睿宗召见天台山道士司马承祯，向他请教阴阳八卦、命运天数方面的知识。司马承祯回答：“人们所谈论的道，大概是损之又损，以至于无为的境界吧。我是不会劳神费力去思考研究阴阳定数之类的玄妙问题的。”唐睿宗追问道：“对于休养身心来说，无为是最高境界，那么治国理政的最高境界又是什么呢？”司马承祯回答：“治理国家和修身养性是一个道理，假如能够顺应自然而心中没有私心杂念，那么国家大概就可以达到大治的最高境界了。”唐睿宗听了之后连连赞叹：“广成子所说的话，没有什么能够超越。”司马承祯说完后请求返回天台山，唐睿宗答应了他。

一段唐睿宗李旦与山中道士司马承祯的富有禅味的问答，能够被史学家司马光记载在史册中，绝非偶然，大概是有政治深意的。也许司马光是以借喻的手法提醒当今的皇帝，在竭力推动改革发展、增强国力、显示有为气魄的同时，也要冷静思考、控制发展的节奏，充分考量财力和百姓的承受程度。君不见，历史上秦始皇、隋炀帝，都是具有强烈意志、在短期内不断推动改革发展、政绩斐然的雄才大略之主，均开疆拓土、大搞标志性工程，终日忙碌在工作岗位上，可结局是秦朝二世而亡，隋朝也是短命归唐。这样的历史悲剧怎能不让唐睿宗感叹？他也许不像祖父唐太宗和母亲武则天那样有强烈干事冲动的气质和魄力，所以史书上也没有过多赞扬他的文字记载，但他在短暂的执政期间能够审时度势，克制自己过度有为的欲望，维持与妹妹太平公主集团不过早破裂的局面，顺应时势地将皇位禅让给他的儿子李隆基，让后者成就“开元盛世”的伟大功绩，证明他绝对是一个精通无为而治的明白人，他死后得到“睿宗”这个庙号也是名副其实。以史为鉴，为政者既要勇于改革、攻坚克难，也要统筹协调、蹄疾步稳；既要有“功成必定有我”的担当，也要有“功成不必在我”的定力；不仅仅要追求经济总量增加、城市快速更新等显性政绩，更要追求百姓生活幸福、生态环境优美等隐性政绩，做到既“有为”又“无为”，将发展速度、改革力度和社会承受度结合起来，做出经得起历史和人民检验的成绩。

为政之道重在改革时弊

【原文】

中宗以来，贵戚争营佛寺，奏度人为僧，兼以伪妄；富户强丁多削发以避徭役，所在充满。姚崇上言：“佛图澄不能存赵，鸠摩罗什不能存秦，齐襄、梁武，未免祸殃。但使苍生安乐，即是福身；何用妄度奸人，使坏正法！”上从之。丙寅，命有司沙汰天下僧尼，以伪妄还俗者万二千余人。

唐中宗登基以来，社会上有钱有地位的人纷纷建造寺庙，大批成年男子争相削发当和尚，以此逃避税收和服兵役，这种不良风气严重影响到国家的财政赋税和征兵服役，良好的社会秩序受到严重冲击。姚崇立即向唐玄宗谏言：“如果广建寺庙能够祈福保佑的话，那么魏晋的佛图澄就能保佑后赵国运长久，鸠摩罗什也就能使后秦不致亡国，齐襄帝、梁武帝也就不会国破家亡了。可见真正实现天下安定，关键在于君王要把精力、财力用在善待百姓上，让他们安居乐业才行，怎么能纵容奸邪之人剃发为僧来破坏国家的法令呢?”唐玄宗立即采纳姚崇的建议，命令有关部门甄别淘汰一批弄虚作假的和尚，还俗人数超过一万两千人。

《尚书》曰：“天视自我民视，天听自我民听。”意思是天意就是民意，君主要遵从百姓的意志办事。一代名相姚崇熟读儒家经典，深知民为邦本，他不怕得罪权贵和利益集团，敢于直言进谏，推动唐玄宗破除将钱物耗费在建造寺庙上的时弊，体现了股肱之臣的责任担当。明代万历初期的首辅张居正面对嘉靖以来权贵侵夺百姓田产、官员乱政懒政导致国库空虚、民不聊生的危局，毅然向利益集团开刀，推行“一条鞭法”丈量土地，实行考成法整顿吏治，十年磨一剑，开创民富国强、天下太平的“万历新政”。他以“苟利社稷，死生以之”为座右铭，虽知改革会得罪权贵遭到身后清算而无悔，让人潸然泪下。为政之道重在兴利除弊，造福百姓。从政为官者要胸怀“国之大者”，眼观八方实情，倾听百姓心声，敢于同损害国家、百姓的长远、切身利益的言行做斗争，勇于开拓创新，做到“为天地立心，为生民立命”，多做打基础、利长远的惠民利民之事，彰显“民之所盼，政之所向”的优良作风。

以德服人的陆象先

【原文】

蒲州刺史陆象先政尚宽简，吏民有罪，多晓谕遣之。州录事言于象先曰：“明公不施棰挞，何以示威!”象先曰：“人情不远，此属岂不解吾言邪！必欲棰挞以示威，当从汝始!”录事惭而退。象先尝谓人曰：“天下本无事，但庸人扰之耳。苟清其源，何忧不治!”

蒲州刺史陆象先年轻时很有才华度量，为政崇尚宽缓简约，对治下有过失的官吏和百姓，多当面好言劝诫，然后遣还。蒲州录事对陆象先说：“明公不用刑罚，那以什么来树立权威呢？”陆象先回答：“人心相通，难道犯了错误的人就不理解我的话吗？如果你一定要我用刑杖来树立权威的话，那就从你开始！”录事听了十分惭愧，赶忙退下。陆象先曾对人说：“天下本无事，庸人自扰之。为政若能正本清源，何忧天下不治！”

人性是善还是恶？治国靠法律还是用道德？这些问题是先秦诸子百家争论不休的焦点：法家认为人性是恶的，主张君王要运用权术和法律来树立权威，要让百姓知道哪些是必须做的，哪些是不能做的，做得好就奖励，做得不好就严厉惩处；儒家认为人性是善的，反对严刑峻法，主张“己所不欲勿施于人”，推己及人，通过教育的方式让百姓形成廉耻观念，对百姓实行德治；道家既不赞同法治，也不主张德治，而是主张“道法自然”“无为而治”。自从汉武帝采纳董仲舒“罢黜百家，独尊儒术”的建议后，儒家思想就成为统治阶级推行的主流治国理念。这一理念主张宽刑简政，除了那些罪大恶极的人必须用法律严惩以外，对大多数百姓应进行耐心教育，给他们改正悔过的机会。唐代陆象先说：“为政者理则可矣，何必严刑树威？损人益己，恐非仁恕之道。”明代思想家王阳明认为，人人心里都有良知，只要自己不断反思与实践，就能成为圣人。王阳明将自己的核心思想精简为四句话，即著名的“四句教”：“无善无恶心之体，有善有恶意之动，知善知恶是良知，为善去恶是格物。”他担任巡抚去闽、粤、赣三省交界处的山区剿匪，抓到一个顽固的土匪头子，命令手下扒掉他的衣服，那个土匪立即说：“杀了我吧，不要脱我的衣服。”王阳明大声喝道：“你也是有良知的！”土匪头子立即表示悔罪，叛乱很快得以平定。同时，王阳明多管齐下，一方面惩治贪官污吏，轻徭薄赋，善待百姓；另一方面广建书院，对百姓进行教化，用博大的心学将盗匪遍地的闽赣地区治理成井然有序的首善之地。

可见，想要做出一番利国利民的大事业，必须明白“没有本事干不了、没有奋斗干不成、没有文化干不大、没有人格干不长”的施政要义，加强学习，淬炼自我，锻造品格，坚持依法治国与以德治国相统一的原则，在处理涉及动迁、环保、安全等群体性事件时慎用政法力量进行压制处罚，多带着将心比心的感情进行交流对话，只要坚持公正、透明、利民的原则耐心解释劝导，一定会得到绝大多数群众的理解支持，收到事半功倍的效果。

不慕虚无的姚崇

【原文】

丁未，梁文献公姚崇薨，遗令："佛以清净慈悲为本，而愚者写经造像，冀以求福。昔周、齐分据天下，周则毁经像而修甲兵，齐则崇塔庙而驰刑政，一朝合战，齐灭周兴。近者诸武、诸韦，造寺度人，不可胜纪，无救族诛。汝曹勿效儿女子终身不寤，追荐冥福！道士见僧获利，效其所为，尤不可延之于家。当永为后法！"

唐玄宗开元九年（721年）九月初三，梁文献公姚崇去世，一代名相临终给家人留下遗嘱："佛教以清净慈悲为本，愚昧的人却希望通过抄写经文、建造佛像以求得来世的福运。过去北齐与北周两国对峙时，北周毁掉经书佛像，把精力财力用来武装军队和训练士兵，北齐却不注重刑罚和政务，大量建造佛寺，结果北齐灭亡，北周勃兴。近代的武氏、韦氏家族花费巨资建造的寺庙鳞次栉比，但终究挽救不了他们的灭亡。"姚崇最后告诫子女："汝曹勿效儿女子终身不寤，追荐冥福！道士见僧获利，效其所为，尤不可延之于家。当永为后法！"让子女将死后不请和尚道士来念经超度作为家训牢记遵守。

《论语》记载了一段孔子与子路关于生死的对话："季路问事鬼神。子曰：'未能事人，焉能事鬼？'曰：'敢问死。'曰：'未知生，焉知死？'"孔子告诉子路，连活人都没有伺候好，怎么能侍奉鬼神？连生的道理都没搞明白，怎么知道死呢？孔子主张要敬人事、远鬼神，不慕虚无。这个思想成为熟读儒家经典的姚崇恪守的人生准则。历史发展告诉人们，君子往往把精力放在明道救世、实干兴邦的事业上，小人却把精力放在烧香拜佛上；强盛的国家把财力用在改善民生、泽被后世的善政上，而将灭之国的统治者虽耗资修建寺庙祈求回天之术，却只能加速政权的垮台。清末中兴功臣曾国藩在为父母守孝期间严厉批评夫人和弟媳烧香拜佛的行为，恪守禁止和尚道士到家做法事的祖训。周总理和邓小平同志把一生献给共产主义事业，活着的时候全心全意为人民服务，去世后骨灰被撒在祖国大地上，和祖国人民永远在一起，做一个彻底的无神论者。反观少数党员干部，他们不信马列信鬼神，不把精力放在改善民生、推动发展上，反而大肆买官卖官、贪污受贿，热衷于请大师看风水、“烧头香”，甚至花费巨资侵占耕地建豪华祖坟，最终都逃脱不了党纪国法的惩处。著名诗人臧克家写道：“有的人活着，他已经死了；有的人死了，他还活着。”党员干部要坚定信仰，做明道救世、不慕虚无的人民公仆。

敢出实招的张说

◆ ◆ ◆

【原文】

先是，缘边戍兵常六十余万，说以时无强寇，奏罢二十余万使还农。上以为疑，说曰：“臣久在疆场，具知其情，将帅苟以自卫及役使营私而已。若御敌制胜，不必多拥冗卒以妨农务。陛下若以为疑，臣请以阖门百口保之。”上乃从之。

初，诸卫府兵，自成丁从军，六十而免，其家又不免杂徭，浸以贫弱，逃亡略尽，百姓苦之。张说建议，请召募壮士充宿卫，不问色役，优为之制；逋逃者必争出应募；上从之。旬日，得精兵十三万，分隶诸卫，更番上下。兵农之分，从此始矣。

唐朝继承西魏、后周、隋朝的府兵制度，实行兵农合一，规定每个年满十八周岁的男子都要当兵戍边，还要交税，直到六十岁才可以退役。唐玄宗时期，国家还维持着六十多万的边防士兵，宰相张说上书建议削减二十余万，让这些士兵回家务农，唐玄宗对此犹豫不决。张说信心满满地告诉皇帝，他因为久在边疆，对那里的情况很熟悉，那些将军控制这么多士兵不过是驱使他们为自己办私事谋利，既耗费大量军费，又耽误农活。张说认为，只要安排得当，完全可以裁减多余的士兵，也能固守边防，他愿以全家几百口人的性命做担保。唐玄宗于是听从了他的建议。

张说进一步向皇帝说明兵农合一制度的弊端，指出在这样的制度下，士兵既要当兵又要务农，负担太重，很多人不堪重负纷纷逃亡。他认为，应该实行兵农分开制度，国家挑选身体素质好的壮丁充实边防军，规定凡是戍边士兵免除一切劳役，同时给以丰厚的军饷，这样逃亡的士兵一定会被吸引从军，安心戍边。唐玄宗采纳了张说将“府兵制”改为“募兵制”的建议。

施政之道重在察实情、说实话、出实招，尤其是在国家面临重大挑战的关键时刻，是挺身而出还是明哲保身能反映一个人的品格气节。秦孝公任用商鞅进行变法，商鞅奖励百姓耕战、褫夺权贵爵位，使衰弱的秦国一举成为强盛的国家，而他本人因得罪权贵被车裂；在蜀汉刘备大军接连胜利、东吴大厦将倾的危急关头，东吴大臣诸葛瑾挺身而出，极力向孙权推荐资历尚浅的青年才俊陆逊担任大都督，多数大臣表示反对，孙权也举棋不定，诸葛瑾毅然立下军令状，表示如果不能取胜，请斩全家，这使孙权下定决心，最终陆逊率军取得火烧连营八百里的巨大胜利。清代思想家顾炎武在写给身居大学士之位的外甥徐元文的信中说：“必有体国经野之心，而后可以登山临水；必有济世安民之识，而后可以考古论今。”为官者须信守经世致用、实干兴邦的理念，扛起国家民族利益至上的责任，勇于谏言、敢于斗争，不怕得罪人，多出兴民利、解民忧的实招，这样的实干型干部多了，国家才能长治，民族才能富强。

忠言之相与顺言之相

【原文】

甲寅，以休为黄门侍郎，同平章事。休为人峭直，不干荣利；及为相，甚允时望。始，嵩以休恬和，谓其易制，故引之。及与共事，休守正不阿，嵩渐恶之。宋璟叹曰："不意韩休乃能如是！"上或宫中宴乐及后苑游猎，小有过差，辄谓左右曰："韩休知否？"言终，谏疏已至。上尝临镜默然不乐，左右曰："韩休为相，陛下殊瘦于旧，何不逐之！"上叹曰："吾貌虽瘦，天下必肥。萧嵩奏事常顺指，既退，吾寝不安。韩休常力争，既退，吾寝乃安。吾用韩休，为社稷耳，非为身也。"

唐玄宗任命韩休为门下侍郎，同平章事，进入最高决策部门。韩休为人坚毅刚正，不追求名利，颇有声望。当初宰相萧嵩以为韩休这个人恬淡和气，比较容易控制才把他推举到宰相之位，等到一起共事后才发现他很有主见，立场十分坚定，因此非常厌恶他。宋璟感叹说："没想到韩休当了宰相，还能保持刚直的气节。"玄宗有次在宫中后花园摆宴游乐，稍微铺张过分了些，就问身边人："韩休知道这件事吗？"话音刚落，劝谏书就送了进来。唐玄宗曾对着镜子闷闷不乐，身边人说："韩休当了宰相，却让陛下心情常常郁闷，为何不罢黜他呢？"唐玄宗感叹道："虽然我身体消瘦，但是天下百姓富裕太平。萧嵩上奏国家大事经常顺着我的心思，我回到宫中仔细思考，感到寝食不安；而韩休敢于提出不同意见，我回来后却能高枕无忧。我重用韩休是为江山社稷稳固，不是为了我自己心情愉快的。"

孔子曰："君子和而不同，小人同而不和。"任何时代、任何地方都有君子和小人。出现盛世还是乱世，关键在于统治者能否以博大的胸怀和清醒的头脑分辨忠言与顺言。西周末年思想家史伯提出"和实生物，同则不继"的观点，认为大千世界之所以生气勃勃，就在于万物能够和谐共存，如果把不同意见排斥在外，那么这个国家也即将灭亡。他据此精准推测出西周行将崩溃，因为周厉王实行"防民之口，甚于防川"的专制统治，排斥敢于进谏的忠臣，身边尽是些溜须拍马的佞臣。诸葛亮对后主刘禅说："亲贤臣，远小人，此先汉所以兴隆也；亲小人，远贤臣，此后汉所以倾颓也。"一段盛世之治，必定是皇帝和大臣开诚布公、勠力同心的共治。李世民开创贞观之治，就是因为他能重用魏徵这样敢于进谏的忠言宰相，保持"以人为镜，可以明得失"的清醒，同时激励封德彝、虞世基等歌功颂德的顺言宰相转变作风，讲真话道实情。唐玄宗能清醒地认识到，萧嵩的和顺之言虽然令他心情愉悦，但往往掩盖了国家的问题和危机，因此让他坐立不安；而像韩休那样敢于进谏的贤臣尽管提出的意见尖锐，让他有些难堪，却能讲透问题的要害，防患于未然，确保江山稳固。因此，为官者要始终铭记兼听则明，在做重大决策前要开诚布公、广纳善言，培养听到阿谀奉承之言会坐不安席、食不甘味，听到忠言逆耳之言则从善如流、酣然入睡的素养。常怀远虑、居安思危，何愁国家不富强、百姓不幸福呢？

节用爱民才能江山永固

【原文】

唐初，公主实封止三百户，中宗时，太平公主至五千户，率以七丁为限。开元以来，皇妹止千户，皇女又半之，皆以三丁为限；驸马皆除三品员外官，而不任以职事。公主邑入至少，至不能具车服，左右或言其太薄，上曰："百姓租赋，非我所有。战士出死力，赏不过束帛；女子何功，而享多户邪？且欲使之知俭啬耳。"秋，七月，咸宜公主将下嫁，始加实封至千户。公主，武惠妃之女也。于是诸公主皆加至千户。

唐初规定，公主的食邑不能超过三百户。可到了唐中宗时代就改变了，太平公主的食邑增加到五千户，每户不超过七个成人。开元以来，规定皇帝妹妹的食邑最多不能超过一千户，皇帝女儿的食邑减半，每户不超过三个成人；驸马皆被任命为三品员外郎，而不担任实职。这使得公主入不敷出，皇帝左右的人向皇帝反映供奉太少，要求增加数量。唐玄宗说："百姓缴纳的赋税，非我所有，将士们出生入死，奖赏也不过一些布帛，这些女子为国家立了什么功劳而要提高福利待遇呢？我这样做只是为了让她们知道节俭而已。"到秋天，唐玄宗给宠爱的女儿咸宜公主嫁妆时，也只是将食邑增加到一千户。

明末清初思想家顾炎武说："为民而立之君，故班爵之意，天子与公、侯、伯、子、男一也，而非绝世之贵。代耕而赋之禄，故班禄之意，君、卿、大夫、士与庶人在官一也，而非无事之食。是故知天子一位之义，则不敢肆于民上以自尊；知禄以代耕之义，则不敢厚取于民以自奉。”就是说，君主与公、侯、伯、子、男，并不是天生尊贵，他们来自百姓，只是从事管理国家等公共事务，与百姓一样也是靠劳动吃饭，“禄”是他们为百姓工作、取之于百姓的报酬。他们为民办事，无暇种自己的地，所以才发一定的俸禄作为补偿。因此，君主及官吏，不敢在百姓面前任意妄为、摆出高贵的姿态，不敢从百姓那里大量获取财物来满足自己优渥的生活。经历隋末农民起义而建立唐朝的开国君主明白“水能载舟，亦能覆舟”的道理，实行轻徭薄赋政策，皇帝带头过简朴生活，对家人和大臣的封赏也有限度。

清道光二十九年（1849 年）六月，丁忧期满的魏源出任江苏兴化县的代理知县。到任三天就遇上抗洪的严峻考验，由于连续下暴雨，里下河地区河水猛涨，两江总督下达开闸泄洪的命令。眼看成熟的稻子将被全部淹没，当地百姓将流离失所，魏源心急如焚，连夜赶到南京两江总督府敲响行署门口的大鼓，向两江总督陆建瀛请求先打开运河东岸闸门泄洪，减轻运河堤坝的压力，暂缓开运河五坝泄洪。获得同意后，魏源带领十几万人日夜守卫在堤坝上，确保运河大堤安然无恙，开闸泄洪的时间也延迟到稻子收割后，这年百姓种的水稻获得丰收。此后，魏源多次视察河坝，带领百姓修复运河西岸的堤坝，终于彻底解决了里下河地区的水患，百姓感激魏源为民担当的情怀，特地将修建的西堤命名为“魏公堤”，将收获的稻子称为“魏公稻”。郑板桥当县令时题写过这样的诗句：“衙斋卧听萧萧竹，疑是民间疾苦声。些小吾曹州县吏，一枝一叶总关情。”体现了他时刻挂念百姓冷暖安危的忧民情怀。今天的党员干部要汲取中华优秀传统文化中“民惟邦本，本固邦宁”的精华，认真贯彻党的群众路线，始终保持艰苦朴素的本色，做到把自己当作群众的一员，把群众的事当作自己的事，把为民造福当作最大的政绩，不断提高群众工作能力。

法治与人治的取舍

【原文】

张守珪使平卢讨击使、左骁卫将军安禄山讨奚、契丹叛者，禄山恃勇轻进，为虏所败。夏，四月，辛亥，守珪奏请斩之。禄山临刑呼曰："大夫不欲灭奚、契丹邪，奈何杀禄山！"守珪亦惜其骁勇，欲活之，乃更执送京师。张九龄批曰："昔穰苴诛庄贾，孙武斩宫嫔，守珪军令若行，禄山不宜免死。"上惜其才，敕令免官，以白衣将领。九龄固争曰："禄山失律丧师，于法不可不诛。且臣观其貌有反相，不杀必为后患。"上曰："卿勿以王夷甫识石勒，枉害忠良。"竟赦之。

幽州节度使张守珪分派平卢讨击使、左骁卫将军安禄山征讨叛乱的奚、契丹族人，安禄山不听将令擅自出击，结果大败而归。四月初二，张守珪上书唐玄宗请求杀了安禄山。安禄山在临刑前大喊："张大夫不想消灭奚和契丹吗，为什么要杀我？"张守珪念他骁勇善战，动了爱惜人才之心，于是把他送往长安处理。宰相张九龄在奏折中批示道："春秋时期齐国大将穰苴诛杀庄贾，吴国大将孙武诛杀不听将令的吴王宠妃，以此严明法规。既然张守珪下达了处死的命令，那就应立即执行。"唐玄宗也爱惜安禄山的才干，居然只是下敕令免去他的职务。张九龄据理力争："安禄山违反命令导致失败，按照法令不能不杀。另外我观察其面貌有反相，不杀必定遗留祸患啊。"唐玄宗反驳说："你不要像晋朝的王衍看石勒那样看待安禄山，冤枉了忠臣良将！"最后赦免了安禄山。

一个偶然事件有时能够影响历史进程，但偶然性又是建立在必然性的基础上才能产生作用。安禄山的生死系于张守珪和唐玄宗的一念之间，但反映的问题实质是人治和法治的取舍。假如张守珪按律杀了安禄山，唐玄宗听从张九龄谏言处死安禄山，是否就可以避免安史之乱的发生，使唐朝的盛世延续下去呢？

一代英武君主李隆基居然会走眼，没看透安禄山包藏的祸心，导致“渔阳鼙鼓动地来，惊破霓裳羽衣曲”，大唐也由盛转衰，逐渐走向灭亡。所谓成也唐明皇，败也李隆基，教训极为深刻。安禄山之所以能多次死里逃生，关键在于统治者缺乏敬畏法律的意识，自己带头破坏法律。三国时期蜀国宰相诸葛亮的心腹参谋马谡违令失了街亭，面对众位将军的苦苦求情，诸葛亮还是挥泪斩马谡，自己也是上书后主自贬三级，体现了他维护法纪的意志，蜀汉政权也因此得以维持几十年安然无恙；毛泽东面对跟随自己开辟井冈山根据地、立下赫赫战功的红军将领黄克功枪杀拒绝恋爱的女学生事件，力排众议毅然下达枪决的命令，使得红军成为纪律严明的威武之师。唐太宗尚且知道法律是天下公平之物，是君王和大臣应共同遵守的规范，从而敬畏法律，约束自己；今天的党员干部更要牢固树立法治思维，敬畏法纪，明白党内没有“铁帽子王”的豁免特权，不管什么人触犯党纪国法，都必须受到相应的处罚。只有领导者带头守法、严格司法，坚决克服“权大于法”的人治思想，方能换来风清气正、海晏河清的安定局面。

扭曲的政绩观要不得

【原文】

江、淮南租庸等使韦坚引浐水抵苑东望春楼下为潭，以聚江、淮运船，役夫匠通漕渠，发人丘垄，自江、淮至京城，民间萧然愁怨。二年而成。丙寅，上幸望春楼观新潭。坚以新船数百艘，扁榜郡名，各陈郡中珍货于船背；陕尉崔成甫著锦半臂，铁胯绿衫以裼之，红袹首，居前船唱《得宝歌》，使美妇百人盛饰而和之，连樯数里；坚跪进诸郡轻货，仍上百牙盘食。上置宴，竟日而罢，观者山积。夏，四月，加坚左散骑常侍，其僚属吏卒褒赏有差；名其潭曰广运。时京兆尹韩朝宗亦引渭水置潭于西街，以贮材木。

唐玄宗天宝二年（743 年），江、淮南租庸等使韦坚大兴土木，让浐河水流到苑东望春楼下成深潭，用来聚集江淮的船只，强征百姓去挖通河渠，毁坏了许多百姓的祖坟，从江淮到京师沿途百姓怨声载道。此工程折腾了两年才结束。丙寅，唐玄宗登上望春楼观看新挖的水潭。韦坚让几百艘船连接起来，每只船上写着各郡的地名，陈列着各地的奇珍异宝。陕县尉崔成甫竟然身穿彩色短袖，裹绿衫，头上绕着红布，在最后一只船上高唱《得宝歌》，又让一百名美女身穿华丽衣服齐声高唱，船队绵延几里。韦坚下跪进献各种珍宝，摆上美味佳肴。唐玄宗大摆盛宴，热闹了整整一天，成千上万的百姓观看盛况。夏季四月，玄宗加封韦坚为左散骑常侍，其余手下官员都得到奖赏，并将新挖的水潭命名为广运潭。京兆尹韩朝宗效仿韦坚，将渭河水引到西街成为水潭，用来储备木材，准备大兴土木搞建设。

国家的兴亡在于人心聚散，人心聚散在于施政目标。如果统治者把天下百姓安居乐业作为最大的目标，那么朝堂之上必定推崇爱惜民力、为民谋利的正确政绩观；反之，若统治者把实现个人私欲作为重要目标，那么必然会让耗尽民财民力取悦上司的扭曲政绩观大肆泛滥，导致民怨沸腾，政权崩溃。唐太宗在取得路不拾遗、四方来朝的“贞观之治”的政绩时对大臣说自己有“两喜一忧”。一喜连年风调雨顺，粮食丰收，粮价平稳，百姓富裕；二喜少数民族政权纷纷来朝贡，边疆安定；一忧天下太平久了统治者容易懈怠奢靡，导致天下大乱。唐玄宗执政前期头脑清醒、乐于纳谏、勤于政务，任用姚崇、宋璟等秉持为民谋利的正确政绩观的重臣，造就了国力强盛、天下安定的“开元盛世”。初心易得，始终难守。唐玄宗后期沉湎酒色，喜欢阿谀奉承之徒，因此宠幸李林甫、杨国忠等压榨百姓、欺上瞒下的佞臣，导致安禄山起兵范阳并攻破洛阳、长安两京，最终落得仓皇西逃四川，路上发生马嵬驿兵变，被迫下令处死杨贵妃的悲惨结局，大唐从此一蹶不振、走向衰亡。白居易写成《长恨歌》，留下“天长地久有时尽，此恨绵绵无绝期”的千古咏叹，可谓教训深刻。今天的干部选拔制度要树立为民、务实的考核标准，排斥作表面文章、醉心于取悦上级的扭曲政绩观，这样才能激励干部始终坚持全心全意为人民服务的宗旨，坚持以人民为中心的发展思想，把最大财力物力用在既能解决百姓眼前的难点、痛点，又能维护百姓的整体利益、长远利益的事情上。

准确把握时与势

【原文】

上问李泌曰："今敌强如此，何时可定？"对曰："臣观贼所获子女金帛，皆输之范阳，此岂有雄据四海之志邪！今独虏将或为之用，中国之人惟高尚等数人，自余皆胁从耳。以臣料之，不过二年，天下无寇矣。"上曰："何故？"对曰："贼之骁将，不过史思明、安守忠、田乾真、张忠志、阿史那承庆等数人而已。今若令李光弼自太原出井陉，郭子仪自冯翊入河东，则思明、忠志不敢离范阳、常山，守忠、乾真不敢离长安，是以两军絷其四将也，从禄山者，独承庆耳。愿敕子仪勿取华阴，使两京之道常通，陛下以所征之兵军于扶风，与子仪、光弼互出击之，彼救首则击其尾，救尾则击其首，使贼往来数千里，疲于奔命，我常以逸待劳，贼至则避其锋，去则乘其弊，不攻城，不遏路。来春复命建宁为范阳节度大使，并塞北出，与光弼南北犄角以取范阳，覆其巢穴。贼退则无所归，留则不获安，然后大军四合而攻之，必成擒矣。"上悦。

一天，唐肃宗问李泌："如今叛军甚嚣尘上，不知何时才能彻底消灭他们？"李泌回答："我观察叛军把抢夺的男女和金银财宝全部运到老巢范阳，这难道是争夺天下的远大志向吗？叛军中只有那些胡人将领肯为安禄山卖命，汉人中只有少数人死心塌地，其余的人不过是被迫相从罢了。根据我的判断，不出两年天下就会平定。"肃宗问："你的判断依据是什么呢？"李泌说："叛军中真正的骨干不过是史思明、安守忠、田乾真、张忠志、阿史那承庆等几人而已。如果陛下令李光弼率军从太原出井陉关、郭子仪带兵从冯翊进入河东，那么史思明与张忠志就不敢轻易离开范阳与常山，安守忠与田乾真则不敢离开长安，我们以两支军队拖住叛军的四员猛将，跟随安禄山的就只有阿史那承庆了。恳请陛下命令郭子仪不要攻占华阴，确保两京道路畅通，陛下率领所征召的军队驻扎在扶风，与郭子仪、李光弼配合攻击叛军，如果叛军救援这一头，就攻击另一头，使他们在数千里的战线上疲于奔命，我军以逸待劳。如果叛军急于交战，我们就避其锋芒；如果他们想撤退，我们就乘机攻击，但不攻占城市，不切断往来的交通。等明年春天再任命建宁王李倓为范阳节度大使，从塞北出击，与李光弼形成南北夹击态势，以攻取范阳，袭击叛军的盘踞之地。这样切断他们撤退的归路，他们想留在长安、洛阳则不得安宁。这之后，各路大军四面合击，便可彻底消灭叛军。”唐肃宗听了非常高兴。

《孙子兵法·谋攻篇》曰：“上兵伐谋，其次伐交，其次伐兵，其下攻城。”就是说，一个优秀的三军统帅必须善于准确判断时与势，制定出符合实际的作战方略，方能达到百战不殆的效果。李泌之所以在叛军强大的时候就料定朝廷能够很快平定叛乱，也是基于对时势的把握。他发现，一是叛军的许多行为只是为了掠夺财富，而不是为了争夺人心，就注定他们得不到百姓的支持，最终只能是强弩之末，自取灭亡；二是叛军集团内部并不团结，大多数士兵是被迫造反，战斗力会打折扣；三是叛军补给战线过长，兵力分散，机动作战能力不强。李泌指出，首先，唐军只要发布吊民伐罪的敕令，必定会得到百姓的大力支持；其次，任命建宁王为统帅，用好郭子仪、李光弼两位大将，使得他们团结一致，形成强大军力；最后，作战要机动灵活，集中优势兵力，以消灭叛军有生力量为重点，定能平定叛乱。这充分体现了李泌作为首席谋士善于把握时势的战略思维素养。

元末，农民起义，群雄并起，朱元璋之所以由弱变强、后来居上，最后统一华夏，关键在于谋士刘伯温、朱升能够全面分析时势、精准做出战略规划：首先渡江占领南京，稳固根据地；其次韬光养晦，实行“高筑墙、广积粮、缓称王”方针；最后采取远交近攻战略，与远在大都的元朝保持暂时和平，集中兵力先消灭长江中下游的陈友谅、张士诚两大集团，再派遣徐达、常遇春北伐攻占大都，完成统一大业，建立明朝。

“不谋万世者，不足以谋一时；不谋全局者，不足以谋一域。”战略是从全局、长远、大势上做出判断和决策。毛泽东同志曾经形象地说过这个问题。他说：“坐在指挥台上，如果什么也看不见，就不能叫领导。坐在指挥台上，只看见地平线上已经出现的大量的普遍的东西，那是平平常常的，也不能算领导。只有当着还没有出现大量的明显的东西的时候，当桅杆顶刚刚露出的时候，就能看出这是要发展成为大量的普遍的东西，并能掌握住它，这才叫领导。”所以领导者必须心怀“国之大者”，提升战略思维能力，练就在危机中育新机，于变局中开新局，善于将劣势转化为优势、将大势转化为胜势的高超素养和过硬本领。

祖逖砂土巧退敌

【原文】

祖逖将韩潜与后赵将桃豹分据陈川故城，豹居西台，潜居东台，豹由南门，潜由东门，出入相守四旬。逖以布囊盛土如米状，使千余人运上台，又使数人担米，息于道。豹兵逐之，弃担而走。豹兵久饥，得米，以为逖士众丰饱，益惧。后赵将刘夜堂以驴千头运粮馈豹，逖使韩潜及别将冯铁邀击于汴水，尽获之。豹宵遁。

东晋大兴二年（319 年），祖逖派部将韩潜与后赵桃豹对战，相持四十余天，双方粮草供应都很紧张。此时，祖逖也无余粮，便用许多布袋盛满砂土，派一千多人护送给韩潜，又故意让几个人真的挑着大米，走在后面，佯装疲惫在路上休息，等敌军来抢米。桃豹的军队缺粮已久，见晋军运粮，以为有机可乘，突然冲过来抢粮，那几个人扔下粮袋仓皇逃跑。桃豹军士抢得粮米后，以为祖逖士兵都能吃饱，而自己长久饥饿，于是更加恐惧，士气低落。之后粮草又被晋军截击，桃豹闻讯，连夜退兵而去。

《孙子兵法》有言，“兵者，诡道也。故能而示之不能，用而示之不用”。有能力而装作没有能力，实际上要攻打而装作不攻打，即所谓，虚则实之，实则虚之。东晋名将祖逖深谙此道，与其说是用几袋真粮，倒不如说是用千袋假粮吓退了桃豹。老子曾言：“反者道之动，弱者道之用。”启发世人正反两个方面对立统一循环往复以至无穷，只要把握住“有无相生，难易相成，长短相形，高下相倾，音声相和，前后相随”的规律，顺势而为，主动进取，就能做到绳锯木断、水滴石穿、以弱胜强。

常言道，所谓危机，机中有危，危中有机。在发展过程中，缺乏资源、缺少条件的情况比比皆是，是苦于缺乏资源裹足不前，还是另辟蹊径用好各类条件，考验着领导者的智慧谋略和定力韧劲。谁能先在困局中看到机遇，率先改变自己顺应未来，谁就有能力引领未来。发展经验表明，机遇往往是在困难时期抓住的，优势往往是在困难时期锻造的，跨越往往是在困难时期实现的，先进与后进的距离往往是在困难时期拉开的。正所谓，弱者等待机遇，愚者丧失机遇，强者创造机遇，智者把握机遇。面对危机，谁积极应对、主动作为，谁就能抢占先机、赢得主动。作为领导者，理应全面、积极、辩证地看待危机，用睿智的眼光在困境中看到亮点、在压力中看到潜力、在危机中看到转机，将各类有用之用、无用之用都充分利用起来，方能逢山开路、遇水架桥，奋力走出成功的新路子。

宋文帝的调查研究

【原文】

（宋文帝）遣散骑常侍袁渝等十六人分行诸州郡县，观察吏政，访求民隐；又使郡县各言损益。丙午，上临延贤堂听讼，自是每岁三讯。

调查研究是领导工作的重要方法，高明的领导者都非常重视调查研究，古今中外莫不如是。南朝宋文帝刘义隆在位期间建立了“访、报、听”相结合的调查研究制度：一是下访，组织专门力量分别到各州郡县巡察政务，访求民间疾苦；二是上报，要求地方官汇报工作，研判分析得失；三是听讼，亲自审理案件，直接听取百姓的诉求，每年三次，常年坚持。文帝听讼并非走过场，他事前会认真审阅案卷，既从案情中了解民情，也在审理中考察官员。左仆射（相当于宰相）王敬弘与他一起听讼，被文帝用案情问住，文帝以为他事前没有看案卷，哪知道王敬弘回答看了但没看明白，文帝很不高兴，此后不再与他讨论政务。在其弟刘义恭受命主政一方时，文帝专门写信向刘义恭传授执政的要领。其中特别强调“尽人情知众事”：“宜数引见佐史。相见不数，则彼我不亲；不亲，无因得尽人情；人情不尽，复何由知众事也!”提醒刘义恭要多和属下的官员接触，掌握官员们的情况，进而了解百姓的事情。这既是辨才御下的手段，也是调查研究的重要方法。后来，记录曾国藩为人处世心法的《挺经》也将这段话抄录其中并给予高度评价。

宋文帝重视体察下情民意，固然有其汲取两位兄长为辅政大臣所杀的教训，防止被架空和蒙蔽，力求政由己出的帝王心术，也是出于“天下艰难，家国事重，虽曰守成，实亦未易”的责任感。系统全面的调查研究，帮助他做到了体恤民情、执政有方，实现了大乱中的大治。文帝在位三十年，尤其是前期所实施的治国之策，如清理户籍、免除百姓债务、鼓励农桑等，都切合国情民生，因而百姓安居乐业，经济社会繁荣稳定，开创了南北朝乱世中仅有的盛世“元嘉之治”。虽然与文景之治、贞观之治还不能相提并论，但是国计民生都有了极大改善，特别是百姓的生活实现了“家给人足，即事虽难，转死沟渠，于时可免”，殊为不易。

明末清初思想家唐甄有一句名言：“善治必达情，达情必近人。”与宋文帝的“尽人情知众事”一脉相通，而又有所拓展丰富。要想“善治”，或者说做好领导工作，“达情近人”既是基本前提，又是衡量标准。作为基本前提，就要求领导者了解实际情况和群众的所思所盼；作为检验标准，就要求领导者制定的政策、做出的决策要符合实际情况、切合群众的需求，而要做到这一点，就离不开调查研究。调查研究可谓谋事之基、成事之道。谋事、成事的关键是发现问题和解决问题，这是领导工作的主要任务。问题存在于工作生活的实际之中，解决问题的办法同样存在于工作生活的实践之中，没有调查研究，就无从发现和找准问题，更谈不上解决问题。找不到、找不准问题，发展的方向就会出现偏差；拿不出解决问题的办法，前进的步子就会停顿甚至倒退。从这个意义上讲，调查研究不仅是一切领导工作的起点，而且贯穿领导工作之中，决定着领导工作的成效。

调查研究如此重要，想做好领导工作，就要把调查研究摆在重要位置，舍得把时间和力量投入进去。正如陈云同志所讲：“领导机关制定政策，要用百分之九十以上的时间做调查研究工作，最后讨论作决定用不到百分之十的时间就够了。”还要建立“兼听则明”的调查研究工作机制，像宋文帝这样，多渠道了解情况、多方面比对情况，才有可能听到真话、看到实情、抓到要害。更重要的是要持之以恒、一以贯之。宋文帝在内政上重视调查研究，成绩斐然；但在外战上刚愎自用，从“封狼居胥”的一己私心出发，偏听偏信、用人不当、遥控指挥，最终“赢得仓皇北顾”，三次北伐都以惨败告终。从“元嘉之治”到“元嘉草草”，可以总结的经验教训很多，其中很重要的一条就是重调查研究则兴，轻调查研究则衰。

雄才伟略与荒淫暴虐

【原文】

齐显祖之初立也，留心政术，务存简靖，坦于任使，人得尽力。又能以法驭下，或有违犯，不容勋戚，内外莫不肃然。至于军国机策，独决怀抱；每临行阵，亲当矢石，所向有功。数年之后，渐以功业自矜，遂嗜酒淫泆，肆行狂暴。

…………

帝与左右饮酒，曰：“乐哉！”都督王纮曰：“有大乐，亦有大苦。”帝曰：“何谓也？”对曰：“长夜之饮，不寤国亡身陨，所谓大苦！”帝缚纮，欲斩之，思其有救世宗之功，乃舍之。

这篇文章的标题用了截然相反的两个成语，很难想象这两个词会用在同一个人身上，但历史上就有这么一位口碑两极分化的帝王，称赞他的人认为他是一位政治军事才能突出、“规模宏远，有人君大略”的有为之主，连突厥可汗也称其为“英雄天子”；鄙视他的人认为他是一个“精神病”，是“留连耽湎，肆行淫暴”的昏君。他就是此篇文章的主人公，北齐开国之君——高洋。

文宣帝高洋在开国初期很注意研究为政之术，一切政务力求简便稳定，有所任命也是坦诚待人，臣子们也得以尽其所能为国服务。此外，他能用律法驾驭部下，如果有谁犯了法，即使是元勋贵戚也绝不宽容，所以朝廷内外秩序井然。至于军事机要、国家大政方针，则由文宣帝亲自决断。他每次亲临战阵，总是冒着箭石纷飞的危险，所到之处皆立功绩。不过几年以后，文宣帝渐渐以为建立了大功业，就骄傲自满起来，于是贪杯纵酒，荒淫无度，滥行狂暴之事。最终饮酒过度而暴毙，年仅三十四岁。

这里我们抛开历史上的评价，只说一说这位传奇皇帝的两个值得称道的地方。一个是“快刀斩乱麻”。当时高洋的父亲北朝丞相高欢想要试试自己的几个儿子，看哪一个将来可以肩负重任。于是，他拿来一堆缠绕在一起的麻绳交给几个儿子。大儿子一拿到乱麻就赶紧开始一根根地拆解，可是过程中不断遇到麻烦，而且越到后面就越发艰难，最后干脆气急败坏地放弃，把乱麻丢在了一边。老三比起大儿子来说，多了一些耐心，他慢条斯理地将麻绳分成了两堆。虽然比起大哥有了很大的进步，但是一样浪费了很多时间。这时候，老二高洋却没有和其他两个兄弟一样去解绳子，而是直接抽出了刀，三两下就把乱麻给切开了，并且说：“乱者当斩!”高欢非常满意这样的做法，对高洋充满赞许。

这则故事体现了这位北齐开国之君不同于常人的一面，他善于解放思想、打破常规，这种思考问题的角度对于我们的日常工作也是十分有益的借鉴。面对繁重的工作，如果找不到正确的解题思路，盲进只会事倍功半。所谓“穷则变，变则通，通则久”，有时选择比努力更重要，做正确的事远比正确地做事更重要。所以，面对复杂问题，要谋定而后动，谋的关键就是从多个角度思考并推演不同的结果，有时候甚至可以以退为进，如果进退不得，不如向旁边走。

高洋的另一个值得称道之处，就是其用人之道。高洋执政后期昏聩糊涂，整日饮酒作乐，但神奇的是北齐的朝政并没有因此崩溃，反而一直很平稳，这与高洋知人善用有很大关系。隋唐历史学家李百药评论文宣帝高洋用人能够“以法驭下，公道为先”。高洋用人不拘泥于民族界限，知人善任且用人不疑，他对汉人中的才智之士如杨愔、崔暹、崔季舒等人，都能够放心任用；而对于鲜卑勋贵犯法者，高洋也绝不姑息。司马光在评价其在位晚期政治状况时就说：“又能委政杨愔，愔总摄机衡，百度修敕，故时人皆言主昏于上，政清于下。”

当然，以当下的视角来看，将人才的选拔任用应该依靠强有力的制度，通过考核、筛选来保障，只寄希望于统治者个人的眼光决断未免过于主观，也很不科学，但如果高洋没有给予这些人才以平台，历史也无法发现这些人才。因此，人才的选拔应有制度，更需要平台来考察和发现，每个人都是人才，关键在于能否提供一个人尽其才的岗位。读史可以明智，高洋的用人之道也能从侧面给我们发现和选拔人才提供思考和借鉴。

有所为有所不为

【原文】

帝识度沈敏，少居台阁，明习吏事，即位尤自勤励，大革显祖之弊，时人服其明而讥其细。尝问舍人裴泽，在外议论得失。泽率尔对曰：“陛下聪明至公，自可远侔古昔；而有识之士，咸言伤细，帝王之度，颇为未弘。”帝笑曰：“诚如卿言。朕初临万机，虑不周悉，故致尔耳。此事安可久行，恐后又嫌疏漏。”泽由是被宠遇。

说起北齐，不少人都将其称为中国历史上最“奇葩”的一个王朝，“禽兽王朝”“疯子家族”已经成了北齐的标签，甚至很多人相信这个家族有精神病遗传基因。而孝昭帝高演，文治武功样样不差，算是北齐唯一一个值得一书的好皇帝。

北齐孝昭帝气度深沉，识见敏锐，自小就居官于台阁之中，对行政事务非常熟悉，即位后尤其勤勉励志，彻底革除文宣帝时代的弊政，当时人们佩服他的明察而讥笑他的琐细。孝昭帝曾经问舍人裴泽，外头对他的施政得失有什么议论。裴泽直率地回答：“陛下耳聪目明，处事极为公道，这方面自然可以比得上远古的圣君。但有识之士都说您伤于琐细，作为一个帝王的气度还是不够宏大。”孝昭帝笑着说：“确实像你说的那样。我刚刚亲临万机，总担心不够周到妥帖，所以才造成这种状况。这种过细处事的作风怎么可以久行呢，我会酌情改变的，但恐怕将来又会嫌我处事疏漏了。”裴泽从此深受孝昭帝重用。

孝昭帝作为一名领导者，却被下属直言“咸言伤细，帝王之度，颇为未弘”，可见孝昭帝确实是事无巨细、事必躬亲的领导。一方面孝昭帝作为领导的度量值得我们学习，他能清醒地认识到自己的不足，被下属当面批评却不生气，反而重用该下属，确实有容人之量，明君之姿。但另一方面，作为一名君王、一位领导，凡事事必躬亲是否真有必要？诸葛孔明“多智近妖”，尚且还有“三个臭皮匠顶个诸葛亮”的谚语流传，可见领导者并非全知全能的。相比员工，领导者的优势在于看待问题的深度与层次，直面问题的决心与觉悟，而非专业的工作能力和具体的落实办法。我们常说，要让专业的人做专业的事，就是这个道理。领导者是团队的负责人，是工作全局的引擎与舵手，是团队核心的“神经元”，必须保持团队方向与全局方向的一致，确保团队前进方向与目标一致，需要做的并不是事必躬亲，更不是事事精通，而是对事物有一个基本的认知，在统筹利用好专业人才力量的同时，能审时度势地引导与推动事物发展。否则，事事插手、件件微操，结果就是自己事情忙不完，专业人才不敢干，整个团队不仅身累而且心更累，最后不仅诸事不顺，甚至有可能把团队搞垮。

最好的守业是创业

【原文】

甲寅，上问侍臣：“创业与守成孰难？”房玄龄曰：“草昧之初，与群雄并起角力而后臣之，创业难矣！”魏徵曰：“自古帝王，莫不得之于艰难，失之于安逸，守成难矣！”上曰：“玄龄与吾共取天下，出百死，得一生，故知创业之难。徵与吾共安天下，常恐骄奢生于富贵，祸乱生于所忽，故知守成之难。然创业之难，既已往矣；守成之难，方当与诸公慎之。”玄龄等拜曰：“陛下及此言，四海之福也。”

有一天，唐太宗问身边大臣：“创业与守成哪个难？”房玄龄回答：

"建国之前，与各路英雄角逐争斗，而后使他们臣服，还是创业难!"魏徵接着说："自古以来的帝王，莫不是从艰难境地取得天下，又于安逸中失去天下，守成更难!"太宗说："玄龄与我共同打下江山，出生入死，所以更体会得到创业的艰难。魏徵与我共同安定天下，常常担心富贵导致骄奢，忘乎所以而产生祸乱，所以懂得守成更难。然而创业的艰难，已成为往事，守成的艰难，正应当与诸位慎重对待。"玄龄等人行礼道："陛下说这一番话，是国家百姓的福气。"

正所谓，"看似寻常最奇崛，成如容易却艰辛"。"奋六世之余烈"才统一天下的秦帝国，不过二世而亡；终结自西晋末年以来近三百年乱世，且其典章制度对后世产生重大影响的隋朝，仅仅存在了三十八年。历史经验反复表明，"万里江山千钧担，守业更比创业难"。原因就在于守业者往往被"业"束缚住，为观念的桎梏、体制的束缚和经验的包围所影响，从而滋生"小富即安，小进即满"的意识，以致态度不端、劲头不足、思路不活。有道是，"天地悠悠，万事匆匆"。环境变化、社会变革发生之快，任何些许的松懈和停顿都可能会浪费掉弥足珍贵的机遇，"静观其变"其实就是一种"坐以待毙"。如果没有励精图治的紧迫感、如履薄冰的危机感，而是不紧不慢、松松垮垮，载入史册的"贞观之治"可能就会是另一个版本。

正如"最好的防守是攻击"，最好的守业其实是创业。回顾过往，没有哪个大企业可以不依赖创新创业维持一流水平；放眼四海，没有哪个国家可以在观望世界潮流中保持领先。无论创业之初，还是大业初成，抑或独占鳌头，创新创业都是必不可少的精神气质。神不至，则事不举。创业其实是一种反求诸己的自我加压，意味着在状态、有精神、有锐气、有追求；相反，因循守旧、不思进取、故步自封等消极因素则使人得过且过，遇事畏难发愁、思维僵化，难以实现既定目标。"志之所趋，无远弗届，穷山距海，不能限也。"作为领导者，若能杜绝思想上的坐享其成、行动上的墨守成规，时刻把"不进则退"铭记于心，保持守正创新的坚强意志，把内在求新、求变、求进的精气神激发出来，事业必将锐不可当。

君道务简　臣道务勤

◆ ◆ ◆

【原文】

亮尝自校簿书，主簿杨颙直入，谏曰："为治有体，上下不可相侵。请为明公以作家譬之：今有人，使奴执耕稼，婢典炊爨，鸡主司晨，犬主吠盗，牛负重载，马涉远路；私业无旷，所求皆足，雍容高枕，饮食而已。忽一旦尽欲以身亲其役，不复付任，劳其体力，为此碎务，形疲神困，终无一成。岂其智之不如奴婢鸡狗哉？失为家主之法也。是故古人称'坐而论道，谓之王公；作而行之，谓之士大夫'。故丙吉不问横道死人而忧牛喘，陈平不肯知钱谷之数，云'自有主者'，彼诚达于位分之体也。今明公为治，乃躬自校簿书，流汗终日，不亦劳乎！"亮谢之。及颙卒，亮垂泣三日。

诸葛亮曾经亲自校对公文，主簿杨颙径直入内劝他说："治理国家是有制度的，上司和下级做的工作不能混淆。这就好比治家，一家之主不能所有的事情都亲自去做。如今您管理全国政务，却亲自校改公文，终日汗流浃背，不是太劳累了吗？"

杨颙直言劝谏，是因为他认为诸葛亮事必躬亲的做法有违"劳于求贤，逸于治事"和"治吏不治民"的原则。治政的原则是"君道务简""臣道务勤"。为君者把主要精力用在选贤任能上，就会使百官各得其人，百职各举其业，任何事情都能办得很好；若是视事太勤，理务过细，还要各部门和文武百官做什么呢？

西汉丞相陈平曾对丞相的职责做过一段精彩阐述，他说："丞相的职责是，上佐天子理阴阳、顺四时；下使万物都得到充分发展；对外处理好少数民族事务和外交关系；对内爱护百姓，使人民安居乐业，使百官各尽职守。"他意在说明，丞相的职责是总揽全局，制定政策，抓住军国根本，善用文武百官，而不应包揽各部门的具体业务。显然，陈平深知为相之道。

领导者要想有效避免事必躬亲，“抓大放小”是职责所系、规律所在。抓大，就是抓全局、抓中心、抓关键，在大原则、大方向上多加思量、考量；放小，就是对于非全局问题、非中心问题、非关键问题，领导者要放手、放权。毛泽东同志说过，领导者的责任，归结起来，主要的是出主意、用干部两件事。事实证明，“管得少”才能“管得好”。领导者要做到抓大放小，就要科学树立自己的施政方向和目标，对各种事务进行历史的、实事求是的分析，在重点工作中紧紧咬住“牵一发而动全身”的关键点，做到中心之中有重点、重点之中有关键。

吕蒙筑坞的未雨绸缪

【原文】

吕蒙闻曹操欲东兵，说孙权夹濡须水口立坞。诸将皆曰：“上岸击贼，洗足入船，何用坞为！”蒙曰：“兵有利钝，战无百胜，如有邂逅，敌步骑蹙人，不暇及水，其得入船乎？”权曰：“善！”遂作濡须坞。

吕蒙听说曹操打算再次东征，劝说孙权在濡须水口的两岸修建营寨。将领们都说：“上岸攻击敌军，洗洗脚就上船了，要营寨有什么用？”吕蒙说：“打仗有时顺利，有时失利，不会百战百胜，如果敌人突然出现，步骑兵紧紧逼迫，我们连水边也到不了，难道能上船吗？”孙权赞同吕蒙的主张，于是下令修筑营寨，称作濡须坞。

“事未至而预图，则处之常有余”。当领导，不能仅仅流连汹涌波涛中漂逝的白帆，还要瞩目海天相接处渐渐展露的桅杆；不能仅仅亡羊补牢，乐于当处理善后工作的“消防队”，更要见微知著，从蝴蝶翅膀的轻轻扇动中窥见即将来临的风暴。领导，“率领”“引导”之意。何以“率领”“引导”，或者说具备什么条件才能“率领”“引导”，第一位的要素就是要有远见。这既是“领导”这一概念质的规定，也是“领导”这一行为过程的客观要求。

远见卓识是一个领导者具有领导素质和领导才能的突出表现，具体内涵可以概括为“远”“宽”“准”三个字。“远”是指有预见性，目光要远大；“宽”是指有全局观，视野要宽阔；“准”是指准确性，善于判断问题的实质和要害。两千多年前的范蠡，正因为有了“贵上极则反贱，贱下极则反贵”的远见，不仅使自己致富，而且使后来懂得这一经商原理的人也发了财。美国著名未来学家约翰·奈斯比特也说过，在农业社会阶段，在时间观念上人们习惯于面向过去，工业社会的时间倾向是注意现在，而在信息社会里，人们的时间倾向是将来。

领导者应富有远见，必须走一步、看两步、想三步，必须思考战略问题、全局问题、发展问题，善于从时间、空间、布局等方面总体性地把握实践中的客观规律，在平凡中寻找机遇，在风险中把握成功，在挫折中见到曙光。有谚语说：“早知三日事，富贵一千年。”现代领导者必须正确认识客观事物发展的趋势和规律，高瞻远瞩，审时度势，面向未来，关心未来，放眼未来，把握未来，做统观全局、决胜未来的战略家，做有远见的高明领导。

刘矩为令　礼让化民

【原文】

初，矩为雍丘令，以礼让化民；有讼者，常引之于前，提耳训告，以为忿恚可忍，县官不可入，使归更思。讼者感之，辄各罢去。

“吾爱刘淑方，礼逊以化疆。谆谆耳提训，语味深且长。忿恚为可忍，莫入鸣弦堂。讼者各感去，从今无他肠。”这首宋诗称颂的是汉代雍丘县令刘矩。刘矩为官时以礼义谦让教化人民。遇到有人到县府诉讼，他经常把告状的人带到跟前，耳提面命地训告他们：愤怒可以忍耐，而到县衙门打官司要慎重，回去后重新考虑清楚了再来。告状的人被他的话感动，总是各自作罢离去。

为官者，民之教化。官员的道德水平对一个地方的民风影响很大，因为百姓往往“以吏为师”。过去经常把当官的人称为“父母官”，也有人把为官者比作牧羊人，认为他们需要维护和引领当地风俗秩序。苏轼认为自己家乡眉山之所以是“他郡之所莫及”，是因为有“三代、汉、唐之遗风”，这表明了以礼义教化民众的重要性。百姓缺少仁义礼信的教化，外在的行为便缺少道德伦理规范，难免会因重利轻义生出好勇斗狠之习、喜讼好讼之风。刘矩不是一味地从“行为规范”的角度告诉人们应该怎样做，而是站在当事人的角度，从情感、心理入手，直面矛盾焦点，分析诉讼利弊得失，劝告诉讼双方自我反省、协商解决，从而使道德教化更能引发人们的情感认同，更有说服力。

趋利避害是人的天性，社会心理学的研究表明，获得回报、避免惩罚的心理会驱动人的利他行为。倡导道德教化，要善于站在教育对象的立场上，从他们的切身利益入手，把道理条分缕析地讲清讲透，解开其思想上的“疙瘩”，这样可以更有效地激发教育对象践履道德理念的动力。天下万事万物之中都包含着同样的“理”，人们只有懂得了这些“理”，明是非、知善恶、辨真伪，才能使自己的言行符合规矩规范。从政者在办一件事情或推行一项政策的时候，要坚持以理服人，由此及彼、由表及里，举一反三、触及灵魂，既动之以情，又晓之以理，实现导之以行，从而取得事半功倍的效果。

晋室无政在王导

◆ ◆ ◆

【原文】

王导骠骑大将军、开府仪同三司。导遣八部从事行扬州郡国，还，同时俱见。诸从事各言二千石官长得失，独顾和无言。导问之，和曰：“明公作辅，宁使网漏吞舟，何缘采听风闻，以察察为政邪！”导咨嗟称善。

大兴元年（318 年），晋元帝任命王导为骠骑大将军、开府仪同三司。王导分遣八人行察扬州所属八郡，回来后召见他们。这八人纷纷禀告二千石以上官员的为政得失，唯独顾和没有说话。王导询问他，顾和说："您辅佐国政，宁可使法网宽松以致漏掉吞舟的大鱼，为什么又要搜集、听信道听途说，斤斤计较地治理政事呢？"王导听后不仅没有批评顾和，反而连连赞叹。

作为东晋初期的实际施政者，王导素以"宽仁"闻名，奉行"无为而治"，这对于衣冠南渡的时局有一定的积极意义。但装得了糊涂一时，不能和稀泥一世，更不可黑白不分、没有原则底线。咸和三年（328年），大司农苏峻叛乱，湘州刺史卞敦拒绝起兵平叛，王导只是将卞敦调职了事；后将军郭默自恃平叛有功，拒绝入朝任职，还擅自诛杀江州刺史，王导不仅没有惩罚，还顺势任命其为江州刺史，诸此种种，使朝臣愈发不满。王导为了所谓的"稳定"，凡事都搞调和主义、折中主义，"你好我好大家好，不伤老鼠不伤猫"，自然威望降低、失信于人，长此以往只会事业不振、世风不正。百年东晋内乱此起彼伏，王导难辞其咎，失之以宽可谓贻害无穷。正如司马光所言："晋室无政，亦可知矣。任是责者，岂非王导乎！"

陈云说："要提倡坚持原则，提倡是就是是、非就是非的精神。"原则应该像山上的石头，棱角分明，而不能像河里的鹅卵石，圆润平滑。为官从政者模棱两可，在原则问题上"打太极"，满嘴"橡皮话"，甘当"和事佬"，好似"墙头草"，宁可留下事业"隐患"，也不留下个人"后患"，这实质上是一种没有原则、缺少担当的表现。如果随意降低标准、放宽要求，原则就成了"圆则"，终会酿成大错、自食恶果。作为领导者，在其位就要谋其政，任其职就要担其责，决策就要有魄力，遇事就要有主见，要秉持"虽千万人吾往矣"的气概，勇于"唱黑脸""当包公"，敢于明确表示赞成什么、反对什么，以身作则、以上率下。只有用讲原则的一身正气打破无原则的一团和气，既敢于坚持原则，又善于坚持原则，既敢于得罪人，又善于教育人，才能在是非原则面前，最大限度地凝聚起敢闯想干的磅礴力量。

打破“洗碗效应”

【原文】

上问魏徵：“比来朝臣何殊不论事？”对曰：“陛下虚心采纳，必有言者。凡臣徇国者寡，爱身者多，彼畏罪，故不言耳。”上曰：“然。人臣关说忤旨，动及刑诛，与夫蹈汤火冒白刃者亦何异哉！是以禹拜昌言，良为此也。”

房玄龄、高士廉遇少府少监窦德素于路，问：“北门近何营缮？”德素奏之。上怒，让玄龄等曰：“君但知南牙政事，北门小营缮，何预君事！”玄龄等拜谢。魏徵进曰：“臣不知陛下何以责玄龄等，而玄龄等亦何所谢！玄龄等为陛下股肱耳目，于中外事岂有不应知者！使所营为是，当助陛下成之；为非，当请陛下罢之。问于有司，理则宜然。不知何罪而责，亦何罪而谢也！”上甚愧之。

太宗问魏徵：“近来朝廷大臣们为什么不上书讨论朝政？”魏徵答道：“陛下虚心纳谏，就一定会有上书言事者。大臣中愿为国徇身者少，爱惜自身的人较多，他们害怕获罪，所以不上书言事。”太宗说：“是这样啊。大臣们议论国事而忤逆圣意，动辄处以刑罚，这与上刀山下火海又有什么区别呢？所以大禹给提意见的人行礼，正是为此。”

房玄龄、高士廉路上遇见少府少监窦德素，问道：“北门近来在营建什么？”窦德素奏与太宗。太宗大怒，责备房玄龄等人说：“你们只管执掌南衙朝中政事，北门小小的营缮之事，与你们有什么相干？”房玄龄等人磕头谢罪。魏徵进谏说：“我不知道陛下为什么要责备玄龄等人，玄龄等人又为什么要谢罪。玄龄等人身为陛下的股肱耳目之臣，对宫内宫外事岂有不应知道的道理！如果营造的事是对的，他们定会帮助陛下促成其事；如果不当营造，他们就应当请求陛下停止此事。所以他们询问有关部门，也是理所当然的事。不知陛下因何而责怪他们，他们又为什么而谢罪呢？”太宗听后十分羞愧。

"不求有功但求无过""年初出事白干一年，年末出事一年白干""多做多错，不如少做不错"……管理学中有一种现象叫作"洗碗效应"：经常洗碗的人难免会失手将碗打破，自责之余，周围的人可能还会严厉指责："怎么这么不小心，洗碗都洗不好，还能干好什么活呢？"那些勤快的人因为小小的闪失把碗摔碎，就受埋怨、受责备，而那些懒惰的人不洗碗，自然摔不碎碗，也就不会被骂。久而久之，洗碗的人就越来越少了。有些为政者为了捧牢"铁饭碗"，宁可不"洗碗"或者少"洗碗"，免得"湿手沾上干面粉"，甚至砸了"饭碗"。"混日子"的心态，决定了做事的态度，也注定了碌碌无为的结局。干活的不如不干的，这种现象对干部的事业心伤害极大，对事业发展危害极大。

内生动力是干部干事创业激情的重要来源。保护干部干事创业的积极性，不是无足轻重、可有可无的"选修课"，而是每个机关单位、领导者的"必修课"。因此，领导者亟须破除"洗碗效应"，善待愿意"洗碗"的干部。对个性鲜明、坚持原则、敢抓敢管、敢于直谏的干部，要予以鼓励。如果动辄问责，存在"泛化问责""凑数式问责"的现象，就会在一定程度上导致干部想干不敢干、创新无底气。释放干部干事创业的"原动力"，激活创新创造"一池春水"，必须形成明责、履责、问责的清晰链条，减少问责"乱打""误伤"现象，让多"洗碗"的捧上"金饭碗"，振奋干部们的"精气神"，才能在干部间形成想干事、能干事、敢干事的良好氛围，充分激发干部担当作为的主观能动性。

知人善任

甘做“最小的套娃”

【原文】

帝善属文，不欲人出其右。薛道衡死，帝曰：“更能作‘空梁落燕泥’否！”王胄死，帝诵其佳句曰：“‘庭草无人随意绿’，复能作此语邪！”帝自负才学，每骄天下之士，尝谓侍臣曰：“天下皆谓朕承藉绪余而有四海，设令朕与士大夫高选，亦当为天子矣。”

隋炀帝擅长文辞，对自己的才学颇为自负，但不喜欢别人的文采超过他。他曾经对朝臣说：“天下人都认为我是继承先帝的遗业才君临天下的，其实就是让我和士大夫比才学，我也应该做天子。”当时以诗句名冠南北的内侍郎薛道衡写了首《昔昔盐》，有一句“空梁落燕泥”为人称颂传播，隋炀帝非常嫉妒。后来，薛道衡因表扬高颎而被隋炀帝赐死，在他死后，隋炀帝说：“还能写‘空梁落燕泥’吗？”另一个因为诗写得比隋炀帝好而送了性命的是著作佐郎王胄。有一天，隋炀帝与群臣分别作《燕行歌》，群臣都说自己的诗与皇帝的诗判若云泥，唯有王胄认为自己的诗“不下帝”。隋炀帝恼羞成怒，杀了王胄。临行刑前，隋炀帝得意地说：“‘庭草无人随意绿’，你王胄还能写得出来吗？”

善用人者能成事，能成事者善用人。古往今来，有抱负、有成就的政治家都是心胸广阔、善于用才之人。一个领导者，如果“武大郎开店”，一心只想做“最大的套娃”，只用比自己水平低、能力差的人，表面上看，整个团队“无人出我右”，显得自己非常高明强大，实际上却是目光短浅、不够智慧，久而久之，整个团队终会变成“侏儒公司”“低能团队”。反之，如果从事业发展考虑、秉持长远眼光、具备宽广胸襟，甘愿做“最小的套娃”，善于起用各种能人、强人、高人，整个团队必然群贤毕至、人才云集，事业发展也自然会呈现出人才涌流、成果迭出的生动局面。正所谓，独木不成林，孤掌终难鸣。星云大师曾将领导分为四等：下等领导，尽己之能；中等领导，尽人之力；上等领导，尽他之智；高等领导，尽众之有。作为领导者，让别人成才，方是优秀的将才；让别人卓越，才是真正的卓越；让别人有成就感，才能获得最大的成就感。

为政之要莫先于用人

【原文】

己酉，上面定勋臣长孙无忌等爵邑，命陈叔达于殿下唱名示之，且曰："朕叙卿等勋赏或未当，宜各自言。"于是诸将争功，纷纭不已。淮安王神通曰："臣举兵关西，首应义旗，今房玄龄、杜如晦等专弄刀笔，功居臣上，臣窃不服。"上曰："义旗初起，叔父虽首唱举兵，盖亦自营脱祸。及窦建德吞噬山东，叔父全军覆没；刘黑闼再合余烬，叔父望风奔北。玄龄等运筹帷幄，坐安社稷，论功行赏，固宜居叔父之先。叔父，国之至亲，朕诚无所爱，但不可以私恩滥与勋臣同赏耳!"诸将乃相谓曰："陛下至公，虽淮安王尚无所私，吾侪何敢不安其分。"遂皆悦服。房玄龄尝言："秦府旧人未迁官者，皆嗟怨曰：'吾属奉事左右，几何年矣，今除官，返出前宫、齐府人之后。'"上曰："王者至公无私，故能服天下之心。朕与卿辈日所衣食，皆取诸民者也。故设官分职，以为民也，当择贤才而用之，岂以新旧为先后哉！必也新而贤，旧而不肖，安可舍新而取旧乎！今不论其贤不肖而直言嗟怨，岂为政之体乎!"

唐太宗即位后，与群臣议定长孙无忌等人的封爵和食邑。太宗说："朕给你们论功行赏，如果有不当之处，可以各自申明。"于是，群臣纷纷争功，议论不休。淮安王李神通说："我在关西起兵，首先响应义旗，而房玄龄、杜如晦等人只是舞文弄墨，功劳却排在我前面，我难以心服。"太宗说："叔父您虽然首先响应举兵，但也是自谋摆脱灾祸之举。等到窦建德侵吞山东，叔父全军覆没；刘黑闼再次纠集余部，叔父丢兵弃甲、打了败仗。房玄龄等人运筹帷幄、决胜千里，保大唐江山安定，功劳自然在叔父之上。叔父是皇族至亲，朕对您确实毫不吝惜，但不可徇私情滥与有功之臣同等封赏。”群臣议论道：“陛下公正，对皇叔淮安王也不徇私情，我们这些人怎么敢不安分、不心服呢。”房玄龄曾说：“秦王（李世民）的旧僚属未能升官的，皆满腹怨言，认为跟随、侍奉陛下多年，现今官职反而都排在前太子东宫、齐王府僚属之后。”太宗说：“君主大公无私，才能使天下人心服。朕与你们平日的衣食，都取自百姓。设官吏、定职守都是为了百姓，理应选贤任能，怎么能按照资历和亲疏来选用人才呢？现在你们不论其是否贤能而只讲其怨声不断，这岂是为政之道？”

为政之要，莫先于用人。用好一个干部，会激励一群人；选错一个干部，则会打击一大片。营造风清气正的用人环境，方能见贤思齐、群贤毕至。封建时代、王朝末期，往往用人沦至腐败，并直接酿成吏治腐败，进而引发各类腐败。官帽一旦成了商品，被明码标价、肆意买卖，啃食的是民众信任，损害的是官员形象，透支的是政府信用，挥霍的是政权基础。李世民正是看清了这一点，才在用人上革除前朝吏治弊端，为开创“贞观之治”营造了良好的队伍基础。相比封建王朝，今天的吏治虽已扶正祛邪、激浊扬清，但社会的运转仍存有强大惯性，如何用好人仍然是一个时代命题，用好了能推动发展、造福一方，用错了依然会祸害百姓、侵蚀民心。若选人者心怀不轨、心术不正，讲“潜规则”不讲“显规则”，讲“会来事”不讲真干事，讲关系不讲公道，讲“和气”不讲正气，只会选出庸劣之徒、奸诈之辈，必将流毒深远、为害甚烈。若选人者“极心无二虑，尽公不顾私”，出以公心、秉持公正，克服私心杂念，排除干扰阻力，把公道正派当成最鲜明的价值底色，不以私情废公事，不拿原则做交易，公道评价干部、公平对待干部、公正使用干部，自然当得起重托、对得起事业、经得起检验，仰不愧天、俯不愧地、外不愧人、内不愧心。

明辨是非听真言

【原文】

上患吏多受赇，密使左右试赂之。有司门令史受绢一匹，上欲杀之，民部尚书裴矩谏曰："为吏受赂，罪诚当死；但陛下使人遗之而受，乃陷人于法也，恐非所谓'道之以德，齐之以礼'。"上悦，召文武五品已上告之曰："裴矩能当官力争，不为面从，傥每事皆然，何忧不治！"

臣光曰：古人有言：君明臣直。裴矩佞于隋而忠于唐，非其性之有变也，君恶闻其过，则忠化为佞，君乐闻直言，则佞化为忠。是知君者表也，臣者景也，表动则景随矣。

唐太宗李世民担心官员受贿，秘密派身边人试探官员。刑部的一个司门令史收受绢帛一匹，李世民想要杀掉他。民部尚书裴矩劝谏："官员受赂，照例罪当处死；但是陛下主动派人送上门去，这是有意引人犯法，不符合孔子所谓'用道德加以诱导，以礼教来整齐民心'的古训。"太宗听了很高兴，对五品以上的官员说："裴矩能够做到在位敢于力争，并不一味地顺从我，假如大家都能这样做，国家怎么能治理不好呢！"

古人说，君主贤明则臣下敢于直言。裴矩在隋朝是佞臣而在唐朝是忠臣，并非他品性有变，而是李世民乐意听到直言劝谏。"上有所好，下必甚焉"，领导者手握权力，下属必然投其所好。这是自古权力运行的规律，也是领导者必须警惕的陷阱。"上有所好"看似领导者个人小节，却是关乎党心民心的要事。少数领导者"有所好"容易被围攻"围猎"，下属群众"必甚焉"容易捧杀领导干部、败坏风气。吉林"《平安经》事件"就是"上有所好，下必甚焉"的典型案例，当事人没有厘清公与私的界限，沉醉于齐刷刷的点赞而被捧杀。

对领导者而言，干事创业须明辨是非、善听真言，从政之路才能行稳致远、越走越宽。一方面，要坚持讲实话，善于听真言，以“言者无罪，闻者足戒”的气量，着力营造讲实话、听真言的班子氛围，做到虚怀若谷、豁达大度、从善如流，警惕献媚讨好、曲意逢迎、处处赞歌，要让“恭维”失去土壤，让“恭维者”没有市场。另一方面，也要警惕主观上一概把反对意见视为忠心、把溢美之词看成投机的心态。防止一些人找到投其所好之道，为反对而反对、以反对示忠心，表面上“犯颜直谏”，实为“以直邀宠”。

正如列宁所言：“友谊建立在同志中，巩固在真挚上，发展在批评里，断送在奉承上。”领导干部应当从思想上筑牢拒“谀”防“俗”的堤坝，谨记兼听则明，保持头脑清醒。

宦官之祸与身边的人

【原文】

臣光曰：宦官用权，为国家患，其来久矣。盖以出入宫禁，人主自幼及长，与之亲狎，非如三公六卿，进见有时，可严惮也。其间复有性识儇利，语言辩给，伺候颜色，承迎志趣，受命则无违迁之患，使令则有称惬之效。自非上智之主，烛知物情，虑患深远，侍奉之外，不任以事，则近者日亲，远者日疏，甘言卑辞之请有时而从，浸润肤受之诉有时而听。于是黜陟刑赏之政，潜移于近习而不自知，如饮醇酒，嗜其味而忘其醉也。黜陟刑赏之柄移而国家不危乱者，未之有也。

在漫漫历史长河中，因宦官当权而给国家带来祸患的事由来已久，欧阳修的《五代史宦者传论》、柳宗元的《晋文公问守原议》等都曾做过专门论述。司马光在《资治通鉴·唐纪》结尾处专门讲述了唐朝宦官专权的来龙去脉，堪称“宦官简史”。在司马光看来，宦官不像三公六卿等朝堂大臣那样每次觐见皇帝有一定时限且心存敬畏，他们因为在皇帝身边办事，从小就与皇帝亲近熟悉。有的宦官性情乖巧、言语敏捷，善于察言观色，能够用小善去迎合皇帝的志趣，用小信去博取皇帝的感情。如果不是圣明能干的皇帝，除了让宦官日常侍奉以外，常常还会委之以重任，那么降革升迁、刑罚奖赏等国家政令就于无形中转由亲信宦官掌握了。唐代宦官甚至可以直接掌握兵权，乃至完全操纵皇帝的废立，这让唐代的宦官之祸成为历朝之最。

俗话说，相府门人三品官。皇帝的“身边人”本没有权，但与权力朝夕相处，久而久之就成了权力的“代言人”。现代社会，领导干部的“枕边人”“膝下人”“身边人”，虽然并不直接手握权力，但身份有特殊性，如果没有一定的规矩约束和教育引导，稍不注意就可能逾矩失范，开败事之端。现实中不少落马领导干部在腐败堕落的过程中，都是“身边人”充当“催化剂”“中转站”，甚至形成“共同体”。其中，既有身边人身处“光环”下、有心想“沾光”的原因，也与领导干部对任性妄为的“身边人”疏于管教有关。社会学中的“角色失范”理论认为，每一种社会角色都有一套与之关联的社会标准，每个角色按标准行事，社会才不至于失序失常。作为领导干部，既要坚持“公烛无私光”，行得正、坐得端，通过“自身净”来让“身边清”，也要关紧“亲属之门”和“下属之闸”，给身边人树立“高压线”、常打“预防针”、增强“免疫力”，告诫他们公私界限不可越、纪律规矩不能破，避免自己“信得过”的“身边人”干些“信不过”的事出来。对“身边人”不徇私、不迁就、不包庇，才是领导干部对“身边人”最好的爱护。

王珪“知人”也“自知”

【原文】

诸宰相侍宴，上谓王珪曰：“卿识鉴精通，复善谈论，玄龄以下，卿宜悉加品藻，且自谓与数子何如?”对曰：“孜孜奉国，知无不为，臣不如玄龄。才兼文武，出将入相，臣不如李靖。敷奏详明，出纳惟允，臣不如温彦博。处繁治剧，众务毕举，臣不如戴胄。耻君不及尧、舜，以谏争为己任，臣不如魏徵。至于激浊扬清，嫉恶好善，臣于数子，亦有微长。”上深以为然，众亦服其确论。

王珪拜相后，与房玄龄、李靖、温彦博、戴胄、魏徵等人一同辅理朝政。一天，众人陪唐太宗饮酒，唐太宗对王珪说：“大家都说你精通鉴别人才，你可对大家加以品评，并说说自己同他们谁更贤能吧。”面对这一“难题”，王珪答道：“勤勤恳恳报效国家，尽心竭力无所保留，我不如房玄龄；文武双全，出征可以为将，入朝可以拜相，我不如李靖；陈事进言详尽清楚，上传下达忠实公正，我不如温彦博；解决繁重任务，妥善处理问题，我不如戴胄；唯恐君王不如尧舜圣明，专以苦言强谏为己任，我不如魏徵。说到辨别清浊，疾恶奖善，我与他们相比，倒是略有长处。”太宗深表赞同，众人也钦佩他的高论。

老子云：“知人者智，自知者明。胜人者有力，自胜者强。”看到别人的优点和长处不容易，知晓自己“几斤几两”、懂得谦虚谨慎，更加难能可贵。有的领导干部随着职务提升，权力渐大、赞扬太多，失去了应有的清醒，常常自视过高，只看到自己的优点和长处，却看不到自身的问题和短板，认为自己的能力和水平都在他人之上，认为自己是业务首席、技术大拿、文学奇才、管理大师，这是极为不智的。殊不知，天下最困难的事情就是认识自己，有自知之明。

陆游有诗说得好：“吾侪饭饱更念肉，不待人嘲应自知。”此诗句放在当下，仍极具启发意义。要自知，就要欣赏他人的长处，正视自己的不足。世界上没有绝对完美的事，也没有十全十美的人。人人都有弱点、不足，也有优点、长处，弱点和不足本身并不可怕，重要的是我们应当善于“解剖”，乐于接受，努力变“不知”为“自知”。王珪能成为唐初四大名相之一，很大程度上就得益于其“知人”也“自知”。少些自以为是，多些自知之明，这是做人最为清醒的自觉，也是成熟练达的标志。从某种角度上讲，智者未必是明白人，但明白人往往有着大智慧，故而王安石认为“知己者，智之端也，可推以知人”，把自知之明放在了知人之智前面。作为领导干部，理应明白“尺有所短，寸有所长”，多看他人长处、多思自己短处，千万不能因为手中有权就为所欲为，千万不能因为别人奉承而忘乎所以，要始终做到自信不自负、耀眼不刺眼、优秀不优越。

事业成败在于人

◆

【原文】

有司上言皇太子当冠，用二月吉，请追兵备仪仗。上曰："东作方兴，宜改用十月。"少傅萧瑀奏："据阴阳书，不若二月。"上曰："吉凶在人。若动依阴阳，不顾礼义，吉可得乎！循正而行，自与吉会。农时最急，不可失也。"

贞观五年（631 年），太子李承乾到了行冠礼的年龄，礼部提议在吉月二月为太子行冠礼。唐太宗说："二月正是春耕农忙之时，若此时举行太子冠礼，举国欢庆，势必影响到春耕生产，应该改在农闲的十月举行。"太子少傅萧瑀上奏："根据阴阳历书，还是二月更吉祥。"唐太宗又说："吉凶祸福在于人如何去做。如果动不动就查看阴阳，不顾礼义，能够得到吉祥吗？依循正理而行，自然会有吉祥。农耕时最忙，不可耽误时机。"最终，太子冠礼没有在"吉月"举行。

有一些人遇事总要问问风水，还有不少人围着"大师"求其"指点迷津"。俗话说，事业成败，关键在人。凡事占卜吉凶、迷信风水，很容易陷于其中、难以自拔。事业没有四季，只有两季，努力就是旺季，不努力就是淡季。如果主观上不努力，甘守现状、甘于平庸、甘居劣势，即使机遇摆在眼前也只能"擦肩而过"。纣王暴虐，周武王在伐纣前举行"卜筮"仪式得到的是凶兆，心生疑虑，姜子牙则谏道："枯骨死草，何能知吉凶乎？"于是周武王打消了疑虑，毅然出兵，一举灭商。古往今来，事业有成者的经历反复证明，寄希望于占卜吉凶甚至听天由命纯属无稽之谈，一切收获都在于人，在于正道而行。如果事业成功之路真的有捷径，那么脚踏实地地奋斗就是最正、最好的一条。

中国传统政治的核心在于"正"。季康子曾问政于孔子，孔子对曰："政者，正也。子帅以正，孰敢不正？"所谓政，就是正。为政者做人修身端正、做事遵循规律，自然正人正己、政通人和。在故宫的乾清宫，有一副据说是康熙皇帝题写的对联：“表正万邦，慎厥身修思永；弘敷五典，无轻民事惟难。”横批为“正大光明”。大意是，仪表天下，法正万国，谨慎地修养自身和思考长久之道，广泛地宣扬五常之道，不要轻视平民百姓的艰难。毛主席也说“人间正道是沧桑”。可见，为政处事不能迷信吉凶祸福，唯有“循正而行”，方能“自与吉会”，最终收获新的成就、新的荣光。

五十两金子买六十个官

【原文】

易之、昌宗竞以豪侈相胜。弟昌仪为洛阳令，请属无不从。尝早朝，有选人姓薛，以金五十两并状邀其马而赂之。昌仪受金，至朝堂，以状授天官侍郎张锡。数日，锡失其状，以问昌仪，昌仪骂曰：“不了事人！我亦不记，但姓薛者即与之。”锡惧，退，索在铨姓薛者六十余人，悉留注官。

颇受武则天宠爱的面首张易之、张昌宗有个弟弟叫张昌仪，任洛阳县令，他借着哥哥们的权势，一直干着卖官鬻爵的勾当，生意十分火爆。一次入朝时，有一名姓薛的候选官员慕名而来，拿着五十两金子拦住他要买官。张昌仪收下金子，把求职书交给负责选官的天官侍郎张锡，交代他办好这件事。几天后，张锡把求职书给弄丢了，只好询问张昌仪能不能再向自己说一下那人的名字。张昌仪大骂了他一顿：“不会办事的东西！我也就一面之缘，哪里记得他的名字，只知道他姓薛。”按理说这买卖应该是吹了，谁叫那人没起个让人印象深刻的名字呢。结果张昌仪做生意“童叟无欺”，让张锡找出姓薛的候选官员，给那六十多人全部授予官职。

在唐代，考中进士只是有了出身，即取得为官资格，成为官员的后备军。要想成为真正的官员，还须经过吏部选试，合格之后，才能正式授予官职。许多士子一辈子都过不了吏部选试，就只能一直候补待选。

武周晚期至唐中宗、睿宗时期，朝廷吏治贪腐成风、贿赂公行，无耻荒唐之事并不鲜见。这六十多名薛姓候补官员一起甩掉候补“帽子”，带有极大的偶然性、戏剧性和讽刺性。恐怕他们做梦都不会想到，自己无缘无故得到官职，只因与一买官者同姓，可谓“五十两金子买六十个官”。

司马光有言：“为治之要，莫先于用人。”历朝历代吏治的顽疾，就在于用人权的私化、异化。用人权是一把双刃剑，用好了能选贤任能、造福社稷，用错了则祸害百姓、侵蚀民心。选人用人者若心怀不轨、心术不正，讲“会来事”不讲真干事、讲关系不讲公道、讲“和气”不讲正气，选出庸劣之徒、奸诈之辈，必定流毒深远、为害甚烈。正所谓“人人好公，则天下太平；人人营私，则天下大乱”，为事业选人用人理应“极身无二虑，尽公不顾私”，不能凭个人亲疏、个人好恶做取舍，也不能一味平衡照顾、论资排辈、降格以求，更不能把职务作为私相授受的牟利资源，真正拧紧“水龙头”，才能堵住“跑冒滴漏”。“用一贤人则群贤毕至，见贤思齐就蔚然成风。”为政者坚持事业为上、依事择人、人岗相适，特别是要选拔任用在关键时刻豁得出、在重大任务面前冲得上的“猛将”，在攻坚克难中闯关夺隘、攻城拔寨的“闯将”，在推进改革发展中敢于担当、狠抓落实的“干将”，这样的队伍自然当得起重托、对得起事业、经得起检验。

时至今日，那种为了谋求个人发财或职务升迁，千方百计甚至不择手段“接天线”、找靠山、攀高枝的人，看似谋取到了利益，实是穷途末路，也许会一时风光，但终究是做了一场黄粱梦，最终只能将自己钉在历史的耻辱柱上。

“五日京兆”的雷霆手段

【原文】

杨恽之诛也，公卿奏京兆尹张敞，恽之党友，不宜处位。上惜敞才，独寝其奏，不下。敞使掾絮舜有所案验，舜私归其家曰：“五日京兆耳，安能复案事！”敞闻舜语，即部吏收舜系狱，昼夜验治，竟致其死事。舜当出死，敞使主簿持教告舜曰：“五日京兆竟何如？冬月已尽，延命乎？”乃弃舜市。

“五日京兆”是个成语，来源于汉宣帝时期的一件事。当时，大臣杨恽因罪被杀，有人弹劾京兆尹（相当于首都市长）张敞是杨恽的朋友，不宜再担任重要职务。汉宣帝爱惜张敞的才能，暂时压下不发。张敞布置下属絮舜整理公文，絮舜却消极怠工，回家休息，说：“张敞这个京兆尹最多再干五天罢了，还能再管我吗？”张敞闻言，立即将絮舜抓起来，日夜拷问，最终定成死罪，临刑前让人对絮舜说：“五日京兆又如何？现在冬日将尽，你还能活命吗？”遂将絮舜砍了脑袋。

张敞杀絮舜事出有因。絮舜的官职“掾”，相当于长安市刑警队队长。絮舜是张敞一手提拔和培养的，一俟风吹草动，竟然背恩忘义，笑张敞只是“五日京兆”，张敞不由得勃然大怒，以他一贯的干练敏捷和雷厉风行的手段，抓起絮舜就杀了。这事虽做得有点儿过分，但在当时确实起到了以儆效尤的震慑效果，这也给了官场上看风使舵、趋炎附势之徒一个深刻的教训：不要聪明反被聪明误，“五日京兆”照样能要了你的卿卿小命。官场上也需要人性，应该多一些雪中送炭，少一些乘人之危。张敞这一刀杀得畅快，是对几千年来宦海浮沉决定追随者聚散这一炎凉世态的痛恨和宣泄。

不过，张敞还是因为杨恽的牵连和这次枉杀轻罪之人，被免去职务，逃亡他乡。但数月以后，由于豪强大族太多，皇亲国戚、犯罪分子也都集中于此，京师杀人抢劫之事不断发生。京兆尹这个官实在难当，各地长官，凡有治才的都被调到京师，长则一二年，短的仅数月，就出错被免，有的甚至掉了脑袋。汉宣帝认为还是张敞能干，又将张敞征召回来做官。张敞不仅在京师的行政管理方面有才能，在朝廷上讨论国家大事时也极有见地，汉宣帝认为他可堪大用，但一些皇亲国戚还是攻击张敞，说他行动风流、私德不修，有失大臣体统。于是张敞又因为他的特立独行为我们贡献了两个成语：一个叫“走马章台”，说张敞在散朝后回家，不仅故意从妓院密布的章台街驱车而过，还露出头颅，让妓女们瞻仰他的风采；另一个叫“张敞画眉”，说他与妻子过分亲昵，早上起来还给老婆画眉，汉宣帝问他有无此事，张敞嬉皮笑脸地回答：“我听说闺房里面、夫妻之间，比画眉毛更风流的事儿还多着呢。”汉宣帝笑笑，也没有治他的罪。汉宣帝有识人之明，他知道张敞是极有行政才能又处事练达的能员，是能干大事、有担当、在危难时能力挽狂澜的人，不能用枝末小节和条条框框来拘束这样的人才。

由此历史上留下了张敞这样极富张力的鲜活形象，也留下了汉宣帝辨才识人、知人善任的美名，故司马光在《资治通鉴》中引用了班固在《汉书》里的赞：“孝宣之治，信赏必罚，综核名实……功光祖宗，业垂后嗣，可谓中兴，侔德殷宗、周宣矣！”我们可从汉宣帝身上借鉴的是任用干部要用其所长，举荐人才要豁达大度，不要片面于流言蜚语，不要拘束于条条框框。唐太宗李世民就提出“用其所长，掩其所短”。宋代苏洵更是具体地提出，有用之才不是那些“绳趋尺步”、无大作为的规矩人，也不是那些“煦煦然而为仁”的老好人，而是“在朝廷而百官肃，在边鄙而四夷惧”的人。特别是奇杰之才，难免有“常好自负，疏隽傲诞”的毛病，甚至“往往冒法律，触刑禁”，但君主应当恕其小过，而予以充分的支持和信任。习近平总书记提出，要聚天下英才而用之，“用什么人、用在什么岗位，一定要从工作需要出发，以事择人，不能简单地把职位作为奖励干部的手段，要科学合理使用干部，用当其时，用其所长”。我们今天选用干部，应当有这样超越古人的眼光和气魄。

智瑶矜才侵德酿大祸

◆

【原文】

初，智宣子将以瑶为后，智果曰：“不如宵也。瑶之贤于人者五，其不逮者一也。美鬓长大则贤，射御足力则贤，伎艺毕给则贤，巧文辩惠则贤，强毅果敢则贤；如是而甚不仁。夫以其五贤陵人而以不仁行之，其谁能待之？若果立瑶也，智宗必灭。”弗听。智果别族于太史，为辅氏。

良才善用、德者居之，方能国泰民安、海晏河清。良才、德者，即德才兼备者，自然是治国理政的理想人选。然而，倘德与才不能兼具，又当作何选择？《资治通鉴》开卷撷录的这段“才德之对”，或能给我们些许启示。

晋国智宣子酝酿接班人选，属意嫡子智瑶，族人智果却投出了反对票，这令智宣子颇为不解。智瑶可不是等闲之辈，其人美鬓伟岸、射御兼修、才艺出众、能写善辩、果决强毅，凡此公认的五大优点，智果也是认同的。但在智果看来，智瑶有一个致命缺点——不仁，即为人刻薄嚣张，缺少仁德之心。怀着不仁之心，凭借过人的才智去役使别人，谁能受得了啊！智果甚至断言：“若真的立智瑶，智氏家族定会覆亡。”可在智宣子心目中，智瑶的缺点实属瑕不掩瑜，即便智果如此激烈反对，但圣意已决，诤言“弗听”。

先圣孔子有言，“吾未见好德如好色者也”。那么，才智出众的智瑶，都有哪些“失德”行迹呢？史料所述备焉，撮其要者：一是酒后撒野，私德不修。一次，智瑶与同为卿大夫的韩康子、魏桓子在蓝台饮宴，席间既戏弄了韩康子，又侮辱了他的家臣段规。无独有偶，《史记》亦记载道，智瑶联合赵襄子一起攻打郑国，其间聚宴时又喝醉了酒，不仅向赵襄子灌酒，还打了他。由是观之，智瑶不唯嗜酒贪杯，且常酗酒滋事，觥筹交错之间，埋下了仇恨的种子。二是语多张狂，口德不佳。蓝台饮宴不欢而散后，智瑶的家臣智国进谏道：“主公您招来灾祸而不提防，灾祸就真的会来了。”智瑶颇不以为意：“人们的生死灾祸都取决于我，我不给他们降灾赐祸就算不错了，谁还敢对我兴风作浪？”嚣张之言、跋扈之态跃然纸上。殊不知，祸从口出，天欲人亡，必令其狂。三是贪得无厌，官德不彰。智瑶主政后，野心膨胀，先是向韩康子索要大片领地，继而得陇望蜀，又向魏桓子索取了万户之邑，进而狮子大开口，竟欲攫取赵襄子世袭祖居的要蔡、皋狼两块地盘。遭拒后，智瑶恼羞成怒，火速纠集韩、魏军队，一起攻打赵襄子。四是荼毒生灵，公德不显。智瑶率三家联军围攻赵襄子避难之所晋阳，久攻不下后引水灌城，城中百姓的锅灶均被泡塌，青蛙在其间钻来游去。面对如此人间惨况，智瑶全无怜悯之心，竟得意洋洋地炫耀：“我今天才知道水可以灭人之国。”这既让韩康子、魏桓子顿生唇亡齿寒之感，也令城中百姓倍增同仇敌忾之心。赵襄子趁机派人游说，韩、魏两军阵前倒戈，与赵军联手反击智军。

貌似白璧微瑕，实为致命缺陷。因为智瑶的失德戾行，好端端的三打一的优势局面，演变为一敌三的劣势对决。结果不难想见：智军大败，智瑶被杀，智氏家族被灭。仅智果因有察人之明，早就改名更姓，脱离智氏家族而得以幸免。

俗话说，德不配位，必有灾殃。智瑶悲剧的酿成，源自才高德薄、矜才侵德。这令司马光生出“才者，德之资也；德者，才之帅也”的千古慨叹。诚如斯言，人无德不立。德若木之根，才若木之枝，求木之长者，必固其根本。今之为政者，在着力提升才干、锻造本领的同时，应明大德、严私德、守公德、修政德，方能行稳致远，造福社会，成就人生。今之主政者，当知晓社会治理重在选贤任能，识才察德不可偏废，须严守“德才兼备，以德为先”的标准，全方位、近距离、多视角深入考察人选的德行人品，观其言，察其行，由表及里，去伪存真，为干部“精准画像”，让那些以德主才、以才辅德的佼佼者脱颖而出。

李克的“五视鉴人法”

【原文】

文侯谓李克曰：“先生尝有言曰：‘家贫思良妻；国乱思良相。’今所置非成则璜，二子何如?”对曰：“卑不谋尊，疏不谋戚。臣在阙门之外，不敢当命。”文侯曰：“先生临事勿让!”克曰：“君弗察故也。居视其所亲，富视其所与，达视其所举，穷视其所不为，贫视其所不取，五者足以定之矣，何待克哉!”文侯曰：“先生就舍，吾之相定矣。”

知人善任是管理者必备的领导素质。善任，讲求人岗相适、人事相宜，用人所长、用当其时，殊为不易。善任以知人为先，知人是善任的前提，更为不易。诚如古人所言，“事之至难，莫如知人”，“知人之道，圣贤所难也”。即便诸葛亮这样的智冠群伦者，也有误用马谡、功败垂成的败笔。

一代明君魏文侯，也曾遇到这样的难题。在战国那个纷争不断的乱世，魏文侯想在魏成与翟璜两名重臣中选择一人出任国相。左右为难、举棋不定之际，他决定与谋士李克商议。兹事体大，又涉国君家事，李克觉得“不应谈”，也“不敢谈”，因而“不愿谈”，但架不住文侯以“临事勿让”相激，李克最终道出了一番真知灼见，即后世流传甚广的“识人五法”，或谓“五视鉴人法”，令文侯茅塞顿开，拿定了主意。

所谓“五视鉴人法”，就是“看人平常时所亲近的，看人富贵时所施予的，看人显赫时所举荐的，看人困厄时所不为的，看人贫贱时所不取的”。此“五看”集中观照人的典型行为举止，从中审察人的品行操守、胸襟气度、价值取向等内在修为，从具象中探本质，貌似简单实极深刻，可谓匠心独运、慧眼独具，对识人知人颇具方法论意义。

人才难得亦难识。人之难识，难在人的行为具隐蔽性，示诚掩诈、示拙掩巧者有之，示恤掩伪、示善掩恶者亦有之；人之难识，还难在人的行为具变化性，前倨后恭者有之，前恭后倨者亦有之。因之，如何考准察实干部，至今仍是干部工作的一大难题。李克的“五视鉴人法”对管理者有以下几点启示：一是要全面地看干部。既看“工作圈”，也看“朋友圈”；既看顺境追求，也看困境坚守；既看人前怎么说，也看人后怎么做。二是要历史地看干部。不仅仅看一时一事，更要看干部的一贯表现，看干部的全部历史和全部工作。三是要辩证地看干部。既看干部优势特长，也看短板弱项；既看长中之短，也看短中所长，避免大材小用误人、小材大用误事。四是要综合地看干部。统筹使用个别谈话、重大事项报告、调查核实、追溯走访、统计比较等考察方式，借助大数据等现代信息技术手段，对干部进行立体考察、透视甄别、分析研判，从关键时刻政治立场中辨“德”，从落实急难险重任务中识“能”，从一贯工作态度中看“勤”，从长远工作成效中考“绩”，从对待个人名利地位中察“廉”，进而把那些德才兼备的好干部识别出来。

子思荐才识长辨短

【原文】

子思言苟变于卫侯曰："其材可将五百乘。"公曰："吾知其可将；然变也尝为吏，赋于民而食人二鸡子，故弗用也。"子思曰："夫圣人之官人，犹匠之用木也，取其所长，弃其所短；故杞梓连抱而有数尺之朽，良工不弃。今君处战国之世，选爪牙之士，而以二卵弃干城之将，此不可使闻于邻国也。"公再拜曰："谨受教矣！"

史载，"卫多君子"。春秋战国时期，卫国可谓人才辈出，李克、商鞅、吴起、吕不韦……一串串耀眼的名字光照史册。令人费解的是，群星璀璨的卫国却运祚不兴，日渐式微。何哉？皆因这些乱世英雄、治国干才一个个流落他国，才找到平台施展抱负、成就功业。这就不能不让人质疑历代卫国国君的胸襟气度了。从这则子思与卫侯关于苟变的对话中，可管中窥豹，略见一斑。

苟变的名头可能不如商鞅、吴起等出类拔萃之辈响亮，但统领五百辆战车不在话下。卫侯也知道苟变是个将才，只是因为苟变担任小吏时，有次征收赋税时吃了老百姓两个鸡蛋，卫侯便欲弃之不用。这让子思甚为慨叹，道出了一番颇富哲理之言："圣人选人任官，就好比木匠使用木料，取其所长，弃其所短；一根合抱的良木，仅有几尺朽腐之处，高明的工匠是不会扔掉的。现在国君您处在战国纷争之世，正要收罗锋爪利牙的英武之才，却因为两个鸡蛋而舍弃一员护国大将，这事可不能让邻国知道啊！"一语惊醒梦中人，卫侯一再拜谢说："我接受你的指教。"

综合国力竞争说到底是人才竞争，得才则兴，失才则衰。此乃亘古不变之通理。子思的一席话让卫侯醍醐灌顶，对今之管理者也有颇多启示。正所谓，治平尚德行，乱世重才干。太平盛世，万物有序，首选德才兼具者，这自然理想。而值时世多舛、事乱如麻之际，才高八斗者往往能破解困局，本领高强者有时确实能左右成败。所谓非常之功必待非常之人，强调的是大节不亏、小节不拘，不能“以一眚掩大德”。恰恰战国就是一个纷争不断的多事之世，正因为有吴起、商鞅、吕不韦这些德行有亏却才华卓越的乱世英豪襄助，明主才得以成就霸业。相形之下，患了“道德洁癖”的卫侯，其认知、视野和格局就近于腐儒了。用好、用活人才，重在扬长避短。管理大师彼得·德鲁克认为，世界上没有真正全能的人，组织的效用就是发挥每个人的长处。卓有成效的管理者在用人之长时，要学会容人之短。诚如斯言，人各有所长，亦各有所短，用人之短则天下无可用之才，用人之长则天下人尽可用。管理者贵在既能见人之短，更能识人所长；既能知人长中之短，更能见人短中之长。应做到料才核能，随才授位，用人如器，各擅所长，切不可求全责备，更不能削足适履。

“劝君参透短长理，自有人才涌似云。”当下，有的领导常常感叹手下无人可用，殊不知每个单位都不乏可造之才、可用之才。只要变换一些思路，善于就地取材、物尽其用，做到“智者取其谋，愚者取其力，勇者取其威，怯者取其慎，无智、愚、勇、怯，兼而用之”，就能让每个人的才能都得到最大限度的发挥，从而开拓出一番事业新天地。

“因事择人”还需“因时择人”

【原文】

太尉、侍中冯道虽为首相，依违两可，无所操决。或谓帝曰：“冯道，承平之良相；今艰难之际，譬如使禅僧飞鹰耳。”癸卯，以道为匡国节度使，兼侍中。

乙巳，汉主幽齐王弘弼于私第。

或谓帝曰：“陛下欲御北狄，安天下，非桑维翰不可。”丙午，复置枢密院，以维翰为中书令兼枢密使，事无大小，悉以委之。数月之间，朝廷差治。

五代后晋时期，冯道以“国家多难，宜立长君”为由，力挺石重贵为帝。但石重贵继位后还是罢免了其首相职务，任命桑维翰为中书令兼枢密使。桑维翰能够审时度势，对内政外交大胆革新，面对繁杂的军政国事，也能随事裁决、基本无差，史书记载“灭唐而兴晋，维翰之力也”。

那么，冯道不适合担任宰相吗？冯道历仕四朝十代君王，为人老成持重、胸有城府，被石敬瑭誉为“人臣之刀尺，造化之丹青”，《旧五代史》盛赞其“道之履行，郁有古人之风；道之宇量，深得大臣之体”。为何石重贵不顾冯道拥立之功执意将其换下？究其原因，还是人与时脱节。相较桑维翰之开拓进取，冯道的“依违两可，无所操决”，虽说能平衡好各方关系、稳妥万全，但在国家需“御北狄，安天下”的开拓之际，已显得不合时宜。

纵观中国历史，如此“不合时宜”之人可谓比比皆是。三国时期的刘表奉行仁政，以儒家理念治理荆州，民皆安康，不失为一个治域之才。但是，在群雄割据的乱世，更需要的是运筹帷幄、胆识过人的英雄，这恰恰是刘表的短处，是故后世评价刘表为“治世能才，乱世庸才”。清朝光绪年间，翁同龢作为三代帝师也算勤勉称职，但其最后不能顺应潮流，观望保守，对变法首鼠两端、处处掣肘，被光绪帝开缺回籍。历史上诸多名相可谓风格各异，锐意改革者如王安石、张居正，稳健善谋者如于谦、房玄龄，倘若在变法图存时使用稳健保守之人，在平稳发展时使用激进折腾之人，往往会用非其人，轻则破坏大好局面，重则贻误事业发展。

事实证明，选人用人固然有共性的能力素质要求，需要从岗位职责出发、因事择人，但也有不同时期的时代要求，需要在通晓时局的基础上选择符合阶段性发展需求的干部。“改革”是20世纪80年代以来中国的时代特征，年轻人思维活跃、富于创造，邓小平大力提倡选拔和培养年轻干部，并让老同志掌舵护航，有序推进新老交替，干部队伍遂向年轻化、专业化转变。倘若在创业阶段选择思想保守的干部，在平稳发展阶段选择大胆冒进的尖兵，则必将事与愿违。古人云，“为人择官者乱，为官择人者治”，自古以来选人用人都是善治之大事，管理者须把握好“因事择人”和“因时择人”的辩证统一，及时把符合岗位素质要求和事业发展需求的干部选出来、用起来，人、时、事相宜方能人尽其才、事尽其功。

提拔干部的“着重号”

◆

【原文】

三月，戊午，以宗楚客为中书令，萧至忠为侍中，太府卿韦嗣立为中书侍郎、同中书门下三品。……韦嗣立上疏，以为：“……刺史、县令，近年以来，不存简择，京官有犯及声望下者方遣刺州，吏部选人，衰耄无手笔者方补县令，以此理人，何望率化！望自今应除三省、两台及五品以上清望官，皆先于刺史、县令中选用，则天下理矣。”

自秦始皇统一六国实行郡县制起，这个制度便成为之后两千多年国家治理体系的主流。但在唐代，刺史、县令等地方官职地位低、待遇差，吸引不了优秀人才就任。对此，中书侍郎、同中书门下三品（相当于宰相）韦嗣立忧心忡忡，向唐中宗进谏道：“近年来，朝廷任命刺史、县令时，没有高度重视、精心挑选，往往是将那些犯有过失或声望不高的京官派到各州担任刺史，吏部选任地方官时，也大多是将老朽昏聩、文笔不佳者补授为县令。陛下用这样的人去治理百姓，如何达到国泰民安、天下大治的境界呢？”韦嗣立不仅指出问题的表现，还提出解决问题的思路举措：今后提拔官员到中央部门去任职，首先要从那些在地方任职且有优异政绩的官员中选拔。

郡县治，天下安。自古至今，选拔一些优秀官员去地方任职，不仅能造福一方百姓，而且能形成国强民富的盛世。封建时代产生过王安石、况钟、海瑞等政绩斐然的地方官，党的百年历程中更是涌现出焦裕禄、杨善洲、廖俊波等一大批无私奉献的优秀市（县）委书记。县、市一级行政机构干部直接跟百姓打交道，直接面对各种困难和挑战，任职期间往往充满复杂的考验和斗争，因此工作压力巨大，而他们的成绩直接关系到大政方针的贯彻落实。因此，如何吸引优秀人才到条件艰苦的一线任职，是自古以来执政者和思想家认真思考的问题。明末清初思想家顾炎武在《郡县论》中提出“寓封建之意于郡县之中”的建议，认为朝廷要高度重视县令队伍选拔，首先，应将县令品级由七品提升到五品；其次，各地贤达百姓推举出的后备人才经吏部考核后，优秀的派到地方担任县令，分为三个三年试用期，任职九年后合格的可以终身任职，优秀的可以直接提拔到省一级或中央部门担任高官；最后，如果县令在任职期间犯了贪腐罪行，那么应立即处死。其意图即构建一个吸引培养优秀人才安心到地方长期任职的良好机制。今天要实现国家长治久安、实现中华民族伟大复兴，既需要运筹帷幄、掌舵领航的领袖统帅，也需要一大批吃透政策、熟悉实情、苦干实干的一线指挥员。因此，选拔一支想干事、能干事、干成事、不出事的市（县）领导干部队伍是组织部门必须认真思考的问题。只有确立干部培养在基层经历下加"着重号"的用人制度，方能激励优秀人才安心在艰苦环境中砥砺成长。

"红脸出汗"的御人之法

【原文】

十二月，刑部尚书李日知请致仕。

日知在官，不行捶挞而事集。刑部有令史，受敕三日，忘不行。日知怒，索杖，集群吏欲捶之，既而谓曰："我欲捶汝，天下人必谓汝能撩李日知嗔，受李日知杖，不得比于人，妻子亦将弃汝矣。"遂释之。吏皆感悦，无敢犯者，脱有稽失，众共谪之。

唐先天元年（712年）十二月，刑部尚书李日知向唐玄宗上书请求告老还乡。武则天称帝以来，朝政推崇严刑峻法，也制造了不少冤案，李日知在任期间不滥施刑罚，面对要处决犯人的案子，他在弄明白案情后依据大唐律法坚决不同意同僚做出的判处死刑的决定，说："只要我在司法岗位上一天，绝不容许滥杀无辜。"他慎用刑杖责打犯错误的官员，结果各项事务都能顺利完成。有一次，刑部有位官员疏忽大意，竟然把皇帝下达的敕令耽搁了整整三天。李日知得知情况后勃然大怒，找出刑杖，召集所有下属准备责打这个玩忽职守的官吏。过了一会儿，他冷静下来，对这个官吏说："我要是责打你，大家必定说只有你才能惹我生气，再说因为耽误了公务而受到我的杖责，与受到别人责打是不同的，而且一旦受到责打，你的妻儿也会因此离你而去。"最终饶过他一回，其他下属目睹后非常感动，从此再也没人敢违反规章，因为如果谁违反了，大家定会一致谴责他。

孔子曰："道之以政，齐之以刑，民免而无耻；道之以德，齐之以礼，有耻且格。"封建时代的士大夫非常看重自己的人格，所谓"士可杀而不可辱"讲的就是这个道理。刑部尚书李日知深通此道，对于初次犯错误、没有严重违法的官员，采用当面批评训诫让其自我反省的方法，要比拉下脸来严厉责打处分的效果好得多。因为一旦严厉处罚，被罚者不仅本人在同僚面前抬不起头来，妻儿老小也会抛弃他；而对其进行当面批评，结果不仅犯错者会深受触动，而且同僚也能受到很好的警示教育，激发起他们的荣誉感和廉耻观，大大提高了行政效能。监察部门要汲取古代政德教育有益滋养，把功夫下在平时，将"红红脸、出出汗""党纪轻处分"作为纪检工作的主要任务，平时针对干部的不良苗头及时函询约谈干部，定期召开民主生活会、组织生活会，开展批评与自我批评，让思想工作上有缺点、犯轻微错误的同志及时警醒、迷途知返，达到防微杜渐、治病救人的教育效果。这就是李日知慎用刑罚故事给我们的现实启迪。

"救时之相"与"伴食宰相"

【原文】

姚崇尝有子丧，谒告十余日，政事委积，怀慎不能决，惶恐，入谢于上。上曰："朕以天下事委姚崇，以卿坐镇雅俗耳。"崇既出，须臾，裁决俱尽，颇有得色，顾谓紫微舍人齐澣曰："余为相，可比何人？"澣未对，崇曰："何如管、晏？"澣曰："管、晏之法虽不能施于后，犹能没身。公所为法，随复更之，似不及也。"崇曰："然则竟如何？"澣曰："公可谓救时之相耳。"崇喜，投笔曰："救时之相，岂易得乎！"

怀慎与崇同为相，自以才不及崇，每事推之，时人谓之"伴食宰相"。

姚崇因为丧子，请假十多天去料理后事，把朝廷政务委托给另一位宰相卢怀慎。卢怀慎面对复杂繁重的事务，无法及时处理，以致政务堆积如山，他非常惶恐地向唐玄宗请罪。唐玄宗对他说："我把朝廷大事都交给姚崇去处理，只是让你享受当宰相的清闲罢了。"等姚崇重新回到岗位，很快就把堆积的政务处理完毕。他非常得意地对紫微舍人齐澣说："我当宰相，可以与历史上哪些人相提并论啊？"齐澣没有回答。姚崇追问："我跟管仲、晏婴相比，如何？"齐澣说："管仲、晏婴制定的制度尽管没有流传下来，但他们做到了慎终如始，您有随时更改制度的习惯，您似乎不如他们。"姚崇又问："那我究竟是个什么样的宰相呢？"齐澣评论说："你是一位救时之相。"姚崇听了这个评价感到恰如其分，非常满意。卢怀慎与姚崇同朝为相，常常感到自己的才能不如姚崇，遇到重大问题需要决断，都让姚崇拿主意。时人称卢怀慎为"伴食宰相"。

封建时代，那些想有所作为的君主在选拔班子成员时，往往很注重才能、性格差异搭配，既挑能力强、敢于决断的大臣，也会选性格温和、协调能力强、甘居次席者作为该大臣的同僚。比如，春秋时期齐国的鲍叔牙与管仲、郑国的子皮与子产，均为前者的职位在后者之上，因为敬慕后者的才干主动让贤，将治国理政的大权交给他们，最终开创了国泰民安的强盛时代。司马光在作史时既高度评价姚崇敢于担当、勇于决断的开拓精神，也非常认可卢怀慎善于团结、谦虚低调的优秀品格。他在叙述完这个故事后引用《尚书·秦誓》评价说，如果有卢怀慎那样忠厚诚恳，才干虽不很突出，但能容纳比自己强的人居于上位的臣子，就会产生"是能容之，以保我子孙黎民，亦职有利"的最佳效能。

当好一名领导，既要出好思路，也要搭好班子。一个优秀的班子既要有管仲、姚崇那样能力强、勇往直前、敢于担责的"救时之相"，也需要像鲍叔牙、卢怀慎那种为官清廉、主动谦让、维护团结的"伴食之相"，方能避免内斗，产生最佳效能。"伴食之相"和那些"躺平"、懒政的人是有本质区别的。他们认真做好本职工作，不揽权争功，遇到重大问题不轻易“拍脑袋”决定，而是主动和大家商量，甚至放手让拿得定主意的人去处理，不搞“内卷”。领导者唯有做到知人善任，把“救时之相”和“伴食之相”搭配得当，做到人尽其才、才尽其用，方能使各项事业不断进步。

聚人才者安天下

【原文】

十一月，己卯，黄门监卢怀慎疾亟，上表荐宋璟、李杰、李朝隐、卢从愿并明时重器，所坐者小，所弃者大，望垂矜录。上深纳之。乙未，薨。家无余蓄，惟一老苍头，请自鬻以办丧事。

…………

璟为相，务在择人，随材授任，使百官各称其职；刑赏无私，敢犯颜直谏。上甚敬惮之，虽不合意，亦曲从之。

…………

姚、宋相继为相，崇善应变成务，璟善守法持正；二人志操不同，然协心辅佐，使赋役宽平，刑罚清省，百姓富庶。唐世贤相，前称房、杜，后称姚、宋，他人莫得比焉。二人每进见，上辄为之起，去则临轩送之。及李林甫为相，虽宠任过于姚、宋，然礼遇殊卑薄矣。紫微舍人高仲舒博通典籍，齐澣练习时务，姚、宋每坐二人以质所疑，既而叹曰：“欲知古，问高君，欲知今，问齐君，可以无缺政矣。”

十一月初七，黄门监卢怀慎突然生重病，临终前向玄宗上表推荐宋璟、李杰、李朝隐、卢从愿四人，赞扬他们都是盛世不可多得的栋梁之材，祈求皇帝重用他们。玄宗采纳他的建议。二十三日，卢怀慎去世，家中没有任何多余的财产，只有一位老仆人，他请求自己卖身来安葬主人。

宋璟担任宰相，专心于选拔贤才，他根据才能授予官职，使百官人尽其才。他对官员枉法也毫不徇情，对于皇帝的不妥行为敢于犯颜直谏。唐玄宗对他非常敬畏，在处理政务时，往往宁肯委屈自己也要采纳宋璟的意见。

姚崇和宋璟先后担任宰相，姚崇擅长应付突发事件，能够出色完成任务，宋璟则善于主持公道，严格执法。两人的志向操守虽有所区别，却都能够忠心耿耿地辅助玄宗，使得这一时期赋役较轻、刑罚较简、百姓安居乐业。在唐代名相中，前有贞观时期的房玄龄和杜如晦，后有开元盛世的姚崇和宋璟，其他人的地位和影响是无法与这四人相提并论的。姚崇和宋璟上朝时，玄宗常常要站起来迎接他们，退朝时，玄宗则在前殿相送。等到李林甫担任宰相时，尽管在权势和宠爱方面超过姚、宋，但他所受到的玄宗的礼遇很微薄。同期的紫微舍人高仲舒博通典籍，齐澣熟悉时务，姚崇和宋璟每有政务上的疑难，都会向高仲舒和齐澣征求意见，得到满意答复后发出感叹："想了解古代的制度，可以向高君请教，想知道当今事务，可以向齐君咨询。只要做到这两点，就不会做出错误决策。"

治国安邦之道不仅是得人心者得天下，而且是聚人才者安天下。国运之搏实乃选拔人才机制的优劣之争。开创伟业重在培养选拔德才兼备的人才，既需要攻坚克难、开拓创新的闯将，也需要老成持重、方正贤良的股肱；既需要熟悉时务的循吏，也需要谙熟典章的专才。领导者要具备爱才、识才、育才的眼光和素养，也要有容才、用才、护才的胸襟和雅量，真正做到人尽其才、才尽其用，做到"不拘一格降人才"。

提拔官员要合乎法度

【原文】

上美张守珪之功，欲以为相，张九龄谏曰："宰相者，代天理物，非赏功之官也。"上曰："假以其名而不使任其职，可乎？"对曰："不可。惟名与器不可以假人，君之所司也。且守珪才破契丹，陛下即以为宰相；若尽灭奚、厥，将以何官赏之？"上乃止。二月，守珪诣东都献捷，拜右羽林大将军，兼御史大夫，赐二子官，赏赉甚厚。

幽州节度使张守珪斩杀了契丹王屈烈及可突干，并将其头颅送到了长安。唐玄宗听到大捷的消息后，非常高兴，想把张守珪提为宰相。张九龄上书劝诫：“宰相，是代表天子来治理天下政务的，不是用来赏赐的。”玄宗说：“那就只让张守珪挂个宰相的虚名，不知可否?”张九龄回答：“也不可以，国家的名位和爵禄不可以当奖赏物品随便赠送，这是天子要守住并掌管好的东西。现在张守珪只是取得对契丹战争的一场胜利，陛下就赏赐他宰相的官职，假如将来他消灭了契丹与突厥，那您还能赏赐他什么官职呢?”唐玄宗听后打消了拜相的想法，只是按照正常程序提拔张守珪为右羽林大将军兼御史大夫，并赐予他的两个儿子官位，赏赐了很多财物。

德不配位，必有灾殃。《周易·系辞下》曰：“德薄而位尊，知小而谋大，力小而任重，鲜不及矣。”就是说如果一个人自身的德行和他的职位及财富不相匹配，就容易招致灾祸。德行浅薄而地位太高，智慧不足而谋划甚大，能力不足而责任重大，是很少能办成事情的。张守珪作为一个战区的司令，打了胜仗应该赏赐，以此激励士气，但是不慎重评价他的资历就提拔为宰相，破坏了职务提升的正常程序，如果以后取得更大的胜利又该拿什么官位赏赐呢?所以封赏要有度，要留有余地，不能一下子就到天花板。提拔还要名副其实。张守珪身为将军，善于指挥打仗，但未必能胜任协调处理行政事务的官职。所以提升职位要匹配一个人的德行和才能，做到德配于位、才适于职，这对当事人和工作都是一种负责的要求。赏罚应有规矩，提拔必须合乎法度。不能因为立了功，就任意给官位荣誉，应该像一代名相张九龄一样严格执行制度。组织部门在考察干部时要坚持实事求是、任人唯贤的原则，具体操作时要掌握适度和精准的原则，既要做到人尽其才，也要实现才尽其用，为优秀人才脱颖而出营造有预期、合法度、透明化的氛围，才能达成聚天下英才而用之的目标。

国有诤臣　不亡其国

◆ ◆ ◆

【原文】

初，上欲以李林甫为相，问于中书令张九龄，九龄对曰："宰相系国安危，陛下相林甫，臣恐异日为庙社之忧。"上不从。时九龄方以文学为上所重，林甫虽恨，犹曲意事之。侍中裴耀卿与九龄善，林甫并疾之。是时，上在位岁久，渐肆奢欲，怠于政事。而九龄遇事无细大皆力争；林甫巧伺上意，日思所以中伤之。

先前，唐玄宗想要任命李林甫为宰相，就征求中书令张九龄的意见，张九龄回答："宰相关系到国家的安危，如果陛下任命李林甫为宰相，恐怕以后要成为国家的灾难了。"唐玄宗不听。张九龄因为文学才能出众，受到玄宗的器重，李林甫虽然怨恨他，但是表面上不得不奉承他。侍中裴耀卿与张九龄很要好，李林甫非常痛恨他们。那时，唐玄宗因为在位时间很久了，所以渐渐追求奢靡享乐的生活，平时爱听奉承之言，懒于理政。张九龄遇到政事，往往敢于较真，多次劝谏玄宗，而李林甫善于察言观色，天天想着如何打击忠良之人自己好上位。张九龄去世后，退位返回长安的唐玄宗渐渐悔悟，每次听到有人推荐宰相人选，都会脱口而出："他有张九龄这样的风骨吗？"《新唐书》记载，唐玄宗在蜀中避难时，追思张九龄的忠贞品格，情到深处不禁潸然泪下，派遣使者到张九龄的老家韶州祭奠，给他的家人赏赐很多礼品。开元以后，天下人称张九龄为"曲江公"而不称他的名字。

常言道，家有诤子，不败其家；国有诤臣，不亡其国。一个政权要摆脱"其兴也勃焉，其亡也忽焉"这一历史周期率的魔咒，关键在于统治集团须慎终如始、不忘初心。张九龄作为一代名相，阅人无数，忠贞不贰，他在关键事情上能够始终保持清醒的头脑，敢于较真谏言。比如，唐玄宗想提拔朔方节度使牛仙客当宰相，因为这个人善于经营，给皇帝上供了很多钱财，但是张九龄表示，不能因为其善于理财就随便把官位当奖品赐予他，关键要看这个人的德才是否胜任岗位；唐玄宗的宠妃武惠妃想让自己的儿子寿王当继承人，就让手下人贿赂拉拢张九龄，让他向唐玄宗进言陷害太子，张九龄断然拒绝，说后宫岂能妄议朝政；安禄山违反军令将被处死时，张九龄多次谏言要求按法执行；等等。可惜唐玄宗在位时间久了，逐渐懈怠政务，听不进诤言，而让李林甫这样言行不一的佞臣逐渐掌握大权和控制言路，大唐在强盛一百多年后终于盛极而衰，让人扼腕叹息。《中庸》曰："博厚，所以载物也；高明，所以覆物也；悠久，所以成物也。"一个政权要开创充满希望和生机的新时代，领导者必须有博大的胸襟和远大的理想，必须有明辨是非、从谏如流的勇气，必须有慎终如始、居安思危的定力。

"口蜜腹剑"的李林甫

【原文】

李林甫欲蔽塞人主视听，自专大权，明召诸谏官谓曰："今明主在上，群臣将顺之不暇，乌用多言！诸君不见立仗马乎？食三品料，一鸣辄斥去。悔之何及！"补阙杜琎尝上书言事，明日，黜为下邽令。自是谏争路绝矣。

…………

李林甫为相，凡才望功业出己右及为上所厚、势位将逼己者，必百计去之；尤忌文学之士，或阳与之善，啖以甘言而阴陷之。世谓李林甫"口有蜜，腹有剑"。

一代奸相李林甫千方百计堵塞唐玄宗的视听，以图大权独揽，于是把那些谏官们召集起来训斥道："如今皇上是一代圣君，大家认真领会圣旨的深意还来不及，还需要你们七嘴八舌乱评论吗？你们没看见立在大殿下面作为依仗的马匹吗？虽然吃的是上等的饲料，但如果敢乱叫的话，立刻就会被拉下去，到时后悔就晚了。"补阙官员杜琎曾经给皇帝上书提建议，第二天就被贬为下邽县令。从此，唐玄宗再也听不到真实的声音了。

李林甫当宰相期间，凡是那些才学功劳在自己之上，以及被皇帝信任可能威胁到自己地位的人，他一定会处心积虑除掉。比如，李林甫想永久独占宰相职位，不让那些立了大功的戍边将军被提拔到京师进入宰相行列，就向唐玄宗进谗言："文官为将帅，往往胆怯不敢打仗，而那些勇敢的胡人没有文化，不宜调到中央来当文官，不如让他们一直留在边关当节度使，给他们充分的用人权和财权笼络他们，那些胡人一定会忠心耿耿为陛下守好边关的。"唐玄宗听了这话觉得有道理，就改变了节度使定期轮岗的制度，这让安禄山的权力越来越大，最终酿成安史之乱。李林甫与另一位宰相李适之不和，想陷害李适之，就鼓动他建议皇帝开发华山中的金矿，可以增加财政收入，皇帝肯定高兴，并表示上朝时一定与他保持统一意见。等李适之建言时，唐玄宗认为这会损毁皇陵的风水，征求李林甫的意见，李林甫说："我早就知道开发金矿的好处，就是因为考虑到这样做会惊扰皇陵，损害陛下的王气，不适合开采，所以一直没有表态支持。"唐玄宗听了赞扬李林甫忠心耿耿、想得周到，并渐渐疏远了李适之。李林甫趁机诬陷李适之结党，贬斥包括李适之在内的十多位官员，后又逼迫李适之自杀。有一天，唐玄宗想起大臣严挺之，就问李林甫他在哪里做官，说此人可以重用。李林甫退朝后召见严挺之的弟弟严损之，告诉他皇上很想念他的哥哥，可以上奏说严挺之得了风疾，请求回长安治疗。严挺之听从了李林甫的话，李林甫拿着奏疏对唐玄宗说，严挺之衰老中风，应该授予闲职，以便其养病。就这样，李林甫不露声色地排挤了对他构成威胁的人。李林甫当宰相十九年间阳奉阴违、口蜜腹剑的罪恶行径真是罄竹难书。当然，最后他也落得死后被杨国忠报复、全族被抄家充军、自己的棺材被剖开、随葬的金银珠宝被抢夺的下场，可谓罪有应得。

《礼记·缁衣》曰："上有所好，下必甚焉。"指居上位的人推崇一种爱好，下面的人必定纷纷效仿。李林甫敢于欺上瞒下、恣意妄为，关键在于唐玄宗到了执政后期精神懈怠、生活奢靡，破坏了选人用人的规章制度，不再像执政早期那样虚怀若谷、英姿勃发，能够重用姚崇、宋璟、张九龄等敢于谏言、清正廉洁的忠臣，而是从内心喜欢和接纳像李林甫、杨国忠、安禄山那样投其所好、阿谀奉承的佞臣，从而导致政治生态不断恶化，最终演化为安史之乱，断送大唐强盛的大好局面，教训十分惨痛深刻！唐太宗曾经对魏徵说：“为一重要官职去挑选人选，不可仓促行事。任用一位君子，那么众位君子都会来到；任用一个小人，那么其他小人就会竞相引进。”古今中外王朝的兴衰历史一再昭示这句话的真理性。今天的执政者同样要保持谦虚谨慎、虚怀若谷的优良传统，在选拔人才、确定官职时一定要广纳民意、严守规矩，构建让坏人干不成坏事、让好人理直气壮干事的体制机制，方能杜绝“口蜜腹剑”的李林甫这类“两面人”兴风作浪，换得永久的海晏河清！

有才无德的王鉷

【原文】

上以户部郎中王鉷为户口色役使，敕赐百姓复除。鉷奏征其辇运之费，广张钱数，又使市本郡轻货，百姓所输乃甚于不复除。旧制，戍边者免其租庸，六岁而更。时边将耻败，士卒死者皆不申牒，贯籍不除。王鉷志在聚敛，以有籍无人者皆为避课，按籍戍边六岁之外，悉征其租庸，有并征三十年者，民无所诉。上在位久，用度日侈，后宫赏赐无节，不欲数于左、右藏取之。鉷探知上指，岁贡额外钱百亿万，贮于内库，以供宫中宴赐，曰：“此皆不出于租庸调，无预经费。”上以鉷为能富国，益厚遇之。鉷务为割剥以求媚，中外嗟怨。丙子，以鉷为御史中丞、京畿采访使。

唐玄宗任命户部郎中王鉷为户口色役使，下令免除百姓的租庸调。王鉷奏请向百姓征收运费，夸大钱数，又用多征收的钱财收购本地贵重特产，结果百姓所交的杂费比免掉的税收更多。按照惯例，戍边的士兵应该免除租庸，六年替换一次。当时戍边将士都以战败为耻，对阵亡的士兵不向官府申报，所以这些阵亡士兵在家乡的户籍没有注销。王鉷拼命榨取钱财，将有户籍而实际已经去世的人都当作逃避赋税，按照户籍登记，戍边六年以上者都要征收租庸，有人竟然被一次征收三十年租庸，而民众无处申诉。唐玄宗在位时间久了，生活奢靡，对后宫赏赐没有节制，钱不够就到左、右藏库去拿。王鉷知道皇帝的心思后投其所好，每年向唐玄宗额外上供达一百亿万缗，以满足玄宗挥霍的需求，并说："这些钱都是租庸调以外的，没有动用国家的经费。"唐玄宗认为王鉷很能干，更加信任他。王鉷变本加厉地压榨百姓来取悦皇帝，全国上下怨声载道。丙子，唐玄宗任命王鉷为御史中丞、京畿采访使。

唐太宗说过一段意味深长的话："为君之道，必须先存百姓。若损百姓以奉其身，犹割股以啖腹，腹饱而身毙。"意思是说统治者一味榨取民脂民膏来满足自己的奢靡生活，就好比割下自己腿上的肉来吃，肚子暂时饱了，身体却倒下了。太宗以此告诫子孙要克制私欲，爱惜百姓才能换来李家江山的长治久安。司马光曰："是故才德全尽谓之'圣人'，才德兼亡谓之'愚人'；德胜才谓之'君子'，才胜德谓之'小人'。凡取人之术，苟不得圣人、君子而与之，与其得小人，不若得愚人。"就是说选拔官员最好挑选德才兼备的圣人，实在找不到圣人君子，宁愿选用有德无才的愚人，也坚决不用有才无德的小人。李隆基后期重用像王鉷那种极力榨取民脂民膏来满足骄奢淫逸生活的小人，所以天下大乱。欧阳修说，"大凡君子与君子以同道为朋，小人与小人以同利为朋"，"小人所好者利禄也，所贪者财货也"，而君子"所守者道义，所行者忠信，所惜者名节"。组织部门选拔干部只有坚持德才兼备、以德为先的原则，听其言、观其行，到群众中调查实情，才能选出一心为民、唯干实干的优秀干部，才能识别出高喊口号、喜欢搞劳民伤财的"政绩工程"来取悦上级、一心往上爬的王鉷式的人并坚决弃用，从而实现干部清正、政府清廉、政治清明的治理目标。

大奸似忠的安禄山

【原文】

禄山在上前，应对敏给，杂以诙谐，上尝戏指其腹曰："此胡腹中何所有？其大乃尔！"对曰："更无余物，正有赤心耳！"上悦。又尝命见太子，禄山不拜。左右趣之拜，禄山拱立曰："臣胡人，不习朝仪，不知太子者何官?”上曰：“此储君也，朕千秋万岁后，代朕君汝者也。”禄山曰：“臣愚，向者惟知有陛下一人，不知乃更有储君。”不得已，然后拜。上以为信然，益爱之。上尝宴勤政楼，百官列坐楼下，独为禄山于御座东间设金鸡障，置榻使坐其前，仍命卷帘以示荣宠。命杨铦、杨锜、贵妃三姊皆与禄山叙兄弟。禄山得出入禁中，因请为贵妃儿。上与贵妃共坐，禄山先拜贵妃。上问何故，对曰：“胡人先母而后父。”上悦。

安禄山在唐玄宗面前应对机敏，时常说一些诙谐讨好的话来取悦玄宗。一次玄宗指着安禄山肥大的肚子开玩笑说：“你肚子这么大，里面装的是什么啊?”安禄山一本正经地说：“我肚子里装的是对陛下的赤胆忠心。”玄宗听了非常开心。玄宗曾让安禄山去见太子李亨，安禄山见了后并不下拜。身边人连连催促，安禄山就是站着不动，说：“我是个胡人，不懂朝廷礼仪，心中只知道有陛下一人，不知道太子是什么官职。”玄宗告诉他：“太子是我百年后代替我统治你的人。”安禄山继续说：“我脑子笨，以前只知道有陛下，不知还有太子。”不得已才拜见太子。玄宗看在眼里，更加相信安禄山是忠贞不贰之人。还有一次玄宗在勤政殿设宴，百官都坐在楼下，玄宗专门在自己座位的边上为安禄山设立床榻，让安禄山坐在自己的面前，卷起帘子以示宠爱。又命杨铦、杨锜、贵妃等与安禄山叙兄弟之情。玄宗给予安禄山可以进出皇宫的特殊待遇，安禄山趁机请求认作杨贵妃的儿子。玄宗与贵妃同坐，安禄山先拜贵妃，再拜玄宗。唐玄宗问他原因，他振振有词地回答：“胡人的风俗是先母而后父。”玄宗听了这话非常高兴，对安禄山更加宠幸。

人性的弱点在于喜欢听阿谀奉承的谎话，讨厌忠言逆耳的真话，尤其是身居高位之人，其嗜好往往被那些别有用心、大奸似忠的小人利用来谋取私利。例如，秦二世时期指鹿为马的赵高、隋炀帝时期欺上瞒下的杨素、明熹宗时期一手遮天的魏忠贤等，他们共同的特点都是在皇帝面前恭顺奉承，潜心研究皇帝的嗜好以投其所好，背地里拉帮结派、以权谋私，把皇帝玩弄于股掌之间，祸国殃民，断送大好江山。一个领导者对身边人应保持冷静的头脑，要格外小心那些过于贬低自己来讨好别人的人。曾国藩说当心“言不必当，极口称是，未交此人，故意诋毁”的人，就是说不可与这样一类人深交，他们不知道别人说的话是否正确，就表示完全赞同，就算并不知道事情的始末，且并未和某个人打过交道，也会随意道人长短、诋毁他人。这样的人卑鄙无耻，要远离，不应该和他们讨论任何事情，因为他们只会阿谀奉承、趋炎附势，若是和这类人结交，很容易深受其害，惹祸上身。认识一个人既要听其言，更要观其行；既要看政绩，更要看作风；既要听圈子里的评论，更要听基层百姓的反映。只有严格选人用人监督问责机制，才能避免安禄山这样大奸似忠的恶人祸害百姓、断送江山！

王者不私人以官

【原文】

魏主问高祐曰："何以止盗？"对曰："昔宋均立德，猛虎渡河；卓茂行化，蝗不入境。况盗贼，人也，苟守宰得人，治化有方，止之易矣。"祐又上疏言："今之选举，不采识治之优劣，专简年劳之多少，斯非尽才之谓。宜停此薄艺，弃彼朽劳，唯才是举，则官方斯穆。又勋旧之臣，虽年勤可录而才非抚民者，可加之以爵赏，不宜委之以方任，所谓王者可私人以财，不私人以官者也。"帝善之。

北魏名臣高祐广涉经史、性格豁达，是辅佐孝文帝治国理政的智囊团重要成员。一日，孝文帝问高祐怎样才可以禁绝盗贼，高祐对此进行了系统性阐述。他首先列举汉明帝时宋均以德政驱逐猛虎和汉平帝时卓茂以仁政教化阻挡蝗虫的事例，说明只要官员选对了，连猛虎、蝗虫都不入境，更何况身为人的盗贼；接着指出"朝廷选官用人，不看政绩优劣，只看年龄和资历，导致大量人才被埋没"的问题；随后给出具有可行性的政策意见，建议对劳苦功高、资历深厚，但又不能完全胜任治国安民的重要职位的大臣，多给些赏赐、涨涨级别和待遇就可以了，同时要大胆地改革人才选拔机制，以"唯才是举"打通人才上升通道，营造良好的用人氛围；最后总结陈词，给钱、给荣誉犒劳资历老的大臣无可厚非，但关系到江山社稷的重要职位万万不能随便"照顾"送人。

孝文帝深表认同，后大胆起用鲜卑族“少壮派”和汉族官员进行改革，北魏国力大幅跃升。

纵观孝文帝与高祐的对话，主要围绕的是如何选官用官，特别是如何处理论资排辈任免官吏的问题。这个命题，既是历史问题，也是现实问题，更是从古至今吏治工作绕不开的“必答题”。从历史看，北魏崔亮推行“停年格”，是由于此前选官标准不一导致矛盾激化，故选择将论资排辈明确为制度安排，成为平衡各方利益的现实选择，此后也为历代所沿袭，如唐代“循资格”、宋代“磨勘法”等，逐渐形成“惯例”，一直延续到近现代；从理论看，管理学提出一种“波士顿经验曲线”，又称“经验学习曲线”，是指一个人工作时间越长，经验越丰富，教训越深刻，工作起来就会轻车熟路，与新人相比有明显优势；从实践看，资历老的干部大多经过长时间、多岗位锻炼，其在人生阅历、工作经验、群众威望、心理素质等方面的优势非一般年轻干部所能比。综上来看，论资排辈选干部的传统延续千年，也确有其道理。但正所谓硬币总有两面，论资排辈制度存在的理由有多充分，其弊端就有多明显，因为在实践之中往往将资历、经历绝对化，甚至走向“唯资历化”的极端，也就容易出现高祐所说“王者私人以官”的问题，即从资历决定“谁该用”进行特殊“照顾”，而不是从事业考虑“该用谁”的问题。

正所谓，荷花出水有高低，手指从无一样齐。每个人都是独特的个体，选人用人要坚持统筹兼顾，充分考虑不同年龄段干部的性格特点、知识结构、阅历经验，科学合理选任。干部中，有的强于开拓创新，有的长于持盈守成；有的擅于冲锋陷阵，有的适于运筹帷幄；有的善于仰望星空，有的精于脚踏实地。优点可能延伸成为缺点，缺点在特定条件下也会成为优点。因此，对待干部，既要综合比选“排队”，也要果断淘汰“掉队”，还要允许破格“插队”，做到专业上有交叉、能力上有互补、性格上有兼容、年龄上有梯队，让每个人都能最大限度地发挥自己的能力，形成精兵强将各尽其职、各履其责、各展其长的干事创业局面。

用非其才必坏事

◆ ◆ ◆

【原文】

上欲伐魏，丹杨尹徐湛之、吏部尚书江湛、彭城太守王玄谟等并劝之；左军将军刘康祖以为“岁月已晚，请待明年”。上曰：“北方苦虏虐政，义徒并起。顿兵一周，沮向义之心，不可。”太子步兵校尉沈庆之谏曰：“我步彼骑，其势不敌。檀道济再行无功，到彦之失利而返。今料王玄谟等，未逾两将，六军之盛，不过往时，恐重辱王师。”上曰：“王师再屈，别自有由，道济养寇自资，彦之中涂疾动。虏所恃者唯马；今夏水浩汗，河道流通，泛舟北下，碻磝必走，滑台小戍，易可覆拔。克此二城，馆谷吊民，虎牢、洛阳，自然不固。比及冬初，城守相接，虏马过河，即成擒也。”庆之又固陈不可。上使徐湛之、江湛难之。庆之曰：“治国譬如治家，耕当问奴，织当访婢。陛下今欲伐国，而与白面书生辈谋之，事何由济！”上大笑。

…………

沈庆之复启听民私铸钱，由是钱货乱败。千钱长不盈三寸，大小称此，谓之“鹅眼钱”；劣于此者，谓之“綖环钱”；贯之以缕，入水不沈，随手破碎。市井不复料数，十万钱不盈一掬，斗米一万，商货不行。

南朝宋于元嘉二十七年（450年）打退了进犯的北魏军后，宋文帝打算反攻伐魏，与群臣会商。很有意思的是，文臣踊跃支持，武将却多持慎重态度。尤其是太子步兵校尉沈庆之直言进谏，指出己方步兵比不过北魏的骑兵，将领的水平和军队的士气比不上第一次北伐，恐怕会自取其辱。宋文帝反驳后，沈庆之依然坚持己见。于是，文帝让几位文臣与之辩难。沈庆之说：“治国就像治家，种田的事要问农夫，纺织的事要请教婢女。陛下现在要征伐一个国家，这样的军国大事不听军方的意见，却与一帮没打过仗的白面书生纸上谈兵，怎么可能成功！”宋文帝听后仅付之一笑。其后，文帝以举国之力发动了二次北伐，并重用“白面书生”王玄谟为前锋，结果一败涂地，使北魏太武帝拓跋焘饮马长江。两年后，宋文帝不顾沈庆之的反对，发动第三次北伐，结果还是无功而返。这两次北伐，耗尽了刘宋国力。

沈庆之是继檀道济之后刘宋的一代名将，王夫之在《读通鉴论》中称他为“三朝宿将，威望行于南北”。两次反对北伐，多次统兵平叛，充分显示了他在军事上的卓越见解和才能。他深知纸上谈兵的危害，指出宋文帝所谋非人的错误。但是，当他位高权重之时，却逾越了身为武将的本分，屡屡插手货币改革，力主允许百姓自己铸造钱币。他的意见被采纳后，导致刘宋货币体系混乱不堪，“劣币”盛行，连市场交易都难以进行。

“为政之要，惟在得人；用非其才，必难致治。”徐湛之、江湛、沈庆之等人在各自岗位上都堪称一时之选，刘宋一朝不可谓不“得人”；但是宋文帝与白面书生谋军事，沈庆之以一介武夫议金融，导致战事败、经济乱，根本失误在于用非其才。毛泽东曾经指出：“领导者的责任，归结起来，主要地是出主意、用干部两件事。”对领导者来说，知人善任是责任，人尽其才是本领。美国前总统西奥多·罗斯福曾说，最优秀的管理者，有足够的理智选择合适的人去完成他想要完成的工作，并克制自己在别人工作时不去打扰。这句话讲出了知人善任的三个要点：其一是以事择人，明确要做的事情和目标任务，按照工作的客观要求而非个人的主观好恶遴选人才；其二是人岗相适，领导者不是全能的，可以有不会做的事，但是一定要知道谁会做这件事，识人之能，用人之长，把最合适的人放在最合适的位置上；其三是权责配套，对做事的人放手放权不干扰，同时听得进意见，否则，再能干的人也无用武之地。想做到这三条，领导者要有眼光，更要靠“公心”，避免“偏听生奸，独任成乱”；要有气度，更要靠制度，用规矩管住揽权越位乱插手的冲动。正如毛泽东所指出的，“中国历朝以来的组织路线，即干部政策，都是随着政治路线改变的”，而“政治路线确定之后，干部就是决定的因素”。可以说，事业的性质决定了用人的素质，用人的成色决定了事业的成败。一名称职的领导者要善于以对的事团结人，用对的人成就事。

不以出身论英雄

【原文】

玄素少为刑部令史，上尝对朝臣问之曰：“卿在隋何官？”对曰：“县尉。”又问：“未为尉时何官？”对曰：“流外。”又问：“何曹？”玄素耻之，出阁殆不能步，色如死灰。谏议大夫褚遂良上疏，以为：“君能礼其臣，乃能尽其力。玄素虽出寒微，陛下重其才，擢至三品，翼赞皇储，岂可复对群臣穷其门户！弃宿昔之恩，成一朝之耻，使之郁结于怀，何以责其伏节死义乎！”上曰：“朕亦悔此问，卿疏深会我心。”

张玄素年轻时为刑部令史，唐太宗曾当着朝中大臣的面问他：“你在隋朝时官居何职？”张玄素答道：“县尉。”唐太宗追问：“在做县尉之前是做何官？”张玄素答：“九品之外未入流。”唐太宗又问：“是哪一曹的小吏？”这时候，张玄素脸上已经看不见正常的血色了，神情恍惚，出宫门时脚步似乎都不会正常移动了，脸色如死灰。谏议大夫褚遂良看到后连忙上奏疏说：“君主以礼待臣下，臣下才能尽心竭力。虽然张玄素出身寒微，但陛下重视他的才能，擢升他到三品，辅佐太子，怎么能够当着大臣们的面追问他的出身呢？抛开往日的恩宠，给他造成今天的羞耻，会让他心怀不安并且忧愁，他又怎么能为您尽忠效节呢？”太宗后悔道：“爱卿的话深得我心。”

张玄素出身寒微，因擅长文学，在隋末时担任河北景城县户曹，也就是掌管户口与农桑的小吏。天下大乱后，窦建德占领景城，因张玄素是隋朝官吏，准备杀掉他。但由于张玄素平素爱民如子，竟有一千多名百姓哭泣着为他求情。农民出身的窦建德非常感动，不仅放了他，还任命他为治书侍御史和黄门侍郎。从此，曾是一名“不入流”的“户曹小吏”的张玄素开始登上历史舞台。

人才不问出身，英雄不问出处。“出身论”放到现在，更多地体现在“学历”“职称”等方面。学历在一定程度上确实可以证明一个人的水平，但是，学历不是衡量一个人能力的唯一标准。“高学历”人群中也有“干不成事”的，“低学历”人群中也有“干事漂亮”的；“高学历的人”也可能只进行“低能力的付出”，“低学历的人”也可能发挥出“巨大的潜力”。不可一概而论，不是只有高学历的人才是“英雄”。衡量人才，应从“看学历”变成“看本事”。“天行健，君子以自强不息。”最终决定一个人能否成功的绝不仅仅只是一时的才智或天赋，更多的是毅力、品德。要通过“不拘一格降人才”，让更多的人才释放才能与创造力。人能尽其才则百事兴。事业发展需要大量人才，我们需要摒弃“出身论”，以积极开放的“英雄莫问出处，富贵当思原由”的用人观念，让“各路好汉”同台竞技、各显神通，让人能各尽其才、各尽所能。不唯“出身”、不唯“帽子”、不唯“学历”，用好用活各类人才，让更多“千里马”竞相奔腾。

唐太宗不要钱财要贤才

【原文】

治书侍御史权万纪上言：“宣、饶二州银大发采之，岁可得数百万缗。”上曰：“朕贵为天子，所乏者非财也，但恨无嘉言可以利民耳。与其多得数百万缗，何如得一贤才！卿未尝进一贤，退一不肖，而专言税银之利。昔尧、舜抵璧于山，投珠于谷，汉之桓、灵乃聚钱为私藏，卿欲以桓、灵俟我邪！”是日，黜万纪，使还家。

贞观年间，朝廷求贤若渴，鼓励各级官员大力推荐人才，并成为一种制度，对于那些不愿提拔、推荐人才的官员，则严令给予处罚。官员权万纪热心创收，他上书给皇帝称：“宣州、饶州发现银矿，若派人开采，陛下每年可以收入数百万缗钱。”唐太宗听了却勃然大怒：“朕贵为天子，所缺乏的并非金银财物，只恨没有好的政策、主意可以有利于百姓。与其多得数百万缗钱，还不如得到一个贤才！你未曾举荐一个贤才、黜退一个庸才，而只谈论开矿抽税的好处，这是极大的渎职。从前尧、舜将玉璧丢入深山，将珠宝投入深谷，只有后汉桓、灵二帝聚敛钱财据为己有，你要让我做桓、灵二帝吗？”当天太宗就罢免了权万纪的官职，让他回家赋闲。

“以天下论者，必循天下之公”。早在战国时期，孟子就对统治者追求利益的行为进行了有力批驳。中国历代凡是有作为的君主，对如何敛财都毫无兴趣。隋文帝勤于政事，其在位期间，轻徭薄赋、国富民丰，人口达到七百余万户，造就了中国农耕文明的巅峰时期。但他的儿子杨广接手江山后，所作所为正好相反，横征暴敛、穷兵黩武，葬送了文帝辛辛苦苦创下的大好基业。古人说：“唯公心可以奉国，唯公心可以理家。”无私才是成就事业的基石，从礼贤禅让的尧舜、公而忘私的李冰父子，到写出“先天下之忧而忧，后天下之乐而乐”的范仲淹、秉公执法的包拯、清正廉明的海瑞，充分说明了“一心可以丧邦，一心可以兴邦，只在公私之间尔”的道理。贪如火，不遏则燎原；欲如水，不遏则滔天。为政者如果“私”字在前、“贪”字当头，放松对自己的要求，必然“百病缠身”。在工作生活中，我们要常思贪欲之祸，保持平常心态，抛弃“升官发财”“骑马坐轿”的特权意识，与“有权不用，过期作废”的想法做斗争，做到生活上“知足常乐”、社交中“清高寡合”，秉承“守公心，才会走正道；走正道，才能有担当”的理念，用实际行动凸显“公心”，用“公心”凝聚更多更大的“民心”。

君子与小人

【原文】

庾亮遣督护王彰击峻党张曜，反为所败。亮送节传以谢侃，侃答曰：“古人三败，君侯始二；当今事急，不宜数尔。”亮司马陈郡殷融诣侃谢曰：“将军为此，非融等所裁。”王彰至曰：“彰自为之，将军不知也。”侃曰：“昔殷融为君子，王彰为小人；今王彰为君子，殷融为小人。”

东晋大臣庾亮派遣手下督护王彰突袭叛军，反被叛军击败。庾亮送去符节向讨逆军盟主陶侃谢罪，陶侃回答说：“古人曾三次遭败，您才两次。不过当今形势急迫，不能次次这样。”庾亮的下属殷融、王彰也分别拜见陶侃谢罪。殷融说：“失败是庾将军造成的，不是我们出的主意。”王彰则说：“失败是我自己造成的，与庾将军无关。”他们走后，陶侃有感而发道：“过去殷融是君子，王彰是小人；现在王彰是君子，殷融则是小人了。”

常言道，画虎画皮难画骨，知人知面不知心。观人识人是最难的事，也是最重要的事。早在战国时期，《吕氏春秋》就提出识人有“八观六验”之法，其中就有“惧之以验其持”，即重点看一个人在面临重压时还能否保持气节。陶侃正是通过一次关键事件中不同下属在压力下的不同表现，看出谁是君子谁是小人，完全扭转了对殷融和王彰两人的看法。正如白居易所感：“周公恐惧流言日，王莽谦恭未篡时。向使当初身便死，一生真伪复谁知？”现实中也不乏各种各样的“两面人”，他们平时戴着正直的面具，人前冠冕堂皇，“演技”高超，但只要涉及自身利益，便会立即切换一副自私的面具。可见，识人难，用人难，阅人无数不如阅人有术。

曾国藩说：“居高位者，以知人、晓事二者为职。”观领导者能力之高下，大抵不出知人与晓事二途，尤以“识人”为要。对领导者来说，识人有三重境界：“源于事”，观察所作所为；“识于人”，聚焦个性品德；“归于势”，关注发展趋势。优秀的领导者，理应练就一双见微知著、一叶知秋的识人慧眼。在识人上，突出观察关键时刻表现、利益面前取舍、担当时候态度，小事看德、难事看能、大事看绩、分外事看勤，做到既知面又知心，既知长又知短，既知德又知才，既知能又知绩。正所谓，操千曲而后晓声，观千剑而后识器。领导者只有经常性、近距离、有原则地接触干部，全方位、多角度、立体式地识别干部，才能真正做到知根知底、知长知短、知良知莠。

水至清则无鱼

【原文】

超之被征，以戊己校尉任尚代为都护。尚谓超曰：“君侯在外国三十余年，而小人猥承君后，任重虑浅，宜有以诲之！”超曰：“年老失智。君数当大位，岂班超所能及哉！必不得已，愿进愚言：塞外吏士，本非孝子顺孙，皆以罪过徙补边屯；而蛮夷怀鸟兽之心，难养易败。今君性严急，水清无大鱼，察政不得下和，宜荡佚简易，宽小过，总大纲而已。”超去，尚私谓所亲曰：“我以班君当有奇策，今所言，平平耳。”尚后竟失边和，如超所言。

班超镇守西域几十年被召回国，任尚受命继任西域都护。任尚上任前拜访班超，希望班超给自己提些忠告。班超直言道：“守边戍屯的官吏士兵，很多人都是因为犯罪而迁徙塞外。而西域各国，心如鸟兽，难以扶植，却容易叛离。你这个人性情严厉急切，但水至清则无鱼，为政不能太严厉挑剔，应当采取无所拘束、简单易行的政策，宽恕他们的小过失，只总揽大纲而已。”任尚听了不以为然，虽口头上表示赞成，内心却不服，把班超的教诲当作耳旁风。他到达西域后，严刑厉法，一意孤行，结果没过多久，西域人便起兵闹事，边境又陷于兵戎相见的状态。

“水至清则无鱼，人至察则无徒。”领导者的主要责任在于知人善任，而“察”是知人的前提。如何充分调动、发挥下属的积极性，考验的是领导艺术。作为领导者，如果不能做到知人，便会贤愚不分、善恶不辨；但是如若“察”过了头，做到了“至察”，也将有害无益。要想“察”到恰当的地步、火候，就需要正确把握度。其一，“察”不可过。有些领导干部对周围的人总是敏感，对于一些无关紧要、鸡毛蒜皮的事，动不动就上纲上线，喜欢绷着脸较真、教训人。这既伤害了感情，又妨碍了工作，让人觉得拒人于千里之外，久而久之，就会失去周围人，那当然就“无徒”了。其二，“察”不能不及。有些领导干部在大的原则性问题上、在大是大非面前不认真对待，轻描淡写、漠然视之；不敢直面现实，绕着矛盾走，明哲保身，装糊涂、和稀泥，不敢担当。这样长期下去就是失察，既失去了威信，又损害了事业，必然会“无徒”。其三，“察”要正确把握度。小事上不要斤斤计较，对待别人比对待自己宽容一些，对人的信任比怀疑和提防多一些。这不仅是交往的要旨，也是人生的境界。凡事善于换位思考，多一些理解包容，大事不糊涂，小事不纠结，凡事有主见，这样“察”得恰如其分，身边就会有越来越多的“徒”。

进一贤则群贤毕至

【原文】

初，犍为太守李严辟洪为功曹，严未去犍为而洪已为蜀郡；洪举门下书佐何祗有才策，洪尚在蜀郡，而祗已为广汉太守。是以西土咸服诸葛亮能尽时人之器用也。

诸葛亮治理蜀汉期间，能够充分发掘利用当时的人才，形成争相荐贤举能的良好风气。比如，犍为太守李严任命杨洪为功曹，李严还没有离开犍为，杨洪已经当上了蜀郡太守；杨洪又推荐自己门下的书佐何祗，称他有才干，杨洪仍在蜀郡太守的职位时，何祗已经成了广汉太守。因此，蜀地人士都佩服诸葛亮能尽时人之用。

古人云，得人者昌，失人者亡。古人深知人才难得的道理，既有爱才之心，自然就会有求才之渴。但凡欲成事业者必先得人才，而要得人才必先得其心，这是优秀领导者应具备的品质。其一，爱才要心“诚”。周公“一沐三握发，一饭三吐哺”，燕昭王构筑黄金台，萧何月下追韩信，刘备三顾茅庐……这种礼贤下士、尊才惜才的精神，才能以心换心、以情感人，从而成就共同事业。现代社会的人才与领导者之间的关系是一种平等的同志式关系，人与人之间相互尊重已成为社会交往中一项十分重要的道德要求。但领导者首先应当从心底里重视人才、从感情上贴近人才，才能真正做到聚才留才。其二，爱才而不妒才。作为领导者，不能搞“武大郎开店”，生怕别人超过自己，必须不断提高道德素养，撇开个人利害得失，以“公心”换“人心”，用好一个人，激励“一大片”，发挥人才竞相涌现的“葡萄串效应”。其三，爱才重在理解和信任。但凡真正的人才都有一种实现自身价值的强烈愿望，他们关心、看重领导对自己是否尊重和信任。领导者对人才的尊重和信任，既能进一步激发人才的创造力，又能更好地调动人才的积极性。真正理解人才就会对人才有感情，就会千方百计地发掘人才、精心招募人才、用心留住人才、关心爱护人才、为人才排忧解难。

人是一切资源中最宝贵的资源，人才的资源配置是一切资源配置中最高层次的配置。领导者作为配置资源的组织角色，一个重要职能就是识才、聚才和用才。换句话说，能否发现人才、选拔和用好人才是检验领导者称职与否的重要标志。可以说，爱才之心是领导者慧眼识才的先决条件。只有像爱护自己的眼睛那样去爱护人才，只有把人才当作最重要、最稀缺、最宝贵的资源对待，才能推动各项事业持续发展。

专用同乡是弊端

【原文】

郭伋为并州牧，过京师，帝问以得失，伋曰：“选补众职，当简天下贤俊，不宜专用南阳人。”是时在位多乡曲故旧，故伋言及之。

名士郭伋担任并州牧，经过京城洛阳，汉光武帝刘秀向他请教为政的得失，郭伋说：“选拔补充各级官吏，应当从全国范围内选取贤能和俊杰，不宜只用陛下您的那些南阳同乡。”这时担任朝中官职的很多人都是刘秀的同乡或故旧，所以郭伋直言不讳地谈到了这一点。

郭伋认为专用同乡是为政的弊端，原因不外乎两点：一是打天下需要得人心，治天下同样也需要。当初跟随刘秀一同打天下的有很多南阳郡同乡，夺取天下后，这些同乡中的有功之人就被选派为各级官吏，这看似合情合理，但长久下去，必然丢失大部分士人之心，以致统治不稳。二是同乡为官，易结成圈子“抱团”，形成同一利益集团，党同伐异，不利于朝政稳定。以古为镜，魏晋南北朝的士族门阀、唐朝“牛李党争”、北宋“新旧党争”、明朝“东林党争”、清朝“帝后党争”等，不一而足，最终都加剧了统治危机，留下了“朋党兴，政事乱”的历史箴言。

选人用人腐败是干部腐败中的最大腐败，是用权腐败及其他各种腐败的根源。干部任用中的“圈子文化”，可以视作诱发形形色色腐败窝案、串案的催化剂，不仅滋生腐败，甚至会在此基础上传染腐败、扩散腐败、加剧腐败。健康的政治生态里，应该是“良币驱逐劣币”，可是“圈子文化”的存在，导致本末颠倒，“劣币驱逐良币”，让不看能力只看“关系”、不看学识只看“背景”的人官运亨通，形成“逆淘汰”。严防“圈子文化”的毒瘤，必须让权力在阳光下运行，坚持正确的价值导向，依规办事，坚决抵制“圈子文化”，使人身依附、拉帮结派没有市场和生存土壤。摧毁“圈子文化”的市场，要改变“由少数人选人，在少数人中选人”的选人用人制度，建立健全民主、科学、公开的选人用人制度，用“正淘汰”逼退“逆淘汰”，让“潜规则”不灵，让“显规则”盛行。

郭泰识人　观其大节

【原文】

泰性明知人，好奖训士类，周游郡国。茅容，年四十余，耕于野，与等辈避雨树下，众皆夷踞相对，容独危坐愈恭；泰见而异之，因请寓宿。旦日，容杀鸡为馔，泰谓为己设；容分半食母，余半庋置，自以草蔬与客同饭。泰曰：“卿贤哉远矣！郭林宗犹减三牲之具以供宾旅，而卿如此，乃我友也。”起，对之揖，劝令从学，卒为盛德。钜鹿孟敏，客居太原，荷甑堕地，不顾而去。泰见而问其意，对曰：“甑已破矣，视之何益!”泰以为有分决，与之言，知其德性，因劝令游学，遂知名当世。陈留申屠蟠，家贫，佣为漆工；鄢陵庾乘，少给事县廷为门士；泰见而奇之，其后皆为名士。自余或出于屠沽、卒伍，因泰奖进成名者甚众。

九方皋相马看重的是马的精神实质，而非它的外在形貌。识人用人也须看本质、观大节。汉朝就有这样一位相人识人的“伯乐”郭泰，他总是以独到犀利的眼光，发掘别人身上的闪光点，让许多曾是引车卖浆之流者得以登堂入室。茅容已经四十多岁，仍在田间耕作，一日劳作时恰遇一场豪雨，其他人都躲到树下避雨，相互逐戏，唯茅容正襟危坐，端坐如钟。郭泰正好经过，见状大为惊奇，于是劝茅容好好学习，必有一番作为。果不其然，茅容最终成为一个德高行范的人。还有孟敏，一次他背着瓦罐赶路，肩负的瓦罐摔在地上，他却目不斜视，径自前行。在场的郭泰甚是好奇，问他为什么这样。孟敏回答：“瓦罐已经破碎，再看它又有何用?”郭泰闻言，觉得此人有分辨和决断能力，一番长谈之后，鼓励孟敏外出求学。后来，孟敏闻名当世。像这样来自底层、因受到郭泰赞赏和激励而成为名士的人还有很多。

古人云：“有大略者不问其短，有厚德者不非小疵。”看人主要看其在大德、大节、大功、大事上的表现，如若一味苛求责备，追求所谓“完人”，拿着放大镜到处找人短处，恐怕难以找到可用、可造之才。领导者应该有爱才容人的雅量，“不以一眚掩大德”，不因小过弃用之。对本质好、有能力的人才，要扬长避短，敢于奖励提拔，以使人尽其才。人才，有一个从“潜”到“显”的发展过程，而识“潜”并不是件容易的事，尤其是当这一潜质尚被某些缺点遮蔽时。领导者应该具备“瞻山识璞，临川知珠”的慧眼，在属下才能未显之时看出其潜力，然后有针对性地进行敲打和培养。不能不佩服郭泰的锐利眼光，所谓“以小见大，见微知著”大抵如此。识人辨才，方法也很重要。平常时候最能看清一个人的人品和格局。一个看似不起眼的举动，一句不经意间说出的话，往往就能显露一个人的真性情、真面目。考察人才既要多维度“取景”，从“远近高低”各个层次多维度刻画“立体像”，更要在平常时、细微处“抓拍”，及时“端好相机紧按快门”，抓拍干部“特写照”，根据其平常时刻显露出的“庐山真面目”，考察出其危难时刻究竟能否豁得出、顶得上、靠得住。

甘为人梯、善为伯乐的郭泰，在成就一批豪杰名士的同时，也赢得了生前身后千古美名。郭泰去世后，从四面八方赶来参加葬礼者成千上万。名士蔡邕专门为他题写碑文，书毕，感慨道："我平生写过那么多碑文，大多有恭维的成分在里边，只有郭泰的这篇碑文我是没有丝毫愧色的。"后人称此碑为"无愧碑"。所谓"桃李不言，下自成蹊"，得天下英才而教育之，乃世间一大乐事。

羊祜荐贤 不谢私门

【原文】

祜每拜官爵，常多避让，至心素著，故特见申于分列之外。祜历事二世，职典枢要，凡谋议损益，皆焚其草，世莫得闻；所进达之人皆不知所由。常曰："拜官公朝，谢恩私门，吾所不敢也。"

西晋人羊祜出身官宦世家，为人清廉谦恭，被授予官职和爵位时经常避让，态度恳切，因此声名远播，朝野人士都对他推崇备至。难能可贵的是，羊祜虽经历了两代帝王，掌握机要大权，却高风亮节，从不结党营私，参与筹划和商议的奏本，过后都会焚毁，世人无从知道其中的内容。经他推荐为官的人比比皆是，但他从不在外提及，事后更是将推荐信付之一炬，被推荐者也不知道自己是羊祜举荐的。他常说："官吏是由朝廷签署任命的，到私门拜谢，这是我所不敢接受的。"

读至此，我们佩服羊祜的美德。"举善荐贤，乃美事也"，何必自焚其稿呢？把推荐之事直接告知被举荐之人不是更好吗？日后若需要相互关照，想必人家一定会鼎力相助，何乐而不为呢？可是，羊祜没有考虑这些，一句"吾所不敢也"把话说得刚直而鲜明。

身正则影直，上廉则下端。然而，现实生活中，既不乏贪功表功的领导，更不乏"谢恩私门"的下属。领导以"恩人"自居，把下属的成长升迁完全归功于自己，使人误以为靠组织不如靠个人、干工作不如找关系，下属谢恩私门除了感谢提携之恩，还希望得到领导更多的关照。如此一来，上下级关系便成了人身依附关系，容易形成小团体、小圈子，极易滋生腐败。其危害之烈，不堪设想。要杜绝谢恩私门的现象，首先，组织要公道用人，让那些一心一意干事业、综合素质高、工作成绩突出的人受重用，让跑官要官的人靠边站。其次，领导要严格自律，行得正，走得端，既不贪功更不表功，让谢恩私门的下属无机可投、无空可钻。当然，反对谢恩私门，并不是要否定下属对领导培养的敬意和尊重。个人感念领导知遇之恩的最好方式，就是将这种纯洁而深厚的感情，化为事业发展的动力，更加谦虚地做人做事，更加有为地干好工作，更加严格地约束自己。

士大夫不能册封

【原文】

中书舍人纪僧真得幸于上，容表有士风，请于上曰："臣出自本县武吏，邀逢圣时，阶荣至此；为儿昏得荀昭光女，即时无复所须，唯就陛下乞作士大夫。"上曰："此由江敩、谢瀹，我不得措意，可自诣之。"僧真承旨诣敩，登榻坐定，敩顾命左右曰："移吾床远客！"僧真丧气而退，告上曰："士大夫故非天子所命！"

南齐人纪僧真文武双全，历事齐高帝、武帝、明帝三朝，皆得重用，官至中书舍人。其仪表堂堂，言行举止也颇具士大夫风采，而唯一的憾事乃出身寒门，即便身居高位，儿子还娶了士族荀昭光的女儿，仍不受士大夫们待见。于是，纪僧真请求齐武帝封他为士大夫。不料，齐武帝犯难地说："这件事情我决定不了，你需要去找江敩和谢瀹，他们才是士大夫的领袖。"纪僧真奉旨去见江敩，孰料刚刚坐下，江敩就吩咐左右："把我的坐榻抬远点。"以此表示"寒""士"有别，即纪僧真是寒门出身，虽然现在权力很大，不过还是不配与士大夫平起平坐，自己也根本不愿意和他搭话。纪僧真碰了一鼻子灰，败兴而归，向武帝感慨道："士大夫原来真不是皇上所能册封的。"

"郡置中正，平次人才之高下"，魏晋南北朝时期，要做官必须接受"九品中正制"的评级推选。标准初衷是以家世、道德、才能三者并重，但晋以后完全以家世门第来定品级。门第越高，评级越高，官职就越高，而出身寒门者德才评级再高也只能定在下品，甚至绝大多数连参评资格都没有，于是形成了所谓的门阀制度，之后又演变成"血统论"。士族也就成了贵族，世袭为官，也称"世族"或"势族"。出身寒微庶族的人，即使靠拼杀建立功业，官再大也不能与士族并列，总是低人一头。纪僧真出身寒微，虽德才俱佳，又身为皇帝宠臣，却为求"士大夫"身份而遭江敩羞辱，连齐武帝也没办法，只能安慰他"人何必计门户，纪僧真常贵人所不及"。南朝阶层固化，"上品无寒门，下品无势族"，人才上下流通之难可见一斑。自古将相本无种，既然没有正常渠道向上流动，那就只剩下武力夺权了，某种程度上正是"九品中正制"导致魏晋南北朝期间朝代更迭颇为频繁。直到隋朝，"罢中正，举选不本乡曲，故里闾无豪族，井邑无衣冠"，早已沦为门阀士族工具的"九品中正制"被废止，以考试产生"士大夫"阶层的科举制登上历史舞台。

选贤任能历来是治国安邦的头等大事。《礼记·中庸》有言："文武之政，布在方策。其人存，则其政举；其人亡，则其政息。"大意是指，好的政令有贤人在才能施行，没有贤人在就不能施行，借此强调选贤制度的重要性。唐太宗认为，"为政之要，惟在得人"，政治之术，在于得贤。他改革科举制度，扩大应试范围，又重用庶族张亮、马周等人，进一步打破了魏晋以来士族垄断官职的局面，涌现出大量人才，连他本人也感慨："天下英雄入吾彀中矣！"正是这些栋梁之才，为"贞观之治"的形成做出了巨大贡献。反观南朝，士族大多资质平平却占据要位，坐享其成却吟啸自高，自然造成朝局混乱，其自身也日益堕落。正所谓，小治治事，中治治人，大治治制。对上层而言，最关键的莫过于把握人性需求、遵循运行规律，从引进退出、培养管理、考评奖惩等多个维度，科学建立人才选拔机制，用制度保障既选准人，更用好人。观诸现今，为政者要将"以实绩论英雄"与"能上能下"机制有效对接，打通干部进退有序的"任督二脉"，以"制度有为"畅通干部流通渠道，让有为者上位、无为者让位。

不以独见为明

◆

【原文】

五月，戊子，上幸翠微宫。冀州进士张昌龄献《翠微宫颂》，上爱其文，命于通事舍人里供奉。

初，昌龄与进士王公治皆善属文，名振京师，考功员外郎王师旦知贡举，黜之，举朝莫晓其故。及奏第，上怪无二人名，诘之。师旦对曰："二人虽有辞华，然其体轻薄，终不成令器。若置之高第，恐后进效之，伤陛下雅道。"上善其言。

唐太宗在翠微宫休息时，冀州进士张昌龄进献《翠微宫颂》。唐太宗喜欢他的文字，便让张昌龄在通事舍人班子听候差遣。当时张昌龄与进士王公治擅长写文章，在京城颇有名气，考功员外郎王师旦掌管贡举考试，却没有录取他们，朝廷内外都不明白是何缘故。等到进士及第的名单被上奏给唐太宗时，唐太宗也很奇怪为什么没有这二人的名字，便询问王师旦。王师旦答道："此二人虽然文辞华丽，然而其文体轻薄，终究成不了大器。如果让他们高中，恐怕后来的人一意效法，有伤陛下的雅正之道。"唐太宗赞许他的回答。

晚清大臣阎敬铭，为官清廉耿介，掌管大清财政多年，有"救时宰相"之称。他最大的功劳是阻止慈禧重修圆明园，否则，以当时中国积贫积弱的情况，不知要浪费多少民脂民膏，不知又有多少百姓要因此遭殃。然而，一生节俭的阎敬铭，也有"不节俭"的时候。阎敬铭主政山西时，非常喜欢当地的一种褡裢布。这种布结实耐用，价钱也非常便宜。他爱用这种物美价廉的褡裢布来做袍子，走到哪儿穿到哪儿，偶尔看见下属有穿褡裢布衣服的，虽然嘴上不说什么，但眼睛里流露出的都是欣赏和喜欢。不久后，山西的官员个个都穿起了褡裢布的袍褂，新上任的官员在拜见阎敬铭之前，也必然得添置一套褡裢布做的行头。就这样，褡裢布的价格一路水涨船高，最后"豆腐卖出了肉价钱"，竟然比绸缎还贵。时间一长，阎敬铭习惯了满眼褡裢布的官场风景，如果有谁不穿褡裢布的袍褂，他反倒觉得不顺眼。可巧，有一次还真的碰上一个新上任的官员穿着日常的官服来见他。阎敬铭不高兴了，言里言外讥讽此人奢侈。这个官员急了，辩解道："下官实在没有多余的钱了，添置不起褡裢布的袍褂，只好穿平常的官服来见大人。"阎敬铭这才明白，自己提倡的节俭风尚，已经变成了一种新的奢侈。

播下的是"龙种"，为何收获的却是"跳蚤"？这是因为"上有所好，下必甚焉"，而"下"所"甚"的，很多时候其实并不真的是"上"所"好"的，"下"只是假装自己也有同"好"，说到底不过是把上级的爱好当作自己"讨好卖乖"、借以取悦攀附以期得到升迁机会的梯子罢了。唐太宗、阎敬铭就是落入了这种陷阱。所以，不管上级有什么爱好，无论这爱好是高雅的还是低俗的，是正面的还是负面的，一定会有人揣摩、有人逢迎、有人投其所好，上级若真以为"志同道合者众"，那就难免被糊弄、被蒙骗。

"就怕领导没爱好"，只要领导有爱好，就可以投其所好。不论是为了杜绝"楚王爱细腰，宫中多饿死"的怪象，还是为了避免阎敬铭这样"播下龙种，收获跳蚤"的尴尬，领导者都应当谨慎对待自己的爱好，对爱好保持淡然低调的心态，谨防爱好被别有用心的人拿去做文章。更为重要的是，莫被"爱好"遮慧眼，识人不能感情用事、被爱好左右，更不能凭一己之见、以个人好恶为标准选人用人，因为这样不符合"五湖四海"原则，限制了选人用人的范围，容易漏掉那些"与己不同"的有用之才，甚至会出现任人唯亲、所用非人的情况。退一步来讲，即使选出的人真的出类拔萃，也很难摆脱徇私废公的嫌疑。

《资治通鉴》里的从政智慧

公正廉洁

执法严明的祭遵

◆ ◆ ◆

【原文】

秀舍中儿犯法，军市令颍川祭遵格杀之，秀怒，命收遵。主簿陈副谏曰："明公常欲众军整齐，今遵奉法不避，是教令所行也。"乃贳之，以为刺奸将军，谓诸将曰："当备祭遵！吾舍中儿犯法尚杀之，必不私诸卿也。"

祭遵在东汉开国"二十八将"中位列第九，后世对他关注的焦点不在战功，而在他"克己奉公"的良好品格。成语"克己奉公"，就出自《后汉书·祭遵列传》。祭遵是颍川颍阳人，自幼熟读经书，虽是富家子弟，但为人恭谨谦逊。祭遵年少时人们对他的印象是斯文柔弱，但他其实是个铁骨铮铮的血性男儿。

刘秀前往河北后，任命祭遵为军市令，掌管军中市集。不久，刘秀的家奴横行不法、挥刀伤人，祭遵秉公办事，没有因顾及刘秀的脸面而置若罔闻或者手下留情，而是依法将其诛杀。刘秀得知此事后勃然大怒，准备惩治祭遵，但幸得主簿陈副委婉谏言："明公常欲众军整齐，今遵奉法不避，是教令所行也。"一语点醒大怒中的刘秀。后来刘秀不但没有惩罚祭遵，还封其为"刺奸将军"。

纵览历史，祭遵杀仆就好比孙武杀吴王阖闾的两个宠妃、商鞅割秦孝公之兄嬴虔的鼻子。开明的掌权者知道其背后的利害关系，不仅不会追究，反而还会嘉赏执法者。自古以来，先公后私者已属难得，大公无私者更是凤毛麟角。祭遵虽然家境殷实，但生活过得十分简朴。他官拜征虏将军，爵封颍阳侯，俸禄很优厚，但依旧穿着普通的衣裤，盖着普通的布被，并且他夫人的穿着也不加修饰。祭遵每次都把所得到的赏赐全部分给部下，所以家中也没有什么私财。正是由于祭遵以家国大义为己任，拥有"拯斯民于水火"的信仰追求，才敢于犯颜执法，不避斧钺刑罚，从而成就彪炳史册的高尚人生。遗憾的是，祭遵戎马一生，在军中去世时并没有见到天下一统。祭遵死后，刘秀亲自扶榇哭祭，后来每次想起祭遵都不禁流泪感慨："安得忧国奉公之臣如祭征虏者乎！"

公正无私的第五伦

· ◆ ·

【原文】

司空第五伦以老病乞身；五月，丙子，赐策罢，以二千石俸终其身。伦奉公尽节，言事无所依违。性质悫，少文采，在位以贞白称。或问伦曰："公有私乎？"对曰："昔人有与吾千里马者，吾虽不受，每三公有所选举，心不能忘，而亦终不用也。若是者，岂可谓无私乎！"

第五伦是东汉初期的大臣，他为人诚实，不会花言巧语，以"峭直"和"善政"赢得了世人的尊重。他任会稽太守时，家里不用仆人，妻子做饭做家务，自己铡草喂马。当地百姓提起他来，无不竖起大拇指。第五伦为官以事必躬亲、清正廉洁著称，有人问他："你有私心吗？"第五伦毫不掩饰，实话实说，真诚地坦露心迹："从前，有人送我一匹千里马，我虽然没有接受，但每次推举官员，脑海中总会蹦出这个人的名字，只是最终也没有举荐此人。我侄儿常常生病，我一夜之间起来十次去探望，回来后安心就寝，而我自己的儿子生了病，虽然没有去探视却一夜都不能入睡。据此分析，你能说我毫无私心吗？"

人吃五谷杂粮，都有七情六欲，不可能没有私心，重要的是能否克制自己的私心，把私欲关进自律的笼子里。手握权力之人，难免要面对亲情、友情、人情的困扰，重要的是能否正确处理好公与私的关系，将"利"字放两旁，道义摆中间，把心思放正，把一碗水端平。第五伦的可贵之处就在于坦然地承认自己有私心，却从不以私废公。第五伦的"私心"，与其说是私心，不如说是对私心的自省，更能衬托出他的天性质朴、公正无私。

古人讲："见小利，不能立大功；存私心，不能谋公事。"现实中，一些人在初入仕途时，也曾意气风发，想干出一番事业，但随着职务升迁、位高权重，慢慢放松了对诱惑的警惕、对私心的约束，有权任性、用权逾矩，结果进退失据、行为失范，到头来竹篮打水一场空。纵观古今中外的历史，治乱兴衰、人亡政息，多少事、多少人都败在了一个"私"字上。无私，是百智之宗。《后汉书》用"奉公尽节"四字概括了第五伦的从政生涯。所谓奉公，就是在涉及公共利益时，大公无私，力戒假公济私、以权谋私；所谓尽节，就是在涉及个人利益时，先公后私，做到以忠报国、以信待人。常祛私心，方能永葆初心。对为官从政者而言，如何摆正公与私的关系是衡量为官做人是否过硬的一条重要标准。只有摒除私心杂念，学会管理自己的欲望，正心明道、怀德自重，刀刃向内、勇于自省，勤掸"思想尘"、多思"贪欲害"、常破"心中贼"，自觉把私欲的洪水约束在纪律规矩的堤坝之内，才是保护自己、爱护家人的智慧之举。

用权不可恣意

【原文】

有犯法不至死者，上特命杀之。监察御史李素立谏曰："三尺法，王者所与天下共也；法一动摇，人无所措手足。陛下甫创洪业，奈何弃法！臣忝法司，不敢奉诏。"上从之。自是特承恩遇，命所司授以七品清要官；所司拟雍州司户，上曰："此官要而不清。"又拟秘书郎，上曰："此官清而不要。"遂擢授侍御史。素立，义深之曾孙也。

上以舞胡安叱奴为散骑侍郎。礼部尚书李纲谏曰："古者乐工不与士齿，虽贤如子野、师襄，皆终身继世不易其业。唯齐末封曹妙达为王，安马驹为开府，有国家者以为殷鉴。今天下新定，建义功臣，行赏未遍，高才硕学，犹滞草莱；而先擢舞胡为五品，使鸣玉曳组，趋翔廊庙，非所以规模后世也。"上不从，曰："吾业已授之，不可追也。"

李渊当了皇帝后，在隋朝《开皇律》的基础上修订和颁布了《武德律》。按说这是全国百姓都该遵守的法律，但李渊有时也不想完全依法办事。有些人犯了法但不够判死罪，李渊却特别下令杀之。对此，监察御史李素立不能接受，规劝说："法律是皇帝和百姓共同遵守的，一旦有所动摇，百姓就会手足无措。陛下才开创了大业，怎么能弃置法律?"高祖听从了规劝，并特别宠幸李素立，让他任侍御史。

李渊看重跳舞的胡人安叱奴，任命他为散骑侍郎。礼部尚书李纲认为不妥，规劝道："古代乐工不能与士人并列。凡是拥有国家的人，都以此作为亡国之鉴。现在天下刚刚平定，一起起义的功臣还未全部论功行赏，有才华的博学之士仍没有得到任用，而先提选跳舞的胡人当五品官，不是为后世立规矩的作为。"李渊并未听从，说："我已经授予他官衔了，不能追回了。"

一言兴邦，一言丧邦。"邦"既是国家，亦可称作国家大事。国君掌握生杀大权，略有"不慎"，就很可能招致国家社稷的灾殃祸端。作为一国之君，李渊既可以接受李素立的劝谏，不干预司法个案，但又拒绝李纲的规劝，坚持对舞者安叱奴的任命，违背了乐工不与士人并列的历史镜鉴。初登天子大位的李渊，运用权力自然无人掣肘，但君权、相权自有分工，一旦君权越俎代庖、大包大揽，必然导致吏治不彰、体制不畅、社会不稳。正所谓"宰相不亲小事"，无论君主还是人臣，无论领导者还是普通干部，均需理清自身职责，绝不能搞"一言堂"、亲理一切事务。

对当代领导者而言，用权绝不能恣意，治理更应当用智。基层治理事务纷繁复杂，能否把握轻重缓急、区分优先次序，考验的是领导者总揽全局的能力，体现的是领导者统筹兼顾的水平。领导者，特别是主要领导者，如果凡事大包大揽、越俎代庖，抓不住重点和关键，就会使简单的问题变得复杂、明朗的局面反趋混乱，最终沦为"救火队长"，这不仅仅是对领导能力的削弱，更不利于调动团队积极性。高明的领导者往往善于优化组织，能分清轻重缓急，能够准确把握工作的宏观趋向是什么、中观的推进态势是什么、微观层面的关键环节又是什么，区分哪些是该自己干的、哪些是要放手让下属干的、哪些是必须指导大家干的，对不该用精力的事情少发声，在该用精力的地方投入全身心。

下属真心佩服的不是领导，而是领导的水平；累死人的不是工作，而是工作方式。一位有三十多年从政经历的老领导曾畅谈心得："当领导者显得事事都懂、无所不晓、无所不能时，部下就会束手束脚、拙耳笨腮、个个无能；反之，当领导者表现得无知无能、不知所措时，部下就会献智出力、各显其能……”其实，作为领导干部，追求的应是实际效果，而不是表现一己的聪明才智、在意个人的荣辱得失。领导者表面“示弱”不是真的“软”，看似无能不是真的“笨”，只是善于“留白”，留给下属展示自己、出人头地的机会。逞一己之能，是个人英雄主义；聚团队之能，才是高明领导智慧。巧妙地“示弱”、恰当地“无能”，给别人舞台、让别人出彩、为别人鼓掌，后退一步，又有何妨？

公私分明的源怀

【原文】

魏既迁洛阳，北边荒远，因以饥馑，百姓困弊。魏主加尚书左仆射源怀侍中、行台，使持节巡行北边六镇、恒、燕、朔三州，赈给贫乏，考论殿最，事之得失皆先决后闻。怀通济有无，饥民赖之。沃野镇将于祚，皇后之世父，与怀通婚。时于劲方用事，势倾朝野，祚颇有受纳。怀将入镇，祚郊迎道左，怀不与语，即劾奏免官。怀朔镇将元尼须与怀旧交，贪秽狼籍，置酒请怀，谓怀曰：“命之长短，系卿之口，岂可不相宽贷！”怀曰：“今日源怀与故人饮酒之坐，非鞫狱之所也。明日，公庭始为使者检镇将罪状之处耳。”尼须挥泪无以对，竟按劾抵罪。怀又奏：“边镇事少而置官猥多，沃野一镇自将以下八百余人，请一切五分损二。”魏主从之。

北魏宣武帝让源怀持符节巡视北方，救济贫困之民，考核官吏。源怀普济民众，百姓们对他非常感激信赖。当时于祚是沃野镇守将，颇有受贿行为，他与源怀早先就是姻亲，其弟于劲为皇后之父，更是势倾朝野。源怀将要到达沃野镇时，于祚特意到郊外去迎接，但是源怀不与他搭话，当场检举了他的罪行，并免去了他的官职。怀朔镇守将元尼须与源怀有旧交，因贪污而声名狼藉。他宴请源怀，对源怀说：“我性命的长短，完全取决于您，难道不能宽恕我吗？”源怀回答道：“今日只是我源怀与故人饮酒，不是审理案件的场所。明日公堂之上，才是揭发你罪行的地方。”元尼须只有挥泪，无言以对。果然，源怀查实后便弹劾了元尼须。

北巡的源怀，既有不徇私秉公执法的一面，也有叙旧情为友之谊的一面，展现出其公私分明的为官之道。纵观古今，公私分明是治国之要，是为官从政者必须坚守的原则和底线。从《管子》提出“无私者，可置以为政”，到西晋傅玄的“政在去私，私不去则公道亡”，从程颢、程颐论述“一心可以丧邦，一心可以兴邦，只在公私之间尔”，到“万历三大贤”之一的吕坤谆谆告诫世人“公、私两字，是宇宙的人鬼关”，无一不在强调正确处理公与私关系的重要性。

俗话说，不弃私心，必废公事；不祛私欲，必生灾祸。被私心裹挟的人，一旦得势，就容易丧失德行，做事就会突破底线。而为官从政者一旦私心占据上风，就会公私不分，甚至假公济私、以公谋私，进而造成灾难性的政治后果。唐朝“牛李党争”中的维州事件便是典型的例子。文宗大和四年（830年），牛僧孺拜相，李德裕被排挤到西川。当时唐朝与吐蕃、南诏交恶，西川正是交战前线。李德裕不动一兵一卒，便诱使吐蕃维州守将率众来降，失陷近七十年的重镇维州得以回归。但牛僧孺不愿看到李德裕立下大功，恐其威胁自身地位，便假公济私，从中使坏。他明知吐蕃正逢内乱，却恐吓皇帝，若吐蕃借此出兵，不出三日即可兵临长安。皇帝受此蛊惑，便命李德裕将维州降众交还吐蕃。刚刚回归的维州又拱手送还，西川将士无不落泪，吐蕃人更是极尽嘲讽，降众悉数被杀。此举断绝了外族内附之心，彻底葬送了唐朝在西南边境的优势局面，加速了王朝的败落，造成这一局面的，却只是牛李两党的私怨之争，岂不惜乎！

正所谓：“若自朝堂以至闾里，只把持得‘公’字定，便自天清地宁，政清讼息。”“人是社会关系的总和”，既然是社会人，每个人都不可能置身于人情之外。为人处世讲人情，这本无可厚非，但关键是切不可将“私”凌驾于“公”之上，因人情摒弃原则、以人情破坏规矩、用人情代替政策。“志忍私，然后能公；行忍情性，然后能修”。普通人有点儿私心并不为过，但是对于为官从政者，公平施政才能聚天下贤才，才能有正确的是非观、义利观、权力观、事业观，从而引导百姓守公正、循法度。身处重要岗位的领导者，除上述之外，还要具备“内不愧心，外不负俗”的智慧，更有追求“先公后私、公而忘私”的崇高境界，唯有如此，才能为思想廓清迷雾、为行动指明方向，从而开创政通人和的局面。

唐太宗不私故旧

【原文】

濮州刺史庞相寿坐贪污解任，自陈尝在秦王幕府；上怜之，欲听还旧任。魏徵谏曰：“秦王左右，中外甚多，恐人人皆恃恩私，足使为善者惧。”上欣然纳之，谓相寿曰：“我昔为秦王，乃一府之主；今居大位，乃四海之主，不得独私故人。大臣所执如是，朕何敢违！”赐帛遣之。相寿流涕而去。

濮州刺史庞相寿因贪污被解除官职，述说自己曾是秦王府幕僚，为李世民效力了大半辈子，哀求太宗念在“故旧”情分给予宽大处理。唐太宗欲让他官复原职。魏徵知道后进谏说：“当年您的老部下，现在当上朝廷内外官员的有很多，如果每个人都依仗您的偏心和袒护，恐怕会让那些真正行为端正的人恐惧、心寒。”听了魏徵的话，唐太宗醒悟了，对庞相寿说：“我从前只是秦王府的主人，现在身居皇位，是天下百姓的君主，不能单单偏护秦王府的旧人。大臣们尚且这样坚持原则，我又怎能违反原则以徇私情呢！”便赏赐庞相寿一些钱财打发他走，庞相寿流着泪离去。

在中国封建帝王中，唐太宗算得上明主。他常以亡隋为戒，任贤纳谏，以法治国。在他的统治下，当时的社会经济得到恢复和发展，被誉为“贞观之治”。唐太宗虽是一位明主，但也有七情六欲。在对旧属功臣、宗室亲信触法犯法的处置上，难免以个人的好恶左右法律。难能可贵的是，在经过他人谏议后，唐太宗能屈己执法，不私故旧，这是他能够开创“贞观之治”局面的重要原因。

古人云："君子义以为质，得义则重，失义则轻，由义为荣，背义为辱。"国人向来将"义"看得很重，崇尚做人讲义气。但是，江湖义气只能适用于江湖。作为领导者，讲义气绝不能不讲原则、没有分寸，尤其在权力的运用上，更不能图一时之快、一己之私，把不讲原则当作权威，把不讲道理当作风格。如果在原则问题上"打太极""搞变通"，碍于情面姑息迁就，在庸俗化的人情关系中搞"宽宏大量"，在"小圈子""小兄弟"中搞"网开一面"，那就不只是发生个别的错误，而是会引发一系列的连锁反应。因为，滥用一次权力，就丢掉一分人心；破坏一次规矩，就降低一分威信，最终只会失信于天下，失望于民心。正所谓，无情未必真豪杰，有情未必不丈夫。不讲原则、想搞特殊，能列举出一百个原因；但依规办事、令出必行，却有一百零一个理由。作为领导者，只有"发乎情，止乎礼"，"情而公，情而正"，对妻子儿女关爱不纵容、对亲戚朋友帮助不逾矩、社会交往中从俗不庸俗，方能既摆脱烦恼，又拥有幸福。

俭以成事　奢以败亡

【原文】

上以风俗奢靡，秋，七月，乙未，制："乘舆服御、金银器玩，宜令有司销毁，以供军国之用；其珠玉、锦绣，焚于殿前；后妃以下，皆毋得服珠玉锦绣。"戊戌，敕："百官所服带及酒器、马衔、镫，三品以上，听饰以玉，四品以金，五品以银，自余皆禁之；妇人服饰从其夫、子。其旧成锦绣，听染为皂。自今天下更毋得采珠玉，织锦绣等物，违者杖一百，工人减一等。"罢两京织锦坊。

唐玄宗执政之初，痛感社会风气越来越奢靡腐朽，于是在七月初十颁诏下令："皇帝乘坐的车子、穿戴的衣物和使用的东西，应交给有关部门予以销熔，以供军国财政支出的需要。珠宝玉器和锦绣织物在宫殿前烧毁，从此宫中后妃以下，不许穿装饰珠宝的华丽衣服。"七月十三日，玄宗再次下令："文武百官束腰的衣带、酒杯、马具等，三品以上准许饰以玉器，四品以上准许饰以金子，五品以上准许饰以银器，五品以下禁止使用任何饰物。妇人使用的饰物参照其丈夫或儿子的标准。从今以后全国禁止制作珍珠玉器和锦绣衣物，凡是违反规定者杖打一百，工匠违反杖八十。"

唐玄宗执政之初，率先垂范，励精图治，从身边人开始立规矩，杜绝宫中奢靡风气，以清廉政风带动淳朴民风，开创了路不拾遗、四方来朝的"开元盛世"。"靡不有初，鲜克有终"，可惜随着在位时间的增加，玄宗渐渐丧失了勤俭节约、励精图治的进取之道，宠幸杨贵妃，重用李林甫和杨国忠，不断追求奢靡生活，"一骑红尘妃子笑，无人知是荔枝来"，最终导致安史之乱爆发，大唐王朝由盛转衰。他在逃难至蜀地的路途中，对敬献食物的百姓说："此朕之不明，悔无所及。"历史一再昭示"俭以成事，奢以败亡"的历史规律，也明确了"由俭入奢易，由奢入俭难"的古训哲理。执政者在开始时往往能保持较为清醒的头脑，乐于访查民间疾苦，善于接受各种诤谏，保持如履薄冰、如临深渊的敬畏态度勤廉做事。随着国家承平安定时间长久，渐渐滋生奢靡享受、歌舞升平的不良风气，执政者原先的志气锐气不断消失，而暮气骄气不断弥漫，最终会导致"其兴也勃焉，其亡也忽焉"。要打破这个周期律，既要有建立民主制度让人民时时监督执政者使其不敢懈怠的智慧，也要有刀刃向内、刮骨疗毒、勇于自我革命的勇气，剑指顽瘴痼疾的特权思想、奢靡之风，构建"不敢腐、不能腐、不想腐"的体制机制，方能经受住长期执政的考验。

严守法度的宋璟

【原文】

十一月，壬申。上以岐山令王仁琛，藩邸故吏，墨敕令与五品官。宋璟奏："故旧恩私，则有大例，除官资历，非无公道。仁琛向缘旧恩，已获优改，今若再蒙超奖，遂于诸人不类；又是后族，须杜舆言。

乞下吏部检勘，苟无负犯，于格应留，请依资稍优注拟。”从之。

选人宋元超于吏部自言侍中璟之叔父，冀得优假。璟闻之，牒吏部云：“元超，璟之三从叔，常在洛城，不多参见。既不敢缘尊辄隐，又不愿以私害公。向者无言，自依大例，既有声听，事须矫枉；请放。”

开元七年（719 年）十一月十八日，唐玄宗没有同大臣商量直接下令将岐山县令王仁琛提拔为五品官，因为他是玄宗为藩王时的故吏。宋璟听说后立刻劝谏说：“陛下对亲朋故交给予照顾和恩赐，在法律上应该有明确的规定，在情感上也要有一定的限度。王仁琛已得到过陛下恩赐被破格提拔，如果再次破格提拔，就和其他资历与政绩相当的人相差太多；王仁琛又是皇后的同族，陛下做决定时最好考虑大家的看法。我请求陛下将这件事交给吏部处理，假如评议考察下来王仁琛的确名副其实，那就按照有关规定予以适当关照提拔，公众也就不会有什么非议了。”玄宗采纳了宋璟的建议。

候补官员宋元超对吏部官员说他是宋璟的叔父，希望得到关照。宋璟得知这件事后，马上向吏部表态：“宋元超的确是我三叔父，他定居洛阳，平日我没有去会见他，我既不敢打压贬低这位长辈，也不愿意徇私枉法。要是他没有表明这层关系，你们可以照章办事，现在既然他明确提出关照，那么必须严守规矩，我认为不要录用他。”

孔子曰：“其身正，不令而行；其身不正，虽令不从。”保持风清气正的政治生态关键是严肃用人制度，尤其是身居高位握有实权的高官更应该以身作则、严守法度，杜绝“走后门”“递条子”等不良行为。宋璟作为宰相，一方面他敢于纠正唐玄宗破坏用人制度越级提拔亲信的行为，另一方面更是严于律己，拒绝亲人打着自己的旗号跑官要官的行为，可谓言行一致。唐玄宗任用清正廉洁的姚崇、宋璟、张九龄等一批贤臣，使各类人才脱颖而出，唐朝国力达到鼎盛。深谙治国之道的明君贤臣都明白选人用人的重要性，选拔出德才兼备之人放在重要岗位上，不仅造福一方百姓，而且能确保天下安宁；德不配位、才不拔萃之人担任重要职务，既不能“拯斯人于涂炭”，更不能“为万世开太平”，只会败坏政风，损害政府公信力。因此，拥有选拔权的干部必须公正廉明，将为国选贤才作为唯一标准，做到“内举不避亲，外举不避仇”，方能保证事业发展行稳致远。

什么才是“护身之宝”

【原文】

庚辰，工部尚书张嘉贞薨。嘉贞不营家产，有劝其市田宅者，嘉贞曰：“吾贵为将相，何忧寒馁！若其获罪，虽有田宅，亦无所用。比见朝士广占良田，身没之日，适足为无赖子弟酒色之资，吾不取也。”闻者是之。

开元十七年（729年）八月二十二日，工部尚书张嘉贞因病去世。张嘉贞为官清廉，从不利用职权为家人谋取钱财，曾有人劝他也去买田地房屋以备将来退休养老，他说：“我身为朝廷高官，有丰厚的俸禄，生活无忧。如果贪心不足，还去枉法敛财，一旦身陷囹圄，即使占有大量的钱财，又有什么意义呢？我看到朝中不少大臣聚敛了很多良田豪宅，一旦撒手而去，这些财产反而成为使子孙沉湎酒色、不思上进的祸害之物，我不会效仿的。”大家听了他的话，觉得很有道理。

清正廉洁是中华文化自古倡导的美德。春秋时期鲁国相国公孙仪很喜欢吃鱼，大家知道他的爱好后，纷纷买鱼作为礼物送给他，可他一概拒之门外。他的学生问他：“先生这么爱吃鱼，为什么不收下别人送的鱼呢？”他说：“正因为我太喜欢吃鱼，才坚决不能收人家送的鱼，因为一旦我收下别人的鱼，就得给人家办事。假如因此违反法律被判入狱，我就再也吃不到鱼了。现在我奉公守法，用自己的俸禄可以天天买鱼来一饱口福。”东汉太尉杨震拒绝学生王密夜赠十斤黄金厚礼时说的“天知，神知，我知，子知，何谓无知”可谓振聋发聩。他为官清正、生活俭朴，对那些劝他为子孙留下财产的人说：“让后世人说我的子孙是清白官员的后代，这样的好名声难道不是最好的财产吗？”

手中有权者往往有被别有用心的人围猎拉拢的风险。所以手握权力之人除了要不断加强自身修养、增强抵御诱惑的定力外，也要经常算算贪腐带来的巨大代价——不仅赃款充公，而且会家破人亡。做个守法的为政者，完全可以过上比较体面的生活，假如羡慕一掷千金的奢靡生活，心态失衡，最后东窗事发，只会竹篮打水一场空。左宗棠晚年写下一联作为族训："要大门闾，积德累善；是好子弟，耕田读书。"他认为不应该给子女留下过多的财富，因为若子孙有出息，他们不靠祖上的钱财就能自立，若子孙不上进，再多的钱财也不够挥霍。领导干部应勤掸"思想尘"、多思"贪欲害"、常破"心中贼"，以"内无妄思"保"外无妄动"，清清白白做人、干干净净做事，才是真正的"护身之宝"。

聚敛之臣乃国之大贼

【原文】

度支郎中兼侍御史杨钊善窥上意所爱恶而迎之，以聚敛骤迁，岁中领十五余使。甲辰，迁给事中，兼御史中丞，专判度支事，恩幸日隆。

…………

春，二月，戊申，引百官观左藏，赐帛有差。是时州县殷富，仓库积粟帛，动以万计。杨钊奏请所在粜变为轻货，及征丁租地税皆变布帛输京师；屡奏帑藏充牣，古今罕俦，故上帅群臣观之，赐钊紫衣金鱼以赏之。上以国用丰衍，故视金帛如粪壤，赏赐贵宠之家，无有限极。

善于察言观色、投其所好的杨国忠当上了度支郎中兼侍御史后，大肆搜刮百姓钱财以满足唐玄宗一掷千金的奢靡生活，他得到宠幸提拔，一年之中身兼的职务竟然超过十五个。甲辰（初五），他再次被提拔为给事中，兼御史中丞，变本加厉地榨取钱财让唐玄宗肆意挥霍。

天宝八年（749 年）二月十三日，唐玄宗带领文武百官参观国库，并给大臣赏赐了很多布帛。唐代经过"贞观之治"到"开元盛世"一百多年的休养生息，社会财富极大增加，各州县都很富有，仓库中积蓄的粮食布帛数不胜数。杨国忠向唐玄宗建议把各地征收的粮食变卖成钱款，把征收丁租地税改为征收布帛并将其运到京师供皇帝赏赐所用。他多次上书称国库里的钱款实在太多，这是古今未有的盛世，引得唐玄宗带领大臣前来观看，连连夸奖杨国忠能干，赏赐他紫衣和金鱼袋。唐玄宗自以为国库充足，百姓富裕，所以视金钱为粪土，赏赐大臣后宫毫无节制，这为安史之乱的爆发埋下了巨大隐患。

纵观古今中外历史，发生天下大乱、政权更替的并不都是天灾频繁、财富匮乏的困难时期，而往往是经济快速发展、财富极大涌现、贫富差距不断拉大导致阶级矛盾日益尖锐的转型时期。这个时期的统治者从小生活在深宫大院，往往只看到表面的经济繁荣，而看不到深层次的社会隐患，假如不勤政爱民、保持清醒头脑，重用像杨国忠那种善于敛财、擅长作秀，净搞让上级满意、自己升官的政绩工程的官员，整个统治集团骄傲浮躁，那么离国家大乱就不远了。所以孔子才会说："与其有聚敛之臣，宁有盗臣。"意思是一个国家宁肯有偷盗的大臣而不可有敛财的大臣。因为偷盗有限度，而敛财是无度的，定将导致无数百姓家破人亡。明朝末年，明神宗贪婪无度，派遣宦官到各地担任矿监、税监，如狼似虎地压榨百姓，民怨沸腾，最终导致四十年后李自成农民起义攻破北京，逼迫他的孙子崇祯皇帝走投无路在煤山上吊自杀，明朝灭亡。李自成进入北京后，领导集团迅速腐化，手下官员大肆贪污受贿，竭力聚敛金钱美女，促使吴三桂引清兵入关，上演"冲冠一怒为红颜"的历史悲剧。顾炎武在深刻总结明朝灭亡教训时指出，明末士大夫毫无廉耻，大肆卖官鬻爵，大臣整天不是赌博拜佛就是听曲唱戏，丧尽人心，导致亡国亡天下，发出"保天下者，匹夫之贱与有责焉耳矣"的旷世呐喊。如今组织部门的政绩考核标准直接决定了干部的行为导向，必须改进考核方法，既看发展又看基础，既看显绩又看潜绩，既看干部业绩又看干部声名，突出把民生改善、社会进步、生态效益等指标和实绩作为重要考核内容，让那些好大喜功、善于作秀、留下一屁股烂账的"聚敛"之人没有升迁发财的通道，让那些真心为民、埋头实干的干部有扬眉吐气的机会。

贪图享乐的历史教训

【原文】

初，上皇每酺宴，先设太常雅乐坐部、立部，继以鼓吹、胡乐、教坊、府县散乐、杂戏；又以山车、陆船载乐往来；又出宫人舞《霓裳羽衣》；又教舞马百匹，衔杯上寿；又引犀象入场，或拜，或舞。安禄山见而悦之，既克长安，命搜捕乐工，运载乐器、舞衣，驱舞马、犀、象皆诣洛阳。

天宝年间，唐玄宗每次聚会大宴宾客，都喜欢先叫太常雅乐的坐部和立部演奏，接着是鼓吹曲、胡人乐，教坊、京兆府长安与万年两县的散乐，各种民间的杂戏，以及船只载着的乐队轮番演奏，开心时又让宫女表演《霓裳羽衣舞》，还让一百匹马嘴里衔着酒杯跳舞为他祝寿，让犀牛和大象入场跳舞礼拜。安禄山观看后羡慕不已，他占领长安后，就命令手下捉拿那些乐工，把乐器、舞衣、马匹、犀牛和大象，全部运到洛阳供他观赏。

唐代著名宰相陆贽在给唐德宗的谏言中说："天宝之季，嬖幸倾国，爵以情授，赏以宠加，纲纪始坏矣。羯胡乘之，遂乱中夏。"就是说李隆基在位时间持久，开始喜欢奢靡享乐，随意赏赐官爵，国家的纲纪被严重破坏，给反贼安禄山以可乘之机，导致生灵涂炭，国力大衰。司马光在《资治通鉴》中也对唐玄宗毁誉参半的执政经历写下精彩点评：圣人都把道德当作美德，把仁义看作快乐，所以他们虽然居住在茅草为顶、黄土为台的房子里，过着粗衣淡食的艰苦生活，却并不因为简陋而感到可耻，只是担心自己的生活太奢靡而劳民伤财。而唐玄宗自认为天下太平，不会想到有后顾之忧，遍享声色犬马之娱，竭尽豪华铺张之乐，借以向四方炫耀，殊不知，豺狼就在身边觊觎自己的皇帝宝座，一旦发动叛乱，定将生灵涂炭。如果君王过度追求豪华奢侈的生活，还向人炫耀，只会招来强盗抢夺，酿成祸患。

唯物辩证法告诉我们，内因是变化的根据，外因是变化的条件，外因要通过内因起作用。千里之堤，溃于蚁穴，当事物发展出现不好的苗头时，就要防微杜渐、反思警醒。也许败亡未必都是荒淫无度引起的，但是历史证明了荒淫无度必然会导致败亡的铁律。骄奢淫逸往往从破坏规矩和法律开始，统治者这个时候渐渐失去理性判断，一次次地以自己的任意行为给那些溜须拍马的小人以可乘之机，风气大坏，最终不可收拾。从善如登，从恶如崩。安史之乱的故事告诫我们千万不能在一片喝彩声、赞扬声中失去革命精神，逐渐进入一种安于现状、不思进取、不敢斗争、贪图享乐的状态，要常思贪欲之害、怀律己之心、修为政之德，以如履薄冰、如临深渊的敬畏感用好手中的权力，坚定理想信念，把纪律和规矩挺在前面，敢于拿起“手术刀”革除自身的病症，以上率下推进党风廉政建设和反腐败斗争，以自我革命引领社会革命。

“赐酒一杯”的智慧

【原文】

魏以前定州刺史杨津为华州刺史，津，椿之弟也。先是，官受调绢，尺度特长，任事因缘，共相进退，百姓苦之。津令悉依公尺，其输物尤善者，赐以杯酒；所输少劣，亦为受之，但无酒以示耻。于是人竞相劝，官调更胜旧日。

北魏延昌四年（515 年），杨津被任命为华州刺史。早先官府征收税绢之时，主管征收的官吏们串通一气、借机行事，要么所用的尺子偏长，多收百姓的税绢以中饱私囊；要么面对前来纳绢的百姓，谁给贿赂就给谁量得长，谁不给贿赂就给谁量得短，百姓苦不堪言。杨津到任后，下令一律用标准尺进行丈量，对于交送优质绢的百姓，赏赐一杯酒，以示表彰；对于交送的绢的质量差或尺寸不足的百姓，也收下绢，但没有赏酒，以示耻辱。这样一来，百姓们竞相上交好绢，官家税绢收入更胜于往日。

俗话说“风成于上，俗形于下”，管理者对某种行为秉持赞赏还是批评的态度，关系到其治下社会风尚的好坏。究其原因，正如著名心理学家威廉·詹姆斯所言，“人性最深切的渴望就是获得他人的赞赏”，一旦这种被尊重、被认可的精神需求得到满足，人就会充满自信和动力，向着被赞赏的方向努力，最终形成相应的社会风尚。因此，优秀的管理者往往把关注人、调动人、激励人放在第一位，激励则成为重要的领导艺术。激励的精髓就在于认同并把握人性的基本需求，系统制定奖惩措施、科学建立管理制度，把个体的自利行为引导到对集体有利的轨道上来。杨津运用“标尺一把，赐酒一杯”的举措，先明晰标准，再赏赐激励，有益于个体形成向善的行为导向，使得“人竞相劝”，蔚然成风，最终“官调更胜旧日”，成绩斐然。

兵书《六韬》有言，“尊爵重赏者，所以劝用命也；严刑重罚者，所以进罢怠也”。众所周知，功必赏、过必罚，则令行禁止。管理者在按章办事的基础之上，再通过有效的激励，将人的积极性调动起来，把人的潜能发挥出来，变消极为积极、变被动为主动，让各方更具获得感、幸福感、成就感，这体现着管理的高境界。在合法合规的前提下，高明的管理者都善用语言、职位、物质、精神激励，不忘欣赏、不吝赞赏、不惜奖赏，使人心悦诚服，从而事半功倍。从实践层面看，激励成在精准有效，失在千篇一律，不分类带来不公平，不及时挫伤积极性，不比较不能获公认，无实惠意味无动力，普惠制等于不激励。杨津在按律收绢的“规定动作”之外，增加赐酒的“自选动作”，根据绢的优劣进行分类，当场赏而非过后赏、公开赏而非私下赏、有所赏亦有所不赏，正是其获得成功的智慧所在。

诸葛亮宽严相济

【原文】

诸葛亮佐备治蜀，颇尚严峻，人多怨叹者。法正谓亮曰：“昔高祖入关，约法三章，秦民知德。今君假借威力，跨据一州，初有其国，未垂惠抚；且客主之义，宜相降下，愿缓刑驰禁以慰其望。”亮曰：“君知其一，未知其二。秦以无道，政苛民怨，匹夫大呼，天下土崩；高祖因之，可以弘济。刘璋暗弱，自焉以来，有累世之恩，文法羁縻，互相承奉，德政不举，威刑不肃。蜀土人士，专权自恣，君臣之道，渐以陵替。宠之以位，位极则贱；顺之以恩，恩竭则慢。所以致敝，实由于此。吾今威之以法，法行则知恩；限之以爵，爵加则知荣。荣恩并济，上下有节，为治之要，于斯而著矣。”

诸葛亮辅佐刘备治理蜀地，强调严刑峻法。法正对诸葛亮说：“如今，蜀国刚刚建立，还没有施加恩惠、进行安抚，况且从外来的客人与本地的主人之间的关系讲，客人的姿态应当降低，希望您能放宽刑律和禁令，以迎合当地人的期待。”诸葛亮指出：“刘焉、刘璋父子靠恩惠拉拢下属、取悦百姓，遇事不敢碰硬，地方势力顺势抬头，造成种种社会弊端。在这种情况下，如果再谈汉初的宽政就有些不合时宜。现在要树立法令的威严，法令被执行，人们便会知道我们的恩德；以爵位限定官员的地位，加爵的人便会觉得很荣耀。荣耀和恩德相辅相成，上下之间有一定的规矩，这才是治国之道。”

中国历史上，为实现以德治国的目标，往往使用“教育感化”或“严刑峻法”的手段。诸葛亮治蜀强调“严”，但这个“严”是有针对性的，也是建立在法治基础上的，而不是随意量刑和扩大打击面。至于实施的效果，《三国志》是这样总结的：“终于邦域之内，咸畏而爱之，刑政虽峻而无怨者，以其用心平而劝戒明也。”诸葛亮治蜀，较好地处理了“宽”“严”等问题，加上他以身作则、言传身教和鼓励直言，蜀汉才能用较短的时间摆脱刘备去世前后所面临的一系列内忧外患，国力迅速增强。成都武侯祠里有一副对联：“能攻心则反侧自消，从古知兵非好战；不审势即宽严皆误，后来治蜀要深思。”其中蕴含着丰富的历史内涵和哲学道理。其真正含义并不是批评诸葛亮“宽严皆误”，而恰恰是以诸葛亮治蜀的成功实践来提示后人，一定要像诸葛亮那样注意“审时”，根据不同时期出现的不同情况来制定政策措施，不能照搬照抄理论教条，否则就会“宽严皆误”。

历史经验证明，在中国这样一个传统积淀深厚的大国，社会倡导的主流道德价值能否实现，能否真正起到以德治国和“化育万民”的作用，为政者的“公正廉明”是关键，其道德程度往往影响着整个社会的道德尺度。这也是古人所说的“治大国者先治吏”中蕴含的深刻历史内涵。培养干部既要“严”字当头，又要宽严有度。严格是最大的关爱，规范的制度、严格的要求才能催生优良的队伍；同时，应该积极探索建立完善的容错免责机制，制定容错纠错清单，依据形势实际，真正做到该严则严，当宽则宽，严中有宽，宽中有严，宽严有度，宽严审时。

汉章帝轻车简从

【原文】

九月，甲戌，帝幸偃师，东涉卷津，至河内，下诏曰：“车驾行秋稼，观收获，因涉郡界，皆精骑轻行，无他辎重。不得辄修道桥，远离城郭，遣吏逢迎，刺探起居，出入前后，以为烦扰。动务省约，但患不能脱粟瓢饮耳。”己酉，进幸邺；辛卯，还宫。

汉章帝巡视地方，下诏说：“车驾巡行，主要是察看庄稼的收获情况，一路都要轻装前进。地方官府不得为此筑路修桥，不得派官吏远离城郭迎接，或打听伺候饮食行卧，出出进进，跑前跑后。一切举动务求简省，我只恨自己不能食糙米之饭、饮瓢中之水啊！”

讲排场一直是官场的通病。中国古代官员出行，讲究黄土垫道，净水泼街，鸣锣开道，沿途百姓则要肃静、回避，以此体现官员的气场和架势。时至今日，在有些人看来，排场就是面子，排场就是身份，排场越大，越有面子，愈显身份。于是，一些领导干部出行追求气派，吃住追求星级，坐车追求高档，办公追求豪华，喜欢搞“面子工程”，“打肿脸充胖子”，等等。以史为鉴，封建帝王尚能以身作则，厉行节俭，不讲排场，实在是难能可贵。

领导干部讲排场、比阔气，本质上是一种奢靡之风，不仅会造成巨大浪费，损害自身形象，形成不良导向，还会拉大与人民群众间的距离。事实一再证明，排场不能讲，门面不能撑。革命战争年代，我们靠朴实节俭的“延安作风”打败了国民党的“西安作风”。革命战争年代需要“延安作风”，现在同样需要保持和发扬这种作风。“轻车简从”是对“排场文化”的批判和摒弃。因工作需要到基层调研考察，当然是好事，但是否需要层层陪同，则要视工作情况而定。如果有些陪同非工作所需，而是讲排场、重接待的官僚主义在作祟，就不仅会给基层增添负担，也不利于领导干部掌握实情。“俭，德之共也；侈，恶之大也。”领导干部只有时刻铭记自己的公仆身份，拉近与群众的距离，才能真正做到访民情、察民忧、解民难。因为我们执政的基础是亿万的人民群众，只有紧密联系群众、依靠群众，不高高在上，不脱离群众，才能团结和带领广大人民群众实现宏伟目标。